التعليم الإلكتروني

والاقتصاد المعرفي

2

التعليم الإلكتروني

والاقتصاد المعرفي

أ. مصطفى يوسف كافي

التعليم الإلكتروني والاقتصاد المعرفي

تأليف: أ. مصطفى يوسف كافي

سنة الطباعة: ٢٠٠٩

عدد النسخ: ١٠٠٠

جميع العمليات الفنية والطباعية تمت في:

دار ومؤسسة رسلان للطباعة والنشر والتوزيع

يطلب الكتاب على العنوان التالي:

دار ومؤسسة رسلان

للطباعة والنشر والتوزيع

سوريا ــ دمشق ــ جرمانا

هاتف: ٥٦٢٧٠٦٠ ١١ ٠٠٩٦٣

فاكس: ٥٦٣٢٨٦٠ ١١ ٠٠٩٦٣

ص. ب: ٢٥٩ جرمانا

قال: "عبد المجيد الرفاعي" على العرب ألا يعتمدوا على الثروات الطبيعية في بلادهم، بل على تطوير اقتصادهم وتعليمهم ومنظومة العلم والإبداع والاكتشاف في بلادهم، أي أن يدخلوا مجتمع المعلومات وينخرطوا في اقتصاد المعرفة وهو أمر سيضطرون إليه عاجلا أم آجلا، لأن النفط ثروة آيلة للنضوب أما المعرفة فهي ثروة متنامية دوما فكما قال أحد حكماء اليابان "منبع ثرواتنا ليس تحت أقدامنا بل هو فوق أكتافنا". وأحد الحلول لهذه المشاكل هو تفعيل التعليم والتعلم ونشر ثقافة المعرفة والتدريب عن بعد."

مقدمــة:

شهد القرن العشرين كثيرا من الإنجازات العلمية العظيمة في مجالات الحياة المختلفة، وقطاع الاتصالات Communication قد حظي بالجزء الأعظم من تلك الإنجازات. لقد نجح عصر العولمة (Globalization) في التغلب على الانفصال والتباعد الجغرافي والفيزيائي بين الدول والقارات، ولم يعد يتقيد بالسرعات المعهودة كالمتر والكيلومتر بل أصبحت السرعة تعني سرعة الضوء، ولا بالزمان أي زمن وصول المعلومة من طرف لآخر والتي أصبحت لا تقاس بالساعات ولا الدقائق بل بجزء من الثانية، ولا حتى بالمكان فالمكان أصبح مكانا واحدا متصلا بسبب ذوبان الحدود بين قاراته وبلدانه.

حتى كادت تصبح كالقرية الإلكترونية في هذه المجتمعات المعولمة وأصبح التعلم والتدريب وإعادة التدريب سمة أساسية من سمات العصر وجزءا أساسيا في حياة الشعوب خاصة المتقدمة، وليس ترفا بل مطلبا أساسيا لمواجهة التحديات التي تواجه الإنسانية في سوق العمل، والسياسة وتغيراتها، والثقافة وتطورها، والاقتصاد ومتطلباته المستمرة والمتغيرة.

إن التقدم الذي حدث في مجالي الحاسب الآلي والاتصالات مكن كثيرا من المنشآت الحكومية والخاصة من تقديم برامج تعليمية وتدريبية وتوعوية إلى موظفيها عبر شبكات داخلية وخارجية. وأصبح بإمكان الموظف حضور ندوة أو حلقة تعليمية وهو في مكتبه أو منزله.

وتعتبر وسائل تقنية المعلومات بما فيها الإنترنت وأوساط التخزين الهائلة مثل الأقراص المدمجة من أفضل الوسائل في الوقت الحالي لنقل المعرفة واكتساب المهارات في شتى المجالات ولتطبيق التعليم الإلكتروني.

7

هذا (جوردون وجينيتي، ١٩٩٤م، Jordao and Jeannette 1994, P:89) بقـولهما "نحن بحاجة إلى إعادة تصميم منازلنا من حيث أنهـا سـوف تكـون مـصدرا مـن مصادر التعلم في القرن القادم". ثم إن تعلم الفرد على التعامل مع التقنية بجميع مفاهيمها يعد من المطالب والمقومات الأساس لبناء المجتمعات في العصر القادم.

حيث بلغ نمو صناعة التعليم الإلكتروني المباشر عـبر الإنترنت عـام ٢٠٠٤ حـوالي ٢٣ مليار دولار، وذلك حسبما أظهرته الدراسات التي قامت بها مجموعة آي دي سي لأبحـاث السوق، مستندة بذلك على التطور الكبير في قطاع الأعمال الإلكترونية وازدياد الطلب علـى المحترفين والمتخصصين.

المبحث الأول

مفهوم وماهية التعليم الإلكتروني

(مراحل تطوره- أهميته)

المطلب الأول

التعليم الإلكتروني: ماذا يعني؟.

إن نظام التعليم هو أحد مقومات حياه المجتمعات المعاصرة، إن التعليم مثل غيره من الخدمات يبحث عن نسخة إلكترونية له في ظل مجتمع إلكتروني (e-Society) يتميـز بخدمات إلكترونية من تجارة إلكترونية وحكومـة إلكترونيـة... إلخ، ولأن نظـام التعليم يبحث دائمًا عن أدوات وطرق تعلم جديدة.

وهناك من يسأل: هل التعليم الإلكتـروني يـسعى للحلـول محـل التعليم التقليـدي؟ بالتأكيد إنه لا يسعى للحلول محل التعليم التقليـدي، بـل لـدعم عمليـة الـتعلم بوسـائل جديدة وتسهيلها بحيث تتصف بالمرونة بالمكان والزمان. أنه يسعى لإيجاد بيئة تعليميـة تدمج فيها مجموعة من الأدوات بطريقة مؤثرة وفعالة.

التعليم الإلكتروني = التعليم في المستقبل

- **التعليم عن البعد:**

تم توظيف تقنية الاتصال في التعليم عن بعد منذ ظهور الإذاعة فخصصت الإذاعات العالمية برامج تعليمية، مثل هيئة الإذاعة البريطانية **BBC**، كذلك استغلت منظمة الصحة العالمية الإذاعات الإقليمية في الدول الفقيرة لنشر التوعية الصحية والبيئية عبر موجات الأثير، وتطور الأمر بعد ذلك إلى ظهور إذاعات تعليمية، ثم ظهر التلفزيون في الخمسينات من القرن التاسع عشر ووظف في نفس السياق، ثم وظفت التقنيات الأخرى مثل السينما والفيديو، والتسجيلات الصوتية، وأصبح ما يطلق عليه عن بعد باستخدام حقائب التدريب والتعليم.

التعليم المعتمد على الحاسب:

ظهرت عدة استخدامات للحاسب في التعليم. حيث استخدام الحاسب كمادة تعليمية. واستخدام الحاسب كأداة **Technology- as-a-Tool**

التعليم المعتمد على تقنيةالإنترنت:

من أبرز ما تقدمه الإنترنت في العمل التربوي خدمة البريد الإلكتروني **Electronic**، والقوائم البريدية **Mailing List**، ونظام المجموعات الإخبارية **News Groups,Usenet,Net new**، وبرامج المحادثة**Internet Relay Chat**، والتحاور بالصوت والصورة **Video Conferncing**، والأبحاث المعززة بالحاسب **Computer-Assisted Research**، والشبكة العنكبوتية **www**. وجميع هذه الخدمات يمكن توظيفها في سياق التعليم والتعلم.

المطلب الثاني

مراحل تطور التعليم الإلكتروني

وقد زامنت التطورات التقنية والوسائط التعليمية مراحل تقدم التعليم عـن بعـد، ويمكن تلخيص هذه المراحل في:

المرحلة الأولى: ما قبل عام ١٩٨٣:

عصر المعلم التقليدي حيث كان الاتصال بين المعلم والطالب في قاعة الدرس حسـب جدول دراسي محدد.

المرحلة الثانية: من عام ١٩٨٤- ١٩٩٣:

عصر الوسائط المتعددة حيث استخدمت فيها أنظمـة تـشغيل كالنوافـذ والمـاكنتوش والأقراص الممغنطة كأدوات رئيسية لتطوير التعليم .

المرحلة الثالثة: من عام ١٩٩٣-٢٠٠٠:

ظهور الشبكة العالمية للمعلومات الإنترنت.

الجيل الأول وهو نموذج المراسلة (The Correspondence Model) والذي اعتمـد أساسا على المادة المطبوعة، واستخدام المراسلات البريدية في توصيل النصوص إلى الدارسين والتفاعل معهم عن طريق المراسلة.

المرحلة الرابعة: من عام ٢٠٠١ وما بعدها:

الجيل الثاني هو نموذج الوسائط المتعـددة (The Multi-Media Model) ويعتمـد على المادة المطبوعة والأشرطة السمعية والمرئية, والتعليم بمـساعدة الحاسـوب، والأقـراص المدمجة، والبث التلفزيوني والإذاعـي، وكـذلك الهـاتف في توصيل المعلومات للدارسين. حيث أصبح تصميم المواقع على الشبكة أكثر تقدما.

والجيل الثالث يمثل نموذج التعلم عن بعد (The Telelearning Model) من حيث التطورات الخاصة بهذا الميدان، ويشتمل على المؤتمرات المرئية (Video Conferencing)، والاتصالات البيانية المسموعة (Audiographic Communication)، وبرامج الأقمار الصناعية (Satellite program).

أما الجيل الرابع فهو نموذج التعليم المرن (The Flexible Learning Model) وهو أقرب إلى ما نسميه اليوم بالتعلم الإلكتروني (e-Learning Model)، حيث يجمع هذا الجيل الوسائط متعددة التفاعلية (Interactive Multimedia) التي تقوم على توظيف شبكة الإنترنت بصورة كبيرة في عملية التعلم كما أن معظم وسائطها إلكترونية، وتلعب التكنولوجيا وتكنولوجيا المعلومات والاتصالات خاصة دورا رئيسا في تقديم التعليم وتوصيله للطلاب، وذلك باستخدام التعليم تكنولوجيا المعلومات الحاسوبية بمختلف أنواعها والبرمجيات الحاسوبية التطبيقية (Application Software) والتشغيلية (Operating Systems) والمعدات الحاسوبية المختلفة وأنظمة البيانات والمعلومات.

المطلب الثالث

مفهوم التعليم الإلكتروني؟[1]:

يعد التعليم الإلكتروني أسلوبا من أساليب التعليم في إيصال المعلومة للمتعلم، ويتم فيه استخدام آليات الاتصال الحديثة من حاسب آلي وشبكاته ووسائطه المتعددة أي استخدام التقنية بجميع أنواعها في إيصال المعلومة للمتعلم بأقصر وقت وأقل جهد وأكبر فائدة وبصورة تمكن من إدارة العملية التعليمية وضبطها وقياس وتقييم أداء المتعلمين.

---

[1] المركز القومي للتعليم الإلكتروني- المجلس الأعلى للجامعات، وزارة التعليم العالي، جمهورية مصر العربية.

وقد بدء مفهوم التعليم الإلكتروني ينتشر منذ استخدام وسائل العرض الإلكترونية لإلقاء الدروس في الفصول التقليدية واستخدام الوسائط المتعددة في عمليات التعليم الفصلي والتعليم الذاتي، وانتهاء ببناء المدارس الذكية والفصول الافتراضية التي تتيح للطلاب الحضور والتفاعل مع محاضرات وندوات تقام في دول أخرى من خلال تقنيات الإنترنت والتلفزيون التفاعلي.

التعليم الإلكتروني هو مصطلح يجمع مجالات التعلم من خلال الإنترنت والتدريب من خلال الويب والتدريس باستخدام التكنولوجيا.

تعاريف التعليم الإلكتروني:

كما يمكن تعريف التعليم الإلكتروني بأحد التعريفات التالية:

- التقارب بين الإنترنت والتعلم أو التعلم المعتمد على الإنترنت.

- استخدام تكنولوجيا الاتصالات والمعلومات لبناء وتعزيز وتقديم وتيسير التعلم قي أي وقت ومن أي مكان.

- تقديم محتوي تعليمي مشخص وشامل وديناميكي والمساهمة في تطوير مجتمعات المعرفة وربط المتعلمين والممارسين بالخبراء.

كما يمكن من المحاسبة وإتاحة الفرصة لذوي الاحتياجات الخاصة ومنح الفرص للأفراد والمؤسسات من مسايرة التطور المتسارع لعالم الإنترنت.

- وهو قوة تعطي الأفراد والمؤسسات قدرة على المنافسة بالسماح لهم بالبقاء في مقدمة الاقتصاد العالمي المتغير.

- وهو استخدام العمليات والتقنيات لبناء وتوزيع وإدارة وتمكين التعلم عن طريق الشبكات الإلكترونية.

- وهو أنه "استخدام التقنيات والوسائط الرقمية لإيصال ودعم وتعزيز عملية التعليم والتعلم والتقييم[(1)]".

تتضمن التقنيات الرقمية طيفا واسعا من الأدوات، مثل: الأقراص المدمجة (**CD ROM**) وأشرطة تسجيل مسموعة ومرئية و**DVD** ومؤتمرات عن طريق الفيديو وتعليم عن طريق الأقمار الصناعية وغيرها.

وهناك مسميات أخرى للتعليم الإلكتروني كالتعليم المباشر (**online**)، والتعليم عبر الإنترنت، والتعليم أو التدريب عبر الكومبيوتر.. والمشترك بين هذه المسميات جميعا هو استخدام تقنيات التواصل والمعلومات في عملية التعليم والتدريب.

- التعليم الإلكتروني كطريقة:

تقديم المحتوى التعليمي مع ما يتضمنه من شروحات وتمارين وتفاعل ومتابعة بصورة جزئية أو شاملة في الفصل أو عن بعد بواسطة برامج متقدمة مخزونة في الحاسب الآلي أو عبر شبكة الإنترنت. (العريفي،2003).

أو هو "طريقة للتعلم باستخدام آليات الاتصال الحديثة من حاسب وشبكاته ووسائطه المتعددة من صوت وصورة، ورسومات، وآليات بحث ومكتبات إلكترونية، وكذلك بوابات الإنترنت. (الموسى والمبارك،2005م)، واستخدام التقنية بجميع أنواعها في إيصال المعلومة للمتعلم بأقصر وقت وأقل جهد وأكبر فائدة "[(2)].

تقديم محتوى تعليمي (إلكتروني) عبر الوسائط المعتمدة على الكمبيوتر وشبكاته إلى المتعلم بشكل يتيح له إمكانية التعامل النشط مع هذا المحتوى

---

[1] دليل تقنيّي التعليم **LTSN** لجينيريك سِنتر، سلسلة التعليم الالكتروني، 2003.

[2] د.عبدالله بن عبد العزيز - التعليم الإلكتروني- ورقة عمل مقدمة إلى ندوة مدرسة المستقبل في الفترة 16-1423/8/17هـ جامعة الملك سعود، ص6.

ومع المعلم ومع أقرانه سواء أكان ذلك بصورة متزامنة أم غير متزامنة وكذلك إمكانية إتمام هذا التعلم في الوقت والمكان وبالسرعة التي تناسب ظروفه وقدراته، فضلا عن إمكانية إدارة هذا التعلم أيضا من خلال تلك الوسائط. (زيتون، ٢٠٠٥م).

- التعليم الإلكتروني كنظام:

تعريف (الشهري، ٢٠٠٢م) "بأنه نظام تقديم المناهج (المقررات الدراسية) عبر شبكة الإنترنت، أو شبكة محلية، أو الأقمار الصناعية، أو عبر الإسطوانات، أو التلفزيون التفاعلي للوصول إلى المتعلمين".

تعريف (سالم،٢٠٠٤م) "بأنه نظام تعليمي يستخدم تقنيات المعلومات وشبكات الحاسوب في تدعيم وتوسيع نطاق العملية التعليمية من خلال مجموعة من الوسائل منها: أجهزة الحاسوب والإنترنت والبرامج الإلكترونية المعدة إما من قبل المختصين في الوزارة أو الشركات".

ويرى آخرون أن التعليم الإلكتروني: هو ذلك النوع من التعليم الذي يعتمد على استخدام الوسائط الإلكترونية في الاتصال بين المعلمين والمتعلمين، وبين المتعلمين والمؤسسة التعليمية برمتها. وهناك مصطلحات كثيرة تستخدم بالتبادل مع مصطلح التعليم الإلكتروني منها التعليم الافتراضي، غير أن الميول تتجه نحو استخدام التعليم الإلكتروني بدلا من ذلك لأن هذا النوع من التعليم شبيه بالتعليم المعتاد، غير أنه يعتمد على الوسائط الإلكترونية، فالتعليم إذن حقيقي وليس افتراضيا كما يدل عليه مصطلح التعليم الافتراضي.

عرف (هورتن وهورتن) المفهوم الشامل للتعليم الإلكتروني بأنه" أي استخدام لتقنية الويب والإنترنت لإحداث التعلم (Horton and Horton, 2003) ".

وعرف (هندرسن) التعليم الإلكتروني بأنه "التعلم من بعد باستخدام تقنية الحاسب (Henderson, 2002). ولتمييز التعليم الإلكتروني عن التعليم عن

بعد، والتعليم باستخدام الإنترنت، فإنه يمكن تعريف التعليم الإلكتروني بأنه استخدام برامج إدارة نظم التعلم والمحتوى (LMS & LCMS) باستخدام تقنية الإنترنت، وفق معايير محددة مثل معايير (SCORM, IMS, IEEE) من أجل التعلم.

ولا زالت التعاريف للتعليم الإلكتروني مستمرة ومتغيرة خاصة بعد حدوث تطور كبير في أنظمة إدارة التعليم الإلكتروني المتعددة والمتنوعة.

ما هو تعريف التعليم عن بعد[1]؟

"تلك العملية التعليمية التي يكون فيها الطالب مفصولا أو بعيدا عن الأستاذ بمسافة جغرافية يتم عادة سدها باستخدام وسائل الاتصال الحديثة". "نظام تعليمي غير تقليدي يمكن الدارس من التحصيل العلمي والاستفادة من العملية التعليمية بكافة جوانبها دون الانتقال إلى موقع الدراسة ويمكن المحاضرين من إيصال معلومات ومناقشات للمتلقين دون الانتقال إليهم، كما أنه يسمح للدارس أن يختار برنامجه التعليمي بما يتفق مع ظروف عمله والتدريب المناسب والمتاح لديه للتعليم دون الحاجة إلى الانقطاع عن العمل أو التخلي عن الارتباطات الاجتماعية".

والدراسة عن بعد هي جزء مشتق من الدراسة الإلكترونية وفي كلتا الحالتين فإن المتعلم يتلقى المعلومات من مكان بعيد عن المعلم (مصدر المعلومات). "سوف نتحدث عنه بشيء من التفصيل في الفصول اللاحقة."

ما هو التعليم الافتراضي:

يعتبر التعليم الافتراضي شكلا من أشكال التعليم الإلكتروني، يجري تقديمه عبر مؤسسات أكاديمية جامعية مماثلة في بنيتها التنظيمية للجامعات

[1] التعليم الإلكتروني خطوة خطوة، منتديات جامعة كولمبوس، ٢٠٠٧/٧/١٠.

التقليدية، تدعى هذه المؤسسات بالجامعات الافتراضية. وتعتبر الجامعة الافتراضية السورية إحدى المشاريع التعليمية الرائدة في منطقة الشرق الأوسط. فهي مؤسسة أكاديمية جامعية تؤمن مستوى تعليميا جامعيا رفيعا لطلاب ما بعد المرحلة الثانوية، أو لطلاب حائزين على شهادات جامعية ويرغبون بتحصيل علمي مختلف عن تحصيلهم العلمي الأصلي.

توفر الجامعة الافتراضية للطلاب إمكانية التعلم في أماكن إقامتهم اعتمادا على شبكة الإنترنت. يمكن من خلالها للطالب متابعة محاضراته عبر حاسوبه الشخصي المتصل بالإنترنت سواء أثناء إلقاء المدرس للمحاضرة أو بعد إلقائها عبر ملفات صوت وصورة مسجلة. كما يتيح التعليم الافتراضي للطالب تقديم امتحاناته في قاعات خاصة مجهزة بحواسيب، ومرتبطة بالجامعة الافتراضية نفسها عبر الإنترنت.

مع التصميم الجيد والتقديم بالوسائل المناسبة للمادة التعليمية يمكن تحقيق كل الأشياء السابقة إلا أن التركيز علي التكنولوجيا على حساب عملية التعلم يمثل خطأ يقع فيه الكثيرون. كما يجب أخذ المتعلمين في الاعتبار عند تصميم المادة التعليمية وذلك من خلال فهم ماهية التعلم والاستيعاب وماهي أنماط التعلم الفردية وما هي وسائل اكتساب المهارات وتحصيل المعلومات من أجل مساعدتنا علر التطور، لذلك كان بالأحرى أن يأتي حرف "e" بعد كلمة "learning."

تتحسن فاعلية الخبرة التي يكتسبها المتعلم من خلال وسائل التعليم الإلكتروني بدرجة كبيرة من خلال التصميم الذي يضع المتعلم في بؤرة الاهتمام، فعلى سبيل المثال، فالطالب يتذكر معلومات أكثر من الكتاب الدراسي المنظم بطريقة جيدة والمزود بعروض مرئية وموضوعات للتفاعل والإسقاط والعناوين الواضحة وغيرها. وتسري نفس الأفكار على المقررات

الإلكترونية حيث تـؤثر الألـوان والرسـومات وأشـكال الحـروف وحجومهـا عـلى معـدلات الاستيعاب والفهم .

لذلك فإن نجـاح التعلـيم الإلكـتروني يتطلـب أن يكـون المـتعلم هـو مركـز العمليـة التعليمية وذلك في دائرة يحيطها المعلـم والـزملاء والمـواد التعليميـة والمكتبـات الرقميـة وخدمات الويب والمواد الأخـرى المـساندة وذلـك يعنـي أنه يجـب عـلى مـصمم المقرر الإلكتروني أن يضع في ذهنه احتياجات واهتمامات المتعلم.

المطلب الرابع

أهمية التعليم الإلكتروني

- تحقيق الأهداف التعليمية بكفايات عالية واقتصاد في الوقت والجهد.

- تحقيق التعلم بطرق تناسب خصائص المتعلم وبأسلوب مشوق وممتع.

- توفير مصادر ثرية للمعلومات يمكن الوصول إليها في وقت قصير .

- يحفز المتعلم في مهارات التعلم الذاتي والاعتمـاد عـلى نفـسه في اكتـساب الخـبرات والمعارف وإكسابه أدوات التعلم الفعالة.

- يكسب التعليم الإلكتروني الدافعيـة للمعلـم والمـتعلم في مواكبـة العـصر والتقـدم المستمر في التكنولوجيا والعلوم والتواصل مع المستجدات في شتى المجالات.

ـ يتناسب مع معطيات العصر فهو الأسـلوب الأمثـل لتهيئـة جيـل المـستقبل للحيـاة العلمية والعملية.

- يعتبر التعليم الإلكتروني من الأساليب الحديثة في مجال التعليم والتدريب.

كثير من الدول والمؤسسات الحكومية والخاصة أولت اهتماما كبيرا بهذه التقنية لجدواها الاقتصادية ولفاعليتها وكفاءتها في توفير المواد التعليمية والتدريبية لمنتسبي هذه المؤسسات في الوقت المناسب والمكان المناسب.

شركات كبيرة مثل أرامكو السعودية وآي بي أم وسيسكو استخدمت هذه التقنية ووفرت مبالغ مالية كبيرة من تكاليف التعليم والتدريب.

ومن أهم مستلزمات تطبيق التعليم الإلكتروني:

١- توفير البنية التحتية والمتمثلة في تجهيز المدارس والإدارات التابعة للتعليم بالشبكات والأجهزة والبرمجيات المختلفة واللازمة للعملية التعليمية.

٢- تقديم التدريب اللازم للمعلم والمتعلم وكافة الكادر التعليمي والإداري بما يؤهلهم للتعامل مع هذه التقنية والاستثمار الأمثل لها.

٣- تأهيل النظام التعليمي بما يتوافق مع هذا النمط من التعليم وما يشمل ذلك من قوانين وأنظمة وقرارات وكل ما يشكل تنظيما لسير العملية التعليمية.

تحتاج التجارب المستجدة والحديثة إلى دراسات تواكب التجديد وذلك لمتابعة نشأة هذه التجارب في مراحلها المبكرة, ودراسة الواقع لمعرفة حاجات الميدان وحاجات العنصر البشري واتجاهاته وهو الأهم (وهذا ما ينبغي أن يكون دراسة قبلية) وكذلك فاعلية البرامج المطبقة، ثم معرفة مرحلية لمدى تحقيقنا للأهداف المرجوة وصولا إلى تقويم تلك التجربة، وقد يكون هذا الإجراء من أهم الإجراءات الفنية والمهنية التي تلازم تطبيق التجارب الحديثة فنجاح المشروع يعتمد على تأسيسه ونشأته الأولى في الميدان.

مقومات التعليم الالكتروني:

للتعليم الإلكتروني مقومات أهمها مايلي:

١. الهيئة التعليمية.

٢. فريق المساندة العلمية.

٣. فريق الدعم الفني.

٤. الإداريون.

٥. المتعلم.

٦. البنية التحتية.

المبحث الثاني

أنواع وخصائص (أساليب) التعليم الإلكتروني

المطلب الأول

أنواع التعليم الإلكتروني [1]

التعلم غير المتزامن: Asynchronous Learning

هو التعلم الذي ينفصل فيه المتعلم والمعلم مكانا وزمانا. وهـو اتصال بـين المعلـم والدارس، والتعلم غير المتزامن يمكن المعلم من وضع مصادر مـع خطـة تـدريس وتقـويم على الموقع التعليمي، ثم يدخل الطالب للموقع أي وقت ويتبع إرشادات المعلـم في إتمـام التعلم دون أن يكون هناك اتصال متزامن مع المعلم، ويتم التعليم الإلكتروني باسـتخدام النمطين في الغالب.

وتحتوي المادة التعليمية والدروس على:

١. مستندات مكتوبة – نصوص.

٢. أدلة للتجارب المعملية أو للتدريب.

٣. إعلانات.

٤. إرشاد من خلال الإنترنت.

٥. ويتم الاتصال من خلال:

---

[1] المركز القومي للتعليم الإلكتروني- المجلس الأعلى للجامعات، وزارة التعليم العالي، جمهورية مصر العربية.

٦. البريد الإلكتروني.

٧. البلوج.

٨. منتديات الحوار.

ما هي إيجابيات وسلبيات التعليم الإلكتروني غير المتزامن؟

ومن إيجابيات هذا النوع من التعليم الإلكتروني غير المتزامن أن المتعلم يحصل على الدراسة حسب الأوقات الملائمة له، وبالجهد الذي يرغب في تقديمه، كذلك يستطيع الطالب إعادة دراسة المادة والرجوع إليها إلكترونيا إذا احتاج لذلك.

ومن سلبياته: عدم استطاعة المتعلم الحصول على تغذية راجعة فورية من المعلم، وقد يؤدي إلى الانطوائية لأنه يتم في عزلة.

ما هي أدوات التعليم الإلكتروني غير المتزامن؟

١. البريد الإلكتروني (**E-mail**).

٢. الشبكة النسيجية (**World Wid Web**).

٣. القوائم البريدية (**Mailing List**).

٤. مجموعة النقاش (**Disscussion Groups**).

٥. نقل الملفات (**Fils Exchange**).

٦. الأقراص المدمجة (**CD**).

التعلم المتزامن Synchronous Learning :

يحدث عندما ينفصل المعلم والمتعلم مكانيا ولكنهما على إتصال آني (في نفس الوقت).

أو بشكل آخر هو تعليم إلكتروني يجتمع فيه المعلم مع الدارسـين في آن واحـد ليـتم بينهم اتصال متزامن بالنص **Chat**، أوالصوت أو الفيديو.

وتحتوي المادة التعليمية والدروس على :

١. صور مرئية.

٢. فيديو .

٣. صوت.

٤. ويتم التفاعل من خلال :

٥. السبورة الإلكترونية البيضاء.

٦. المشاركة في التطبيقات .

٧. سفريات الويب .

٨. التعاون بين أعضاء المجموعة.

- كما يتم تعقب التقدم في عملية التعليم من خلال :

١. الاختبار من خلال الإنترنت .

٢. الاختبار الشفهي المباشر .

٣. تقديم التقارير .

٤. تخزين السجلات .

ما هي إيجابيات وسلبيات التعليم المتزامن؟

- ومن إيجابيات هذا النوع من التعليم حصول المـتعلم عـلى تغذيـة راجعـة فوريـة وتقليل التكلفة والاستغناء عن الذهاب لمقر الدراسة.

- ومن سلبياته حاجته إلى أجهزة حديثة وشبكة اتصالات جيدة.

وهو أكثر أنواع التعليم الإلكتروني تطورا وتعقيدا، حيث يلتقي المعلم والطالب على الإنترنت في نفس الوقت(بشكل متزامن).

ما هي أدوات التعليم الإلكتروني المتزامن؟

١. اللوح الأبيض (Whit Board).

٢. الفصول الافتراضية (Virtual Classroom).

٣. المؤتمرات عبر الفيديو (Video Conferncing).

٤. غرف الدردشة (Chatting Rooms).

التعليم الإلكتروني يمثل شراكة بين التصميم التعليمي (Instructional Design) والتكنولوجيا (Technology) واستراتيجيات التدريس (Teaching Strategies)

إذا لكلا أسلوبي التعليم الإلكتروني، حسناته وسيئاته، ورأينا أن الجامعات أكثر احتياجا للأسلوب غير المتزامن أكثر من الأسلوب المتزامن لأسباب كثيرة من أهمها[1]:

§ جداول مواعيد الطلبة مختلفة.

§ التكنولوجيا المطلوبة للأسلوب المتزامن باهظة.

§ أغلب الطلبة لا يمتلكون إنترنت سريعة.

التعليم المدمج Learning Blended :

التعليم المدمج يشتمل على مجموعة من الوسائط التي يتم تصميمها لتكمل بعضها البعض، وبرنامج التعلم المدمج يمكن أن يشتمل على العديد من أدوات التعلم، مثل برمجيات التعلم التعاوني الافتراضي الفوري، المقررات المعتمدة على الإنترنت، ومقررات التعلم الذاتي، وأنظمة دعم الأداء الإلكترونية، وإدارة نظم التعلم، التعلم المدمج كذلك يمزج أحداثا متعددة

---

[1] د. جميل إطميزي، مقدمة في التعليم، مركز التميز بتكنولوجيا، جامعة بوليتكنك فلسطين، ص١.

معتمدة على النشاط تتضمن التعلم في الفصول التقليدية التي يلتقي فيها المعلم مع الطلاب وجها لوجه، والتعلم الذاتي فيه مزج بين التعلم المتزامن وغير المتزامن.

المطلب الثاني

خصائص التعليم الإلكتروني

التعلم الذاتي:

يتيح لك التعليم الإلكتروني إمكانية الاستفادة من المحاضرات الدراسية ذاتيا , ويساعد هذا على تفادي فقدان المعلومات في حالات يكون الطالب فيها مجبرا على ذلك سواء عند مغادرة قاعة الدرس لطارئ خارجي أو لعدم قدرته على فهم ما قاله المعلم في الصف .

تقدم دروس التعليم الإلكتروني للمستخدم عناصر تحكم ذاتية غير متوافرة في صفوف التعليم العادي. على سبيل المثال, التفريق بين صوت نبضات قلب عليل من صوت قلب سليم بالنقر على أيقونة على الشاشة, والتي تتيح للمتعلم الاستماع بمفرده لذلك الصوت عدد المرات التي يرغب بها. ويعتبر عنصر التعلم الذاتي هذا واحدا من الأشياء التي تجعل التعليم الإلكتروني فعالا جدا.

التفاعل:

يتيح التعليم الإلكتروني عنصرا آخر لطلابه ألا وهو التفاعلية, ويمكن لهذا النوع من التفاعل أن يكون على شكل استجابة مناسبة للأسئلة, أو للبدء بعملية ما. وتكون الألعاب التفاعلية التي تحمل رسائل تعليمية فعالة جدا في تطوير التعليم الإلكتروني. وهنا يجب أن نفكر في الألعاب حيث يؤدي

الطالب مجموعة من المهام والتي تؤدي مثلا لأن يتعلم أمورا حـول البيئـة, وأن يـستخدم أدوات يكتشفها أثناء هذه العملية. ويمكن دمج نفس هذه التقنيات في أنواع مختلفة من برامج التعليم, ويمكن للألعاب أن تأخذ الطالب في مغامرة لها سيناريو من أي شكل كـان. وتشكل المقدرة على الاستكشاف ومحاولة إكمال اللعبة والنجاح والفشل كلها تعليما جيدا.

المبحث الثالث

طرق توظيف التعليم الإلكتروني

في التدريس وخطوات تطبيقه

المطلب الأول

طرق توظيف التعليم الإلكتروني في التدريس

وهناك ثلاثة نماذج وهي:

النموذج المساعد

النموذج المساعد أو المكمل (Adjunct): وهو عبارة عن تعليم إلكتروني مكمل للتعليم التقليدي المؤسس على الفصل حيث تخدم الشبكة هذا التعليم بما يحتاج إليه من برامج وعروض مساعدة، وفيه توظف بعض أدوات التعليم الإلكتروني جزئيا في دعم التعليم الصفي التقليدي وتسهيله ورفع كفاءته.

- ومن أمثلة تطبيقات النموذج المساعد ما يلي:

١- قيام المعلم قبل تدريس موضوع معين بتوجيه الطلاب للاطلاع على درس معين على شبكة الإنترنت أو على قرص مدمج.

٢- قيام المعلم بتكليف الطلاب بالبحث عن معلومات معينة في شبكة الإنترنت.

٣- توجيه الطلاب بعد الدرس للدخول على موقع الإنترنت وحل الأسئلة المطروحة على هذا الموقع ذات الصلة بالدرس.

النموذج الممزوج

النموذج المخلوط (الممزوج Blended): وفيه يطبق التعليم الإلكتروني مدمجا مع التعليم الصفي (التقليدي) في عمليتي التعليم والتعلم، بحيث يتم استخدام بعض أدوات التعليم الإلكتروني لجزء من التعليم داخل قاعات الدرس الحقيقية، ويتحمس كثير من المتخصصين لهذا النموذج ويرونه مناسبا عند تطبيق التعليم الإلكتروني باعتبار أنه يجمع ما بين مزايا التعليم الإلكتروني ومزايا التعليم الصفي.

- ومن أمثلة تطبيقات النموذج الممزوج ما يلي:

١- يتم تعليم درس معين أو أكثر من دروس المقرر داخل الصف الدراسي دون استخدام أدوات التعليم الإلكتروني، ويتم التقويم باستخدام أساليب التقويم التقليدي والإلكتروني تبادليا.

٢- يتم تعليم درس معين تبادليا بين التعليم الصفي والتعليم الإلكتروني، ومثال ذلك بأن تشرح درسا معينا مثل درس في الدوال المثلثية، ثم تنتقل إلى أحد المواقع لترى بعض الأمثلة على الدوال المثلثية ثم تعود إلى الكتاب وتكمل الدرس وهكذا.

النموذج الخالص

والنموذج الخالص (المنفرد Totally Online): وفيه يوظف التعليم الإلكتروني وحده في إنجاز عملية التعليم والتعلم، حيث تعمل الشبكة كوسيط أساس لتقديم كامل عملية التعليم.

- ومن أمثلة تطبيقات النموذج الخالص ما يلي:

١- أن يدرس الطالب المقرر الإلكتروني انفراديا عن طريق الدراسة الذاتية المستقلة، ويتم هذا التعليم عن طريق الشبكة العالمية للمعلومات(الإنترنت) أو الشبكة المحلية.

٢- أن يتعلم الطالب تشاركيا من خلال مشاركته لمجموعة معينة في درس أو إنجاز مشروع بالاستعانة بأدوات التعليم الإلكتروني التشاركية مثل (غرف المحادثة- مؤتمرات الفيديو).

المطلب الثاني

خطوات البدء في تطبيق التعليم الإلكتروني

السؤال ما هي الطريقة التي تساعد على البدء بطريقة منطقية متقنة في تطبيق نظام التعليم الإلكتروني؟

الخطوة الأولى:

التعليم الإلكتروني كما هو معلوم نظام تطوره وتديره وتشرف عليه جهتان رئيسيتان هما الجهة التربوية التعليمية والجهة التقنية. وبالتالي فلا غنى لإحداهما عن الأخرى لتطبيق هذا النظام في أي مؤسسة تعليمية.

الخطوة الثانية:

وضع خطة واضحة المعالم تحتوي على تعريف المشروع وأهداف ووسائل تطبيقه ومراحل التطبيق مراعيا فيه كل المؤثرات الداخلية والخارجية.

الخطوة الثالثة:

نشر الوعي لدى منتسبي التربية والتعليم بماهية التعليم الإلكتروني وأهميته بالنسبة للمرحلة القادمة من تطور النظام التعليمي، وكيف أنه سيسهم في تسهيل أعمالهم وتحسين أدائهم.

الخطوة الرابعة:

تجهيز البنية التحتية وفق الخطة ولا بأس بأن يتجزأ التجهيز إلى مراحـل أيضا وفق مقتضيات كل مرحلة من مراحل تطبيق الخطة.

الخطوة الخامسة:

توفير الأجهزة والبرمجيات والأدوات اللازمة لتنفيذ كل مرحلة من المراحل.

الخطوة السادسة:

ابـدأ بتـدريب منتـسبي التربيـة والتعلـيم عـلى اسـتخدامات الحاسـب الآلي وإجـادة استخدام التطبيقات التي سيحتاجونها في نظامهم التعليمي الجديد، وركـز عـلى الـدورات التي تعنى بإتقان استخدام مهـارات الحاسـب في عـرض الحـصص في الفـصول الإلكترونيـة وإداراتها.

الخطوة السابعة:

وضع برنامجا واضحا يحتـوي عـلى إجـراءات إلزاميـة تتـضمن تطبيـق المنتـسبين لمـا تعلموه في تنفيذ أعمالهم.

الخطوة الثامنة:

ابدأ بتطبيق النظام بشكل محدود (في فصل واحد في أحد الصفوف، أو في فـصل واحـد في كل صف على الأكثر) حسب نجاحاتك في تنفيـذ الخطـوات السـابقة، وهـذه الطريقـة تضمن التأكد من سلامة مراحل التنفيذ بالإضافة إلى التأكـد مـن اسـتعداد منتـسبي المدرسة للمضي قدما في دعم وتنفيذ المشروع.

الخطوة التاسعة:

أعد تنفيذ الخطوة الخامسة وتدرج في تنفيذها كلما أعطتـك التقـارير والإحصاءات نتـائج إيجابية تفيد بمستويات عالية من الاستفادة من الأدوات السابقة.

الخطوة العاشرة:

أن يتم تقديم دراسات تقويمية وفق فترات زمنية محـددة، فهـذه الدراسـات تـساعد كثيرا في ثبات نمو المشروع دون إخفاقات.

الخطوة الحادية عشرة:

تأكد باستمرار من حصولك على المعرفة التامة بكل جديد في مجـال التعلـيم، وأطلـع عليه منسبيك أولا بأول، فالتعليم الإلكتروني ليس له حـدود طالمـا ارتبط مـصيره بـالتطور التقني.

المبحث الرابع

أهداف وأنظمة التعليم الإلكتروني

المطلب الأول

أهداف التعليم الإلكتروني

يهدف التعليم الإلكتروني إلى تفعيل التعليم والاستفادة من مجالات التقنية وتهيئة الطالب للتعامل مع المستجدات وأحدث تقنيات العصر للاستفادة منها باكتساب المعارف وتطويرها وتحديثها وتنمية المهارات وصقل التوجهات.. للوصول إلى تعليم عصري فعال. ويمكن من خلال التعليم الإلكتروني تحقيق العديد من الأهداف، تتخلص أهمها فيما يلي:

١- متابعة المستجدات على مستوى التقنيات والاتصالات واستغلالها لتطوير عمليتي التعليم والتعلم."تطوير البنية التحتية لتقنية المعلومات والاتصال وتوظيفها في التعليم والتعلم"[(١)].

٢- جعل العملية التعليمية أكثر تشويقا وأقرب للاستيعاب.

٣- متابعة تطور المعارف، كما ونوعا.

٤- تطوير مهارات استخدام التقنيات لدى المعلم والمتعلم بما يخدم عمليتي التعليم والتعلم.

٥- زيادة المصادر العلمية للمواد الدراسية كما ونوعا وتثبيتا وإثراء.

[1] مجلة المعرفة، العدد (١٠٠) رجب ١٤٢٣هـ ص ٤٠.

٦- تنمية روح الإنتاجية والإبداع لدى المعلم والمتعلم.

٧- توجيه المهارات لدى الطلاب وتحويلها من الاستغلال السلبي (في اللهو وألعاب الكمبيوتر) إلى مهارات إيجابية للبحث والتعلم وتصميم المشاريع.

٨- التحضير والاستعداد للتعامل والتفاعل الإيجابي مع المستجدات التقنية والحياتية.

٩- غرس القيم الأخلاقية والاتجاهات الإيجابية لاستغلال التقنية لخدمة الإنسانية.

١٠- تنمية الحس بالمسؤولية، والشعور بالحضور الشخصي والقدرة على الإنتاج.

١١- التغلب على عوائق المكان والزمان (صعوبة المواصلات أو صعوبة الاتفاق على وقت واحد).

١٢- الاستغلال الأمثل للموارد البشرية والمادية (حل مشكلة التخصصات النادرة).

١٣- تمكين الطالب من تلقي المادة العلمية بالأسلوب الذي يتناسب مع قدراته من خلال الطريقة المرئية أو المسموعة أو المقروءة.

١٤- إتاحة الفرصة لأكبر عدد من فئات المجتمع للحصول على التعليم والتدريب وتقليل تكلفة التعليم على المدى الطويل.

١٥- نشر ثقافة التعلم والتدرب الذاتيين في المجتمع والتي تمكن من تحسين وتنمية قدرات المتعلمين والمتدربين بأقل تكلفة وبأدنى مجهود.

١٦- إتاحة الفرصة للمتعلمين للتفاعل الفوري إلكترونيا فيما بينهم من جهة وبينهم وبين المعلم من جهة أخرى من خلال وسائل البريد الإلكتروني ومجالس النقاش وغرف الحوار ونحوها.

" ...أصبحت المدارس في شتى أنحاء العالم تتسابق على إدخال الحاسبات الآلية في بعض أو كل التطبيقات التالية : الإدارة المدرسية – تعليم برامج وهندسة الحاسب – التعليم بواسطة الحاسب (دمج المواد الأخرى) – الاختبارات المدرسية – مصادر التعلم – مراكز التعلم – التعلم عن بعد"[1].

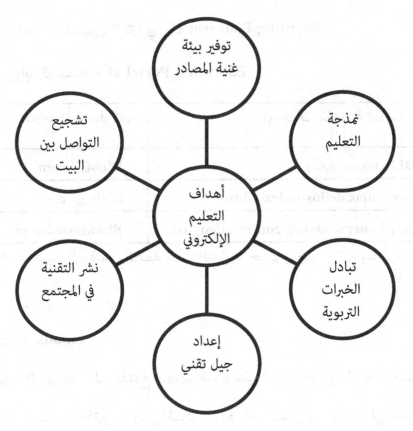

المطلب الثاني

أنظمة التعليم الإلكتروني

هي برمجيات تستخدم في إدارة أنشطة التعليم، من حيث المسابقات، التفاعل، التدريبات والتمارين.. الخ، وتعتبر أحد أهم حلول التعليم الإلكتروني في الجامعات. وعموما توجد مفاهيم قريبة من بعضها مع بعض الاختلافات ومنها:

---

[1] مجلة المعرفة، العدد (٩١) شوال ١٤٢٣هـ ص ٢٧.

١- أنظمة إدارة المساقات CMS (Course Management System)

٢- أنظمة إدارة التعليم LMS (Learning Content Management)

٣- أنظمة إدارة محتويات التعليم LCMS

(Management System Learning Content)

٤- منصات التعليم الإلكتروني (Learning Platform e)

٥- بوابة تعليمية (Education Portal of)

برمجيات تجارية (أو مملوكة)	برمجيات مفتوحة المصدر
WebCT.com	MOODLE, moodle.org
ecollege.com	ILIAS, www.ilias.de/ios/index-e.html
Blackboard.com	hanesa,www.anemalab.org/commun/english

وهناك كمية كبيرة من أنظمة إدارة التعليم، حيث يوجد ٢٠٠ حزمة برمجية، تقريبا كالتالي:

المودل moodle

هو نظام إدارة تعلم مفتوح المصدر صمم على أسس تعليمية ليساعد المدربين على توفير بيئة تعليمية إلكترونية ومن الممكن استخدامه بشكل شخصي على مستوى الفرد كما يمكن أن يخدم جامعة تضم ٤٠٠٠٠ ألف متدرب. كما أن موقع النظام يضم ٧٥٠٠٠ مستخدم مسجل ويتكلمون ٧٠ لغة مختلفة من ١٣٨ دولة. أما من ناحية التقنية فإن النظام صمم باستخدام لغة (PHP) وقواعد البيانات (MySQL) .

ومن أهم مميزاته:

١- وجود منتدى يناقش فيه المواضيع ذات الصلة بالعملية التعليمية بشكل عام .

٢- وجود ميزة تسليم المعلم للواجبات بدلا من إرسالها بالبريد الإلكتروني.

٣- تمكين المدرب من الإطلاع والتواصل مع المتدربين .

٤- - دعم النظام لـ (SCORM).......... وغيرها من المميزات الأخرى.

المطلب الثالث

مستويات التعليم الالكتروني

يقع التعليم الإلكتروني في أربعة أبواب, عبر مستوياته المختلفة من الأساسي للغاية الى المستوى المتقدم جدا, ويكن تصنيف هذه الأبواب على الشكل الآتي:

قواعد البيانات المعرفية www.tartoos.com:

رغم أنه لا تتم رؤية قواعد البيانات هـذه كـشيء ملمـوس إلا أنهـا حجـر الزاويـة في التعليم الإلكتروني. يمكن أن تكونوا شاهدتم قواعد بيانات معرفية مع مواقع برمجية عـلى الإنترنت والتي توفر شروحات وإرشادا مفهرسا للأسئلة البرمجية مع تعاليم خطوة بخطوة لتنفيـذ مهـام معينـة . يـشكل هـذا مـا يطلـق عليـه عـادة اسـم " التفاعـل المعتـدل " (Moderately Interactive) والذي يعني أن باسـتطاعتكم الـضغط إمـا عـلى كلمـة أو عبارة للبحث في قاعدة البيانات , أو القيام باختيار موضوع ما من قائمة مرتبة أبجديا .

الدعم المباشر:

يعتبر الدعم المباشر أيـضا مـن أشـكال التعليم الإلكتروني , ويـؤدي وظيفـة بطريقـة شـبه مماثلـة لقواعـد البيانـات المعرفيـة . يـأتي الـدعم المبـاشر عـلى شكل منتديات غرف دردشة , لوحات إعلانات إلكترونية , بريد إلكتروني أو دعـم عن طريق إرسال رسائل فورية حية . وهـو أكـثر تفاعليـة مـن قواعـد البيانـات

المعرفيـة حيـث يقـدم هـذا النـوع مـن الـدعم أجوبـة فوريـة عـلى تسـاؤلات الطـلاب واستفساراتهم. www.tartoos.com.

التدريب الغير متزامن:

يتم تأدية هذا النوع من التعليم في أوقات فعلية مع وجود معلم يعمل على تسهيل التدريب. يدخل جميع الطلاب الى الموقع التعليمـي في وقـت محـدد, حيـث يسـتطيعون الاتصال مباشرة مع المعلم ومع باقي الطلاب الآخرين, كـما يمكـن للطالـب أن يرفـع يـده الافتراضية وحتى أن يشاهد عدة أسابيع أو شهور أو حتى سنوات. ويحدث هـذا النـوع من التعليم عادة عبر مواقع شبكة الإنترنت, المؤتمرات الصـوتية أو المصـورة, المهاتفـة عـبر الإنترنـت أو حتـى عـبر البـث المبـاشر ثنـائي الاتجـاه للطـلاب في الصـفوف www.tartoos.com.

كيف يمكن للتعليم الإلكتروني تحسين الذاكرة:

يمكن للتعليم الإلكتروني أن يتضمن العديد من العناصر التي تجعل من التعليم مادة جديدة, وعملية جديدة وبرنامجا جديدا أكثر متعة, جعل التعليم أكثر متعة وإثارة هو ما يجعله أكثر فاعلية. إذا لم ينغمس الطلاب بالمادة التـي يدرسـونها فإنهـم لـن يتعلمـوها بالطريقة المثلى, هذا ما يجعل من التعليم الإلكتروني عمليـة رائعـة مـن بـين كـل أشـكال التعليم الأخرى. ومن الواضح أنه لا يمكن تحويل كـل أنـواع التعليـم إلى تعليـم إلكـتروني. لكن البعض الذي يمكن تحويله يعطي نتائج ممتازة. تتـضمن مفـاتيح التعليـم الإلكـتروني الناجح ما يلي:

١- التنويع في المحتوى:

صور, أصوات ونصوص تعمل معا لبناء ذاكرة في مناطق عديدة من الـدماغ, مـما يؤدي الى استذكار المادة بشكل أفضل واسترجاعها بشكل أسرع عند الحاجة.

٢- إنشاء تفاعل يضمن جذب اهتمام الطلبة:

وذلك عن طريق الألعاب والأحاجي. وينشأ حتى عن التعامل المطلوب مع شيء ما على الشاشة اهتمام أكبر والذي بالمقابل يحسن الذاكرة.

٣- تقديم تغذية راجعة (تقييم) فورية:

يمكن لحصص التعليم الإلكتروني أن تقدم تغذية راجعة فورية لتصحيح المادة الغير مفهومة, كلما كانت التغذية الراجعة أسرع كلما كانت أفضل. لأنه يتم بناء كل خطوة في العملية التعليمية بناء على الخطوة التي سبقتها. إذا لم يكن هناك تغذية راجعة: من المحتمل أن يتم بناء الخطوة التالية على تأويل أو تفسير خاطئ للخطوة التي سبقتها.

٤- تشجيع التفاعل مع طلاب آخرين ومع المعلم:www.tartoos.com

غرف الدردشة, النقاشات التي تحدث, الرسائل الفورية ورسائل البريد الإلكتروني, يوفر كل ذلك تفاعلا فعالا لطلاب التعليم الإلكتروني. ويحتل مقدارا مهما من النقاشات الصفية. ويؤثر بناء مجتمع عبر الشبكة بشكل هام على نجاح برامج التعليم الإلكتروني, وهو ما يقودنا مباشرة الى البحث عن أهم خصائص هذا النظام التعليمي.

التعلم الذاتي:

يتيح لك التعليم الإلكتروني إمكانية الاستفادة من المحاضرات الدراسية ذاتيا, ويساعد هذا على تفادي فقدان المعلومات في حالات يكون الطالب فيها مجبرا على ذلك سواء عند مغادرة قاعة الدرس لطارئ خارجي أو لعدم قدرته على فهم ما قاله المعلم في الصف.

تقدم دروس التعليم الإلكتروني للمستخدم عناصر تحكم ذاتية غير متوافرة في صفوف التعليم العادي. على سبيل المثال, التفريق بين صوت نبضات قلب عليل من صوت قلب سليم بالنقر على أيقونة على الشاشة, والتي تتيح للمتعلم الاستماع بمفرده لذلك الصوت عدد المرات التي يرغب بها. ويعتبر عنصر التعلم الذاتي هذا واحدا من الأشياء التي تجعل التعليم الالكتروني فعالا جدا. www.tartoos.com

التفاعل: www.tartoos.com

يتيح التعليم الإلكتروني عنصرا آخر لطلابه ألا وهو التفاعلية, ويمكن لهذا النوع من التفاعل أن يكون على شكل استجابة مناسبة للأسئلة, أو للبدء بعملية ما. وتكون الألعاب التفاعلية التي تحمل رسائل تعليمية فعالة جدا في تطوير التعليم الإلكتروني. وهنا يجب أن نفكر في الألعاب حيث يؤدي الطالب مجموعة من المهام والتي تؤدي مثلا لأن يتعلم أمورا حول البيئة, وأن يستخدم أدوات يكتشفها أثناء هذه العملية. ويمكن دمج نفس هذه التقنيات في أنواع مختلفة من برامج التعليم, ويمكن للألعاب أن تأخذ الطالب في مغامرة لها سيناريو من أي شكل كان. وتشكل المقدرة على الاستكشاف ومحاولة إكمال اللعبة والنجاح والفشل كلها تعليما جيدا. www.tartoos.com على سبيل المثال, يمكن لأحد الطلاب أن يكون مديرا للموارد البشرية ويتبع دورة دراسية في تقنيات التوظيف. يمكن للدورة أن تتضمن سلسلة من الأفلام والأصوات التي تشرح هذه التقنيات. ثم يمكن للطالب أن يبدأ بلعبة تأخذه عبر نفس هذه التقنيات يستطيع من خلالها اتخاذ القرارات في عالم افتراضي. ويمكن الافتراضي أن هذا المدير قد طرح سؤالا غير مسموح به لسبب ما على أحد المتقدمين لإحدى الوظائف أثناء المقابلة, في هذه الحالة, يمكن أن يتم قرع جرس ويجتمع فريق المحامين الذين يقررون إرساله الى سجن افتراضي, عندما يقوم الطالب بعمل ما حقيقة فإن الأمر يختلف

عن القراءة عنه أو الاستماع إلى شيء يرتبط به فقط. وفي حالة العمل الحقيقي فإن الطالب يتذكر معلومات أكثر ويتعلم من الأخطاء التي هي واحدة من أفضل الطرق للتأكد من عدم الوقوع في نفس الأخطاء مرة أخرى. www.tartoos.com.

التحفيز:

تحفيز الطلاب على التعلم هو نصف معركة التعليم, عندما يعرف الطالب أن الدورة الدراسية التي سينضم اليها سيكون فيها بعض عناصر الإثارة مثل الأفلام, التأثيرات الصوتية وسيناريوهات الألعاب التي ذكرناها سابقا, ستكون لديه اهتماما وفضولا أكبر بالتعلم, ويقود هذا أيضا الى تذكر أفضل وتعلم أسرع.

يتضمن التعليم الإلكتروني عوامل تحفيز أخرى مثل وسائل الراحة التي يقدمها كالقدرة على الانضمام إلى دورة دراسية في أي وقت وأي مكان. حيث من الأسهل بالنسبة للناس المشغولين اكتساب العلم بهذه الطريقة من أخذ إجازة ليومين والسفر الى مكان انعقاد الصفوف.

عناصر التعليم الإلكتروني التي تتفوق على الصفوف التقليدية:

بالإضافة الى القضايا الكبرى مثل التفاعل, التعلم الذاتي والتحفيز, يمكن التعليم الالكتروني من استخدام المعلومات التي كان يدرسها الباحثون خلال الثلاين سنة الأخيرة بسهولة. وقد حددت هذه الدراسات الأشياء التي تؤثر بشكل ملحوظ على الذاكرة واسترجاع المعلومات. ووجدت بعضها أن هناك تطورا هاما في استرجاع المعلومات عندما يتم:

- استخدام الألوان ومزيج معين من الألوان.

- جمع الصور مع المكالمات.

- جمع الأصوات أو الموسيقا مع الصور.

- استخدام أنواع متعددة من وسائل العرض.

- استخدام نماذج تتحرك بتوافق مع الحركة الطبيعية للعين.

المبحث الخامس

فوائد ومعيقات التعليم الإلكتروني

يقدم التعلم الإلكتروني العديد من الفوائد للمجتمع والأفراد, من خلال توسيع عدد المشاركين في العملية التعليمية, وتقليل كلفة التعلم والتعليم على الأفراد والحكومات, ونشر العلم في أماكن كان يصعب الوصول إليها,مما يساعد في رفع سوية المجتمع, من حيث قدرته على استيعاب المعرفة وإنتاجها.

كذلك يوفر التعلم الإلكتروني إمكانية التعلم المستمر مدى الحياة, مما يتيح إمكانية التحديث المستمر للمهارة والمعرفة, ويوفر إمكانية التعلم المعتمد على الذات.

ويقدم التعليم الإلكتروني العديد من المزايا مثل :

١- التعلم والتدريب في حينه حيث تتاح المعلومات عندما يحتاج إليها المتعلم وبمعدل استيعاب أكبر.

٢- الوصول للمعلومات في كل وقت ومن أي مكان لذلك يتغلب على عقبات المسافة والزمن ويقدم المادة التعليمية طبقا لاحتياجات المتعلم واهتماماته.

٣- إتاحة وسائل التعاون مثل الشبكات ومشاركة الملفات ووسائل العصف الذهني.

٤- تقديم المادة التعليمية بطرق متزامنة (يتواصل المعلم والمتعلم في نفس اللحظة كما هو الحال عند استخدام غرف الدردشة أو مؤتمرات الفيديو) أو

غير متزامن بإتاحة المواد التعليمية في أرشيف ليستخدمها المتعلم في الوقت المناسب له كما أن الاتصال يكون غير لحظي عن طريق البريد الإلكتروني أو منتديات الحوار.

المطلب الأول

فوائد التعليم الإلكتروني

للتعليم الإلكتروني فوائد عديدة من أهمها ما يلي:

١- زيادة إمكانية الاتصال بين الطلبة فيما بينهم، وبين الطلبة والمدرسة، وذلك من خلال سهولة الاتصال ما بين هذه الأطراف في عدة اتجاهات مثل مجالس النقاش، البريد الإلكتروني، غرف الحوار. ويرى الباحثون أن هذه الأشياء تزيد وتحفز الطلاب على المشاركة والتفاعل مع المواضيع المطروحة.

٢- المساهمة في وجهات النظر المختلفة للطلاب: المنتديات الفورية مثل مجالس النقاش وغرف الحوار تتيح فرص لتبادل وجهات النظر في المواضيع المطروحة مما يزيد فرص الاستفادة من الآراء والمقترحات المطروحة ودمجها مع الآراء الخاصة بالطالب مما يساعد في تكوين أساس متين عند المتعلم وتتكون عنده معرفة وآراء قوية وسديدة وذلك من خلال ما اكتسبه من معارف ومهارات عن طريق غرف الحوار.

٣- الإحساس بالمساواة: بما أن أدوات الاتصال تتيح لكل طالب فرصة الإدلاء برأيه في أي وقت ودون حرج، خلافا لقاعات الدرس التقليدية التي تحرمه من هذه الميزة إما لسبب سوء تنظيم المقاعد، أو ضعف صوت الطالب نفسه، أو الخجل، أو غيرها من الأسباب، لكن هذا النوع من التعليم يتيح الفرصة كاملة للطالب لأنه بإمكانه إرسال رأيه وصوته من خلال أدوات الاتصال المتاحة من بريد إلكتروني ومجالس النقاش وغرف الحوار.

هذه الميزة تكون أكثر فائدة لدى الطلاب الذين يشعرون بالخوف والقلق لأن هذا الأسلوب في التعليم يجعل الطلاب يتمتعون بجرأة أكبر في التعبير عن أفكارهم والبحث عن الحقائق أكثر مما لو كانوا في قاعات الدرس التقليدية.

وقد أثبتت الدراسات أن النقاش على الخط يساعد ويحث الطلاب على المواجهة بشكل أكبر.

٤- سهولة الوصول إلى المعلم: أتاح التعليم الإلكتروني سهولة كبيرة في الحصول على المعلم والوصول إليه في أسرع وقت وذلك خارج أوقات العمل الرسمية، لأن المتدرب أصبح بمقدوره أن يرسل استفساراته للمعلم من خلال البريد الإلكتروني، وهذه الميزة مفيدة وملائمة للمعلم أكثر بدلا من أن يظل مقيدا على مكتبه. وتكون أكثر فائدة للذين تتعارض ساعات عملهم مع الجدول الزمني للمعلم، أو عند وجود استفسار في أي وقت لا يحتمل التأجيل .

٥- إمكانية تحوير طريقة التدريس: من الممكن تلقي المادة العلمية بالطريقة التي تناسب الطالب فمنهم من تناسبه الطريقة المرئية، ومن تناسبه الطريقة المسموعة أو المقروءة، وبعضهم تتناسب معه الطريقة العملية، فالتعليم الإلكتروني ومصادره تتيح إمكانية تطبيق المصادر بطرق مختلفة وعديدة تسمح بالتحوير وفقا للطريقة الأفضل بالنسبة للمتدرب .

٦- ملاءمة مختلف أساليب التعليم: التعليم الإلكتروني يتيح للمتعلم أن يركز على الأفكار المهمة أثناء كتابته وتجميعه للمحاضرة أو الدرس، وكذلك يتيح للطلاب الذين يعانون من صعوبة التركيز وتنظيم المهام الاستفادة من المادة وذلك لأنها تكون مرتبة ومنسقة بصورة سهلة وجيدة والعناصر المهمة فيها محددة.

أجريت دراسات عدة لتحديد أفضل طريقة للدراسة والمذاكرة، ووجدت هذه الدراسات أن مذاكرة المعلومات تعتمد على المقدرات الحسية للإنسان، وأن استخدام المعلومات يعتمد على خصائص كل فرد ودوافعه. وعلى هذا يجب أن تتيح طريقة نقل المعلومات التكرار وفق مختلف الأنماط الحسية، ومن غير الممكن غالبا القيام بذلك باستخدام طرق التعليم التقليدية.

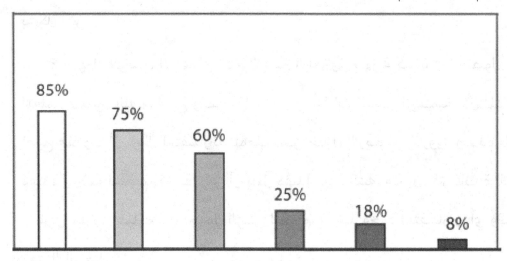

وقد أظهرت دراسة أخرى أن:

١. ٨% مما يقرؤه الانسان يبقى في ذاكرته.

٢. ١٨% مما يراه يبقى في ذاكرته.

٣. ٢٥% مما يسمعه يبقى في ذاكرته.

٤. ٦٠% مما يسمعه ويقرؤه يبقى في ذاكرته.

٥. ٧٥% مما يقوله يبقى في ذاكرته.

٦. ٨٥% مما يقوله خلال قيامه بتطبيق ما يقول يعلق في ذاكرته.

ويقدم التعليم الإلكتروني المادة من خلال الصور المرئية والنص والمادة المسموعة والفيديو، وقد يتطلب مشاركة المتعلم عبر استخدام التمارين والتدريبات عبر الإنترنت، وهذا يمكن المتعلم من السمع والرؤية والممارسة

وحتى التحدث، وهو ما يزيد من نسبة المعلومات التي تبقى في الذاكرة، كما تتاح للمتعلم فرصة تكرار مضمون المادة مرات عدة بحيث يستطيع حفظها بشكل أفضل.

٧- المساعدة الإضافية على التكرار: هذه ميزة إضافية بالنسبة للذين يتعلمون بالطريقة العملية فهؤلاء الذين يقومون بالتعليم عن طريق التدريب, إذا أرادوا أن يعبروا عن أفكارهم فإنهم يضعونها في جمل معينة مما يعني أنهم أعادوا تكرار المعلومات التي تدربوا عليها وذلك كما يفعل الطلاب عندما يستعدون لامتحان معين.

٨- توفر المناهج طوال اليوم وفي كل أيام الأسبوع (٢٤ ساعة في اليوم ٧ أيام في الأسبوع): هذه الميزة مفيدة للأشخاص المزاجيين أو الذين يرغبون التعليم في وقت معين، وذلك لأن بعضهم يفضل التعلم صباحا والآخر مساء، كذلك للذين يتحملون أعباء ومسئوليات شخصية، فهذه الميزة تتيح للجميع التعلم في الزمن الذي يناسبهم.

٩- الاستمرارية في الوصول إلى المناهج: هذه الميزة تجعل الطالب في حالة استقرار ذلك أن بإمكانه الحصول على المعلومة التي يريدها في الوقت الذي يناسبه، فلا يرتبط بأوقات فتح وإغلاق المكتبة، مما يؤدي إلى راحة الطالب وعدم إصابته بالضجر.

١٠- عدم الاعتماد على الحضور الفعلي: لا بد للطالب من الالتزام بجدول زمني محدد ومقيد وملزم في العمل الجماعي بالنسبة للتعليم التقليدي، أما الآن فلم يعد ذلك ضروريا لأن التقنية الحديثة وفرت طرقا للاتصال دون الحاجة للتواجد في مكان وزمان معين لذلك أصبح التنسيق ليس بتلك الأهمية التي تسبب الإزعاج.

١١- سهولة وتعدد طرق تقييم تطور الطالب: وفرت أدوات التقييم الفوري إعطاء المعلم طرقا متنوعة لبناء وتوزيع وتصنيف المعلومات بصورة سريعة وسهلة للتقييم.

١٢- الاستفادة القصوى من الزمن: إن توفير عنصر الزمن مفيد وهام جدا للطرفين المعلم والمتعلم، فالطالب لديه إمكانية الوصول الفوري للمعلومة في المكان والزمان المحدد وبالتالي لا توجد حاجة للذهاب من البيت إلى قاعات الدرس أو المكتبة أو مكتب الأستاذ وهذا يؤدي إلى حفظ الزمن من الضياع، وكذلك المعلم بإمكانه الاحتفاظ بزمنه من الضياع لأن بإمكانه إرسال ما يحتاجه الطالب عبر خط الاتصال الفوري.

١٣- تقليل الأعباء الإدارية بالنسبة للمعلم: التعليم الإلكتروني يتيح للمعلم تقليل الأعباء الإدارية التي كانت تأخذ منه وقتا كبيرا في كل محاضرة مثل استلام الواجبات وغيرها فقد خفف التعليم الإلكتروني من هذه العبء، فقد أصبح من الممكن إرسال واستلام كل هذه الأشياء عن طريق الأدوات الإلكترونية مع إمكانية معرفة استلام الطالب لهذه المستندات.

١٤- تقليل حجم العمل في المدرسة: التعليم الإلكتروني وفر أدوات تقوم بتحليل الدرجات والنتائج والاختبارات وكذلك وضع إحصائيات عنها ويمكن أيضا إرسال ملفات وسجلات الطلاب إلى مسجل الكلية.

١٥- تخفيض تكاليف التعليم والتدريب: توفير: آي بي أم ٣٥٠ مليون، سيسكو ٢٤٠ مليون، فورد ٢٥ مليون، اتصالات بريطانيا ٢٠ مليون.

كيف: في مصاريف السفر (٣/٢ من تكاليف التدريب)، توفير في تكاليف المدرب، تقليل الوقت بعيدا عن العمل، توفير في التجهيزات، زيادة فرص السلامة وتقليل الحوادث على المستوى الوطني.

١٦- زيادة في كفاءة التعليم والتدريب: ٥٠-٦٠% أفضل في متابعة عملية التعليم والتدريب. ٢٥-٦٠% في نسبة التحصيل. ٦٠% سرعة في التعلم.

المطلب الثاني

صفات التعليم الالكتروني

إنه يتميز بالصفات التالية:

١- الفعالية: فاستذكار المعلومات يعتمد على قدراتنا الحسية كافة، بينما الاستجابة تعتمد على ميزات كل فرد وعلى حافز التعلم لديه. ولا بد بالتالي لطريقة نقل المراسلات من أن توفر للمتعلم إمكانية التكرار وفقا لطرائق حسية مختلفة، وهي إمكانية نادرا ما توفرها الأساليب التعليمية التقليدية. وإتاحة الفرصة للمتعلمين للتفاعل الفوري إلكترونيا فيما بينهم من جهة وبينهم وبين المعلم من جهة أخرى من خلال وسائل البريد الإلكتروني ومجالس النقاش وغرف الحوار ونحوها.

٢- أقل كلفة: توفر خدمة التعلم الإلكتروني الفوري، عبر الإنترنت وأقراص التخزين المدمجة وأقراص الفيديو الرقمية وغيرها، على المتعلم مشقة الانتقال إلى مركز تعليمي بعيد، ما يعني أنه سيوفر كلفة السفر ويكسب مزيدا من الوقت.

٣- سهولة الاطلاع على المناهج: تتوفر مناهج التعليم الإلكتروني على مدار الساعة، ما يسمح للمتعلم عبر الإنترنت بمتابعتها في أي وقت يراه مناسبا، وتجاوز قيود المكان والزمان في العملية التعليمية.

٤- يعزز المشاركة: تؤكد نظريات التعلم المعزز للمشاركة على أن التفاعل البشري يشكل عنصرا حيويا في عملية التعلم. وجدير بالذكر أن

التعليم الإلكتروني المتزامن يوفر مثل هذه المشاركة عبر الصفوف التعليمية الافتراضية وغرف التحادث والرسائل الإلكترونية والاجتماعات بواسطة الفيديو.

٥ - التكامل: يوفر التعليم الإلكتروني للمتعلم المعرفة والموارد التعليمية على نحو متكامل، وذلك من خلال أدوات التقييم التي تسمح بتحليل معرفة المتعلم والتقدم الذي يحققه، ما يضمن توافر معايير تعليمية موحدة.

٦- المرونة: يستطيع المتعلم عبر الإنترنت أن يعمل مع مجموعة كبيرة من المعلمين وغيرهم من الأساتذة في مختلف أنحاء العالم، في أي وقت يتوافق مع جدول أعماله. ويمكنه بالتالي أن يتعلم في المنزل أو في مقر العمل أو في أي مكان يسمح له فيه باستعمال الإنترنت وذلك في أي وقت كان، واستخدام أساليب متنوعة ومختلفة أكثر دقة وعدالة في تقييم أداء المتعلمين

٧- مراعاة حالة المتعلم: يوفر التعليم الإلكتروني للمتعلم إمكانية اختيار السرعة التي تناسبه في التعلم، ما يعني أن بمقدوره تسريع عملية التعلم أو إبطائها حسب ما تدعو الحاجة. كما يسمح له باختيار المحتوى والأدوات التي تلائم اهتماماته وحاجاته ومستوى مهاراته، لاسيما وأنه ينطوي على أساليب تعليمية عدة تعتمد فيها طرائق متنوعة لنقل المعرفة إلى مختلف المتعلمين، الأمر الذي يجعله أكثر فاعلية بالنسبة إلى بعضهم، وهي بذلك تعمل على تمكين الطالب من تلقي المادة العلمية بالأسلوب الذي يتناسب مع قدراته من خلال الطريقة المرئية أو المسموعة أو المقروءة ونحوها، ومراعاة الفروق الفردية بين المتعلمين وتمكينهم من إتمام عمليات التعلم في بيئات مناسبة لهم والتقدم حسب قدراتهم الذاتية.

٨- تفاعلي وتعاوني: يقحم التعليم الإلكتروني المتعلمين في العملية التعليمية بطريقة فعالة من خلال دفعهم إلى المشاركة فيها بدلا من جرهم

إليها. وقد أظهرت بعض الدراسات أن التعليم الإلكتروني يزيد من التفاعـل بـين المتعلمـين والمدرسين من خلال استخدام أدوات التواصل المتزامنة وغير المتزامنة.

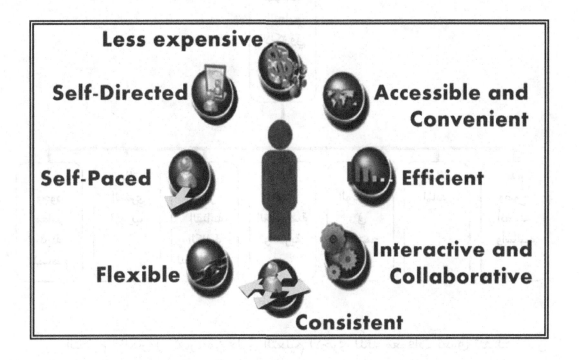

المطلب الثالث

معوقات التعليم الإلكتروني

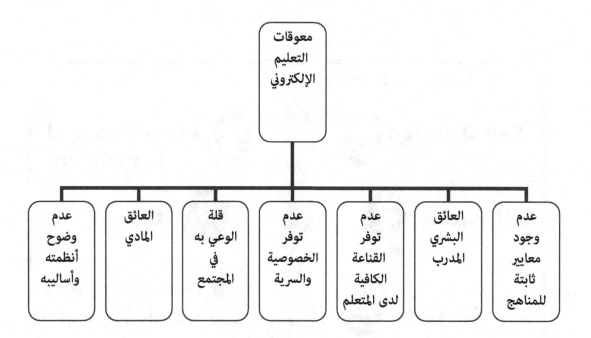

التعليم الإلكتروني كغيرة من طرق التعليم الأخرى لديه معوقات تعوق تنفيذه ومـن هذه العوائق:

١- تطوير المعايير:

يواجه التعليم الإلكتروني مصاعب قد تطفـئ بريقـه وتعيـق انتـشاره بـسرعة. وأهـم هذه العوائق قضية المعايير المعتمدة، فما هي هذه المعايير وما الذي يجعلها ضرورية؟ لو نظرنا إلى بعض المناهج والمقررات التعليمية في الجامعات أو المدارس، لوجدنا أنها بحاجـة لإجراء تعديلات وتحديثات كثيرة نتيجة للتطورات المختلفة كل سنة، بل كل شهر أحيانا. فإذا كانت الجامعة قد استثمرت في شراء مواد تعليمية على شكل كتب أو أقراص مدمجة CD ،

ستجد أنها عاجزة عن تعديل أي شيء فيها ما لم تكن هذه الكتب والأقراص قابلة لإعادة الكتابة وهو أمر معقد حتى لو كان ممكنا. ولضمان حماية استثمار الجهة التي تتبنى التعليم الإلكتروني لا بد من حل قابل للتخصيص والتعديل بسهولة.

أطلق مؤخرا في الولايات المتحدة أول معيار للتعليم الإلكتروني المعتمد على لغة XML، واسمه سكورم standard Sharable Content Object Reference Model (SCORM) 1.2

الأنظمة والحوافز التعويضية من المتطلبات التي تحفز وتشجع الطلاب على التعليم الإلكتروني. حيث لا زال التعليم الإلكتروني يعاني من عدم وضوح في الأنظمة والطرق والأساليب التي يتم فيها التعليم بشكل واضح كما أن عدم البت في قضية الحوافز التشجيعية لبيئة التعليم هي إحدى العقبات التي تعوق فعالية التعليم الإلكتروني.

٢-التسليم المضمون والفعال للبيئة التعليمية:

☒ نقص الدعم والتعاون المقدم من أجل طبيعة التعليم الفعالة.

☒ نقص المعايير لوضع وتشغيل برنامج فعال ومستقل.

☒ نقص الحوافز لتطوير المحتويات.

٣- علم المنهج أو الميثودولوجيا Methodology:

غالبا ما تؤخذ القرارات التقنية من قبل التقنيين أو الفنيين معتمدين في ذلك على استخداماتهم وتجاربهم الشخصية، وغالبا لا يؤخذ بعين الاعتبار مصلحة المستخدم، أما عندما يتعلق الأمر بالتعليم فلا بد لنا من وضع خطة وبرنامج معياري لأن ذلك يؤثر بصورة مباشرة على المعلم (كيف يعلم) وعلى الطالب (كيف يتعلم) . وهذا يعني أن معظم القائمين في التعليم الإلكتروني هم من المتخصصين في مجال التقنية أو على الأقل أكثرهم، أما المتخصصين

في مجال المناهج والتربية والتعليم فليس لهـم رأي في التعليـم الإلكتروني، أو عـلى الأقـل ليسوا هم صناع القرار في العملية التعليمية. ولذا فإنه من الأهمية بمكـان ضـم التربـويين والمعلمين والمدربين في عملية اتخاذ القرار.

٤-الخصوصية والسرية:

إن حدوث هجمات على المواقع الرئيسية في الإنترنت، أثرت على المعلمـين والتربـويين ووضعت في أذهانهم العديد من الأسئلة حول تأثير ذلك على التعليم الإلكتروني مـستقبلا ولذا فإن اختراق المحتوى والامتحانات من أهم معوقات التعليم الإلكتروني.

٥-التصفية الرقمية Digital Filtering:

هي مقدرة الأشخاص أو المؤسسات عـلى تحديـد محيـط الاتصال والـزمن بالنـسبة للأشخاص وهل هناك حاجة لاستقبال اتصالاتهم، ثـم هـل هـذه الاتصالات مفيـدة أم لا، وهل تسبب ضررا وتلفا، ويكون ذلك بوضع فلاتر أو مرشحات لمنع الاتصال أو إغلاقه أمام الاتصالات غير المرغوب فيها وكذلك الأمر بالنسبة للدعايات والإعلانات.

٦- مدى استجابة الطلاب مع النمط الجديد وتفاعلهم معه.

٧- مراقبة طرق تكامل قاعات الدرس مـع التعليم الفوري والتأكد مـن أن المنـاهج الدراسية تسير وفق الخطة المرسومة لها.

٨- زيـادة التركيـز عـلى المعلـم وإشعاره بشخـصيته وأهميتـه بالنـسبة للمؤسـسة التعليمية والتأكد من عدم شعوره بعدم أهميته وأنه أصبح شيئا تراثيا تقليديا.

٩ـ وعي أفراد المجتمع بهذا النوع من التعليم وعدم الوقوف السلبي منه.

١٠ـ توفر مساحة واسعة من الحيز الكهرومغناطيسي Bandwidth وتوسيع المجال للاتصال اللاسلكي.

١١ـ الحاجة المستمرة لتدريب ودعم المتعلمين والإداريين في كافة المستويات، حيث أن هذا النوع من التعليم يحتاج إلى التدريب المستمر وفقا لتجدد التقنية..

١٢ـ الحاجة إلى تدريب المتعلمين لكيفية التعليم باستخدام الإنترنت.

١٣ـ الحاجة إلى نشر محتويات على مستوى عال من الجودة، ذلك أن المنافسة عالمية .

١٤ـ تعديل كل القواعد القديمة التي تعوق الابتكار ووضع طرق جديدة تنهض بالابتكار في كل مكان وزمان للتقدم بالتعليم وإظهار الكفاءة والبراعة.

أخيرا يمكن القول بأنه يجب إعادة صياغة قوانين ولوائح لحفظ حقوق التأليف والنشر، وذلك لحماية هذه الحقوق من الانتهاك وكذلك يطبق في التعليم الإلكتروني.

المطلب الرابع

أخطاء في تطبيق التعليم الإلكتروني

ومن هذه الأخطاء ما يلي:

١- اتخاذ قرار تطبيق نظام التعليم الإلكتروني من قبل الإدارة العليا دون مشاركة جميع المعنيين به ومن سيشرفون عليه في اتخاذه مثل إدارات المراحل ووكلائها والمشرفين التربويين .. الخ.

٢- اتخاذ القرار دون تهيئة العـاملين بالمؤسسة التعليمية وتعريفهم بـه وإقنـاعهم بأهميته وضرورته لتطوير التعليم والارتقاء بالعملية التعليمية، وتعريف كل موظف عـن دوره في هذا المشروع وتدريبه على الأدوات الجديدة التي سيستخدمها لتنفيذه.

٣- عدم وضع خطة واضحة ومفصلة تشتمل على تعريف المشروع وأهدافه ووسـائل تنفيذه ومراحل تطبيقه والميزانية اللازمة لكل مرحلة، وتكوين اللجان التي ستتولى التنفيذ والمتابعة.

٤- تركيز الأهداف عند صياغتها على المردود المادي أو الشكلي للتعليم الإلكتروني، أو تخفيف العبء عن الطالب كل لا يتحمل عناء حمل حقيبة الكتب، وتجاهل ما هو أهـم من ذلك أي تحصيل الطالب المعرفي والعلمي وتنمية مهاراته، وتغييـر مفهومـه للتعلم والتعليم وتحقيق الأهداف العامة للتعليم الإلكتروني وفلسفته.

٥- الاعتقاد بأن التعليم الإلكتروني يشمل كافة الممارسات الفصلية، وبالتـالي تطبيقه عليها جملة وتفصيلا، وهذا غير صحيح فإن هناك ممارسات فصلية يفضل فيها اسـتخدام الطرق التقليدية، فهي أكثر فاعلية ومردودا، وباختصار فإن الطريقة التي تؤدي في النهايـة إلى الوصول إلى تحقيق الهـدف بـشكل أفـضل وأسـهل وأسرع هـي الطريقـة التي يجب اتباعها سواء كانت تقليدية أو إلكترونية، وكمثال على ذلك التعامل مـع رمـوز الرياضيات فإن استخدام الطريقة التقليدية في حلها على الورق أسهل وأسرع وأفضل مـن حلهـا علـى الحاسب الآلي وكذلك رسم الأشكال الهندسية .. الخ.

٦- التوسع في إدخال تقنيات إضافية دون التأكد مـن اسـتخدام التقنيـات الموجـودة بالشكل المطلوب.

الحماسة قد تقود إلى الرغبة في توفير أفضل ما في السوق وأغلاه من الأجهزة والعتاد، في وقت لم تكتمل فيه مرحلة التدريب وانتشار ثقافة التعليم الإلكتروني في المؤسسة مما يعني انتهاء صلاحية هذه الأجهزة قبل أن يستفاد منها كما يجب.

٧- عدم إجراء الدراسات التقويمية من فترة لأخرى للتأكد من مدى تحقق الأهداف.

المبحث السادس

متطلبات وأدوات التعليم الإلكتروني

المطلب الأول

متطلبات التعليم الإلكتروني

لكي ينجح التعليم الإلكتروني فإنه يحتاج لمتطلبات وشروط ضرورية، ومنها:

§ متطلبات تقنية مثل: بنية تحتية تكنولوجية، سعة نطاق عالية، خادم قوي وبرمجيات خاصة مثل برمجيات إدارة التعليم (LMS). وبعضها تنظيمي وإداري، من أبنية وأنظمة وإدارة عصرية.

§ متطلبات بشرية، من خبراء يتحكمون بكل النظام، وتدريب خاص للمحاضرين وللطلبة المشمولين بالنظام.

§ إن الواقع الحالي وتوقعات المستقبل تشير بوضوح أن الإنترنت تنتشر بقوة حيث يوجد: أكثر من ٦٠٠ مليون مستخدم لها وأكثر من ٣٠٠ مليون استضافة. وموازيا لذلك فإن التعليم الإلكتروني ينمو يوميا وباطراد، حيث إن ٦٠٪ من المؤسسات في العالم استعملت بعض أساليبه خلال ٢٠٠٣/٤.

§ بنية تحتية شاملة وسائل اتصال سريعة ومعامل حديثة للحاسب الآلي.

§ تدريب المدرسين على استخدام التقنية.

§ بناء مناهج ومواد تعليمية جذابة.

§ برنامج فعال لإدارة العملية التعليمية من تسجيل الطلاب ومتابعتهم وتقييمهم.

§ توفير هذه المواد التعليمية على مدار الساعة.

§ تخفيض التكاليف.

المطلب الثاني

أدوات التعليم الإلكتروني

يشتمل عنصر الأدوات في التعليم الإلكتروني على عناصر متعددة ومن أهمها ما يلي1:

1- Hardware **الأجزاء الصلبة، وتتألف من:**

حاسب شخصي مزود بالأدوات التالية: (معالج السرعة - الذاكرة الداخلية - الذاكرة العشوائية - **RAM** كارت فيديو - شاشة - كارت صوت - ميكرفون - مودم - لوحة مفاتيح - فأرة - كاميرا - منافذ).

2- Server:

يجب أن يراعى في اختيار الكمبيوتر الخادم عدد من متطلبات التعليم الإلكتروني التي تتطلبها مهام التدريس ومنها ما يلي: حجم المحتوى - نوع الملفات المستضافة: نص، صوت، رسوم، فيديو....

---

[1] لمزيد من المعلومات يمكن العودة إلى :
التعليم الإليكتروني- ورقة عمل مقدمة إلى ندوة مدرسة المستقبل في الفترة 16-1423/8/17هـ جامعة الملك سعود- إعداد الدكتور عبد الله الموسى.

http://elearning.moe.gov.eg/portal/index.html

http://www.arabia-elearn.com /

http://www.e-school.com.sa//baar3/cmds.php?action=inpa genews

- سعة استيعاب الخادم Band Width

- مدى تطور المحتوى لديك .

- البرامج التي يجب أن ينفذها الخادم.

٣-الشبكات Networks:

حيث يتوافر ثلاثة أنواع من الشبكات في التعليم الإلكتروني:

- الشبكة المحلية: LAN وهي مجموعة أجهزة حاسب تتصل مع بعضها بعدة طرق، وترتبط مع بعضها باستخدام كارت شبكة، وهي تستخدم لربط الشبكات المرتبطة بـشكل دائري أو نجمي.

- الشبكة الواسعة: WAN وهي ربط شبكة لعدد من أجهـزة الحاسـب المتباعـدة في المواقع.

- شبكة الإنترنت.

٤- أدوات الوصول accessing للتعليم الإلكتروني:

يمكن الوصول للتعليم الإلكتروني عـن طريـق المتصفح، ومـشغل وسائط، ومـشغل وسائط وهي على النحو التالي:

- المتصفح :Browser:

المتصفح يزود واجهة رسومية للإنترنت ويمكن من العرض، وتشغيل البرامج، وتحميـل الملفات، وإرسال الملفات، ودعم التشفير.

- مشغل الوسائط :media player:

لملفات الصوت والصورة والنص عدد من الأشكال ولكل منها برنامج تشغيل يجب أن يكون جهاز الحاسب لديك مزودا به لتشغيل نمط الملف المطلوب.

٥- أدوات تزويد التعليم الإلكتروني LCMS - Server - LMS:

يعد الخادم من الأدوات الأساسية في التعليم الإلكتروني، ويعرف السيرفر كبرنامج بأنه البرنامج الذي يرسل dispatches صفحات الويب إلى المتصفح Browser

٦- أدوات مساعدة:

أدوات الاتصال المباشر - أدوات الخادم (التزامني وغير التزامني).

المطلب الثالث

معايير التعليم والتعلم الإلكتروني

المعايير المتعارف عليها حاليا في مجال التعليم الإلكتروني لا ترقى إلى درجة معيار مصادق عليه من قبل منظمة المعايير العالمية ISO وهي لا تزال بمثابة مواصفات أو مقاييس أو إرشادات.

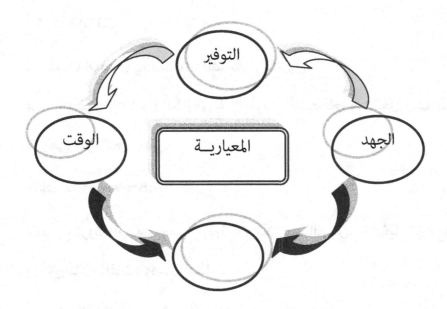

أهم المؤسسات التي تعمل على إيجاد وتطوير معايير ومواصفات التعليم الإلكتروني:

- جمعية التدريب من خلال الحاسب الآلي على صناعة الطيران AICC.

- جمعية مهندسي الكهرباء والإلكترونيات المحدودة

Engineers Institute Of Electical and Electronics

- الائتلاف العالمي لنظام إدارة التعلم

IMS Global Learning Consortium

- (ARIADNE).

- (ADL) مبادئ التعلم الموزع المتقدم.

كيف تم التوصل إلى مواصفات سكورم SCCORM؟.

$$AICC + IEEE + IMS + ADL = SCCORM \quad -$$

Sharable Content Object Reference.

MODL وتعني نموذج مشاركة المحتوى والأشياء.

تسعى معايير SCCORM إلى تحقيق عدد من الأهداف ومن أهمها ما يلي:

١- الوصــول Accessibility: وهــو إمكانيــة تحديــد الموقــع والوصــول للمحتــوى التعليمي من أي مكان وفي أي وقت.

٢- قابلية التكييف Adaptability : وهي المقدرة على التكييف لمقابلة احتياجات المؤسسات والأفراد التعليمية.

٣- الإنتاجية Productifity (Affordability): وهي المقدرة علـى زيـادة الفعاليـة والإنتاجية بإنقاص الزمن والتكلفة التي يشتمل عليها توصيل التعليم.

٤- التحمل Durability : وهو إمكانية استخدام المحتوى حتـى لـو تغـيرت التقنيـة المستخدمة في تقديمه، مثل تحديث نظام التشغيل أو نظام إدارة التعلم IMS.

٥- قابلية التشغيل البينية Interoperability : وهي إمكانية الاتصال بين منصات التشغيل Plafforms والأدوات Tools المختلفة وأن تعمل معا بكفاءة.

٦- قابلية إعادة الاستخدام Reusability : وهي إمكانية تعديل المحتوى بسهولة واستخدامه عدة مرات باستخدام أدوات ومنصات تشغيل متعددة.

المطلب الرابع

نماذج التصميم التعليمي لبناء مقررات إلكترونيا

تمر عملية بناء وتطوير المقرارات الإلكترونية بعدة مراحل (خطوات) وهي:

١-التحليل.

٢- التصميم.

٣-التخطيط.

٤- التطوير.

٥- الجودة.

٦- التطبيق.

٧- التقييم.

٨- الاختبارات.

١- التحليل: بهدف تحليل احتياجات المتعلمين والتعرف على اهتماماتهم وظروفهم .

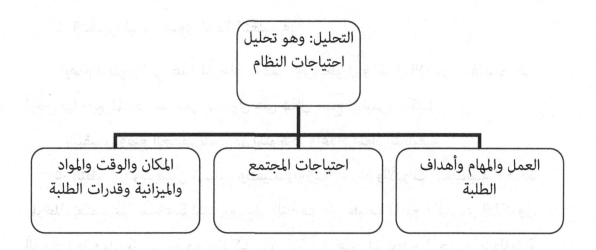

٢- التصميم: لتحديد تسلسل تقديم المادة التعليمية طبقا لأسس تربوية سليمة .

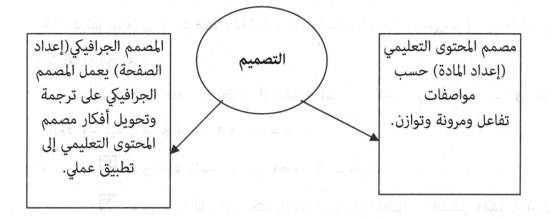

٣- التخطيط: ويشتمل على:

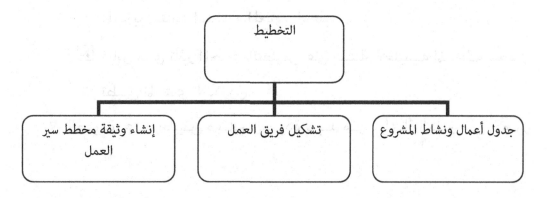

٤- التطوير: لبناء محتوى المادة التعليمية:

- يقوم المطورون في هذه المرحلة بالعمل على تحويل وتطبيق الأفكار والمفاهيم التي أوصى بها خبير المادة ومصممو المحتوى على شكل منتج تعليمي متكامل.

- ويتضمن وضع الخطط للمصادر المتوافرة، وإعداد المواد التعليمية.

٥- التطبيق: ويتضمن تسليم وتنفيذ وتوزيع المواد والأدوات التعليمية. وهذه المرحلة تعتمد على مساعدة المتدربين على التعرف على طبيعة المنهج (المحتوى الإلكتروني الجديد) والعمل على تدريبهم والتأكد من قدرتهم على استخدام المحتوى بالطريقة الصحيحة والتي تضمن تحقيق أكبر قدر من الفائدة.

٦- التقييم: ويتضمن التقويم التكويني للمواد التعليمية، ولكفاية التنظيم بمقرر ما، وكذلك تقويم مدى فائدة مثل هذا المقرر للمستهدف (الطلبة)، ومن ثم إجراء التقويم النهائي أو الختامي.

تعتمد هذه المرحلة على تطبيق أو تشغيل المحتوى التعليمي وقياس أدائه ومدى تأثيره، وعملية التقييم تمر بعدة مراحل منها:

- ☒ مدى تفاعل المتدرب مع المحتوى التعليمي.
- ☒ قياس حجم المعرفة المكتسبة من استخدام المحتوى التعليمي ومدى الإنجاز المتحقق نتيجة لذلك.
- ☒ قياس مدى التغيير الحاصل في السلوك العام والفردي، موقعي وأداء المتدربين نتيجة استخدام المحتوى التعليمي.
- ☒ قياس مدى تأثير المحتوى التعليمي على البيئة التعليمية المحيطة بمجمل تطبيق المحتوى الإلكتروني.

٧- الجودة: عند تطبيق معايير الجودة لا بد من مراعاة الكثير من الأمور

عند البدء بإنشاء محتوى إلكتروني متكامل ومن أهم هذه الأمور ما يلي:

- معرفة طبيعة المستفيدين من المحتوى الإلكتروني.

- معرفة كاملة بالحلول والافتراضات الصادرة من خبراء التعليم ومراعاتها في إنشاء المحتوى.

- إنشاء دراسة وتقييم حول مدى تقبل وأهمية المحتوى الإلكتروني في أثر العملية التدريبية والتعليمية.

يجب أخذ نتائج الدراسة والعمل على تطبيقها خلال مراحل بناء المحتوى الإلكتروني ومراعاة المعايير التالية:

☒ الاستفادة من المعلومات التي تم تطويرها مسبقا من أجل إنجاز دروس جديدة، لمعرفة ماذا أنتج الآخرون في ذلك ومن ثم العمل على التطوير.

☒ العمل على وجود قائمة المحتويات الرئيسية التي يجب أن تنقل المتصفح إلى عدد من الصفحات القصيرة، وبخاصة في الحالات التي تطول فيها المعلومات في صفحة ما، الأمر الذي يتمكن الطالب معه من الانتقال إلى المعلومات المحددة حسب حاجته.

☒ عدم اللجوء والحاجة للاستعمال غير الضروري للرسومات البيانية الكبيرة الحجم أو إضافة مقاطع مرئية (فيديو)، صوتية أو حركية غير ملائمة للعرض، فالصفحات التي يحتاج تنزيلها إلى وقت طويل تؤدي إلى ملل الطلبة المتعلمين أو المتدربين مما قد يضطرهم إلى عدم الاستمرار في المشاهدة ومتابعة الدرس.

☒ زيادة أو تغيير المعلومات حسب الحاجة مع مراعاة أهمية التوقيت الزمني، والتأكد بشكل دوري من استمراية الموقع ومفاتيحه الرئيسية.

☒ وضوح الأهداف العامة للمحتوى بشكل عام وكل المراجع التي يمكن الاستفادة منها.

☒ الاعتماد على الكائن التعليمي كمحتوى متكامل لكل درس داخل المحتوى.

☒ وجود اختبارات ذاتية في نهاية كل كائن تعليمي (الدرس) تهدف إلى إثراء المعلومات المتلقاة من قبل المتدرب.

☒ الحرص على ترك مساحات خالية على جوانب التصميم بحيث يشعر المتدرب أو المدرس بعدم اكتظاظ الشاشة وبالتالي الشعور بعدم السهولة والانسياب بالتعامل مع المحتوى الإلكتروني.

☒ التأكد من وجود الاختبارات في نهاية كل جزئية (أو على مستوى المحتوى كاملا)، وتكون شاملة لكل الأهداف والمواضيع الهامة داخل الجزئية التعليمية (أو المحتوى كاملا).

☒ العمل على تحفيز الطالب على القيام بواجبات منزلية وإرسالها إلكترونيا.

☒ التأكد من قابلية المحتوى أن يعرض من خلال المتصفح (من خلال شبكة الإنترنت) أو من خلال القرص المدمج (DVD وcd).

☒ التأكد من مطابقة المخرج (المنتج) النهائي من المحتوى الإلكتروني وملاءمته لأنظمة إدارات المقررات مثل(Blakboard, Web ct.., etc)، من خلال تطبيق المعايير اللازمة مثل (SCORM).

☒ تأكد من حجز مساحة بيضاء بمقدار تقريبا ٢٥% من الصفحة.

☒ لتفعيل التعاون (Cooperation). اقترح بعض المواضيع لمناقشتها في مساحة الحوار (المنتدى).

☒ يجب أن تحزم المقرر باستخدام معرفة مثل (EEE, IMS, SCOORM).

☒ انتبه لحجم ملف الحزمة.

المطلب الخامس

بوابة التعليم الإلكتروني

كيفية الدخول إلى بوابة التعليم الإلكتروني:

☒ شرح نظري من خلال الإنترنت والدخول إلى بوابة التعليم الإلكتروني

http://ed.edu.sa/ learning Gate.

☒ الدخول إلى نظام إدارة التعلم.

☒ إنشاء مدونة معلم.

☒ كيفية نظام الاختبارات الإلكترونية.

ثم توظيف مخرجات نظام إدارة التعليم في بوابة التعليم الإلكتروني، ويمكن للمعلم استخدام هذا النظام في حالتين:

- الحالة الأولى: (نشر دروس لا منهجية) (إثرائية للمنهج):

وهي عبارة عن نشر دروس ترتكز على تقنيات Web 2.0 ويستطيع المعلم القيام بنشر هذه الدروس كالتالي:

تظهر لك الصفحة الرئيسية لبوابة التعليم الإلكتروني قم بتسجيل الدخول للنظام بصلاحية معلم اسم المستخدم: Teacher1 وكلمة المرور:Teacher 1 بعد ذلك يستطيع المعلم نشر الدورس بعدة طرق في النظام.

الطريقة الأولى:

استخدام أدوات المحرر التي تم توظيفها في البوابة.

حيث يستطيع المعلم استخدام هذه الأدوات لنشر وتنسيق الدرس.

وإرفاق من الصور والملفات وغيرها ومن ثم وضع أسئلة على الدرس.

علما أنه قد تم تطوير نظام خاص لوضع الأسئلة يحوي كافة انواع الأسئلة.

- الطريقة الثانية:

استخدام التطبيقات المكتبية مثل برنامج محرر النصوص (Word) والجداول الإلكترونية (Excel) والمفكرة الإلكترونية.

(One Note)، حيث تم توظيف أحدث هذه التطبيقات للنشر ضمن نظام إدارة المحتوى وهو (Micro soft Office 2007) والذي يحوي:

Micro soft Office Word 2007.

Micro soft Office Excel 2007.

Micro soft Office Power Point 2007.

Micro soft Office OneNote 2007.

الحالة الثانية: نشر دروس منهجية:

وهي عبارة عن نشر دروس منهجية يقوم المعلم ببنائها باستخدام أدوات بناء المحتوى التعليمي التي ثم شرح معظمها هنا، حيث يستطيع المعلم استخدام هذه الأدوات لتأليف الدروس ومن ثم تجميعها حسب المعايير العالمية، وبعد ذلك رفعها للنظام وتعيينها للطلاب حسب الصلاحيات المخولة للمعلم، ويوفر النظام مجموعة من المكتبات التي تعين المعلم على النشر فيها وتتيح له إمكانية خاصة يستطيع رفع دروسه فيها أو استخدام المكتبات العامة لتعيين الدروس منها.

المبحث السابع

استراتيجية التعليم الإلكتروني ومقوماته[1]

أ - الاستراتيجية:

إن التغيرات العظيمة، تحتاج إلى قرارات عظيمة، والمبادرة هي التي تحدد موقف الفرد أو المؤسسة لجهة الفاعلية أو المفعولية، من المستغرب أن يظهر للمتابع والراصد للتغيرات في معظم المجالات الحياتية، أن التغير والتطور في مجال التعليم هو الأقل بين مجالات الحياة الأخرى اجتماعية كانت أو اقتصادية أو ثقافية أو فنية من حيث الشكل والمضمون والأدوات .. خلال القرن الماضي. وتحديدا في مجال استخدام تكنولوجيا الاتصال والمعلومات فقد دخل الحاسب والشبكات إلى المصارف والمتاجر والمصانع وحتى إلى المزارع، ولكن لا زال الحاسب مترددا في دخول المدارس، والمقصود بالمدارس حجرة الصف وليس الإدارة، إذ أن أول جهاز يدخل إلى المدرسة يدخل لضبط النواحي المالية أي دخل إلى (البنك) الذي في المدرسة ولم يدخل المدرسة، وبعد دخوله تبقى بينه وبين المعلم المهارة، وبينه وبين الطالب النزعة للهو. من هنا وجب أن توضع الأمور في نصابها من الناحية الثقافية والنفسية وصولا إلى

---

[1] للمزيد يمكن الرجوع إلى: أ.د. محمد شحات الخطيب، و أ.حسين إبراهيم عبد الحليم، المدرسة وتوطين ثقافة المعلوماتي

نموذج التعليم الإلكتروني بحث مقدم إلى ندوة " العولمة وأولويات التربية" كلية التربية – جامعة الملك سعود خلال الفترة من ١ – ١٤٢٥/٣/٢هـ الموافق ٢٠ – ٢٠٠٤/٤/٢١م

الناحية العملية والتطبيقية والإنتاجية. فأحوج ما تكون المدارس في هذه الأيام إلى اتخاذ قرار لدخول العصر ومواكبة الركب، أو التريث حتى تزداد الشقة بعدا .

أنماط التدريس قد حدثت فعلا خلال السنوات الأخيرة، وإن التغيرات الجذرية آتية لا محالة سواء كانت المدارس مستعدة لها أم لا.

بعد أن تتضح الرؤية الفلسفية والفكرة النظرية للمدرسة الإلكترونية بما في ذلك مكان ودور كل عنصر من عناصر العملية التعليمية في المدرسة الإلكترونية لا بد من رؤية استراتيجية لوضع هذه المدرسة في حيز التنفيذ.

وبعد تحديد وتوصيف أساسيات ومقومات المدرسة الإلكترونية يتم إعداد خطة وآلية تحضير وإعداد وتوجيه العمل في الاتجاه الصحيح.

ويقتضي العمل في المدرسة الإلكترونية وجود جهة أو قسم يتألف من فريق تربوي تعليمي فني. يقوم على:

١- إعداد الخطط القريبة والبعيدة المدى لتطبيق التعليم الإلكتروني ومتابعة هذه الخطط.

٢- تدريب المعلمين. "توجد حاجة ماسة لتدريب المتعلمين والمعلمين على التعامل مع هذه التقنيات".

٣- تأمين الدعم الفني والتقني والتعليمي للمعلمين .

٤- تقديم النصائح والنماذج للمعلمين ونقل أفكار المعلمين وحاجاتهم إلى المختصين بالصيانة والبرمجة.

٥- متابعة المستجدات واختيار ما يناسب لتطوير المدرسة.

٦- الإشراف ومتابعة وتقويم أداء المعلمين في إعداد وتنفيذ الدروس الإلكترونية.

٧- ينبغي أن تضع الخطة جدولا زمنيا للتنفيذ والمتابعة تتضمن المراحل التالية.

٨- إعداد مرجع يحدد فيه المشروع النظري والأطر التطبيقية والخطوط العامة والاستراتيجيات الإجرائية على شكل وثيقة أو مستند أو دليل. ويتم توزيع الأدوار وتحديد الجهة المعنية بالخطة بحيث تكون عاملا معدا للخطة وتكون جزءا منها. والعمل على ترويج الفكرة وإيضاح مفهوم المدرسة الإلكترونية لدى كافة عناصر المجتمع المدرسي بحيث تصبح الفلسفة واضحة للجميع .

٩- تأمين التجهيزات اللازمة من أجهزة للمعلمين وللطلاب وأدوات أخرى والشبكة الداخلية والإنترنت والموقع ...

١٠- تدريب المعلمين والإدارة والطلاب على المهارات الحاسوبية واستعمالها في كافة المناشط التعليمية .

١١- تطبيق التجربة على عينات تمثل جميع الصفوف وجميع الاختصاصات في حصص منتظمة كاملة العناصر (تحضير وعرض وتطبيق وواجب واختبار ...) ثم تطبيق التجربة على صفوف كاملة ثم إعلان فصول إلكترونية بالكامل وصولا إلى إعلان المدرسة الإلكترونية بالكامل.

١٢- ربط المدرسة، بالمدارس الأخرى والمراكز التعليمية والمصادر والمتاحف.. داخل البلاد وخارجها.

١٣- تطبيق ومتابعة الخطة وتأمين البيئة اللازمة لنجاحها ويجب أن تتصف الخطة بمرونة عالية للتعديل والإفادة من المستجدات في مجال التقنية أو الأفكار الإبداعية التي يمكن أن تصدر من المعلمين أو الطلاب.

ب - المقومات:

تحتاج المدرسة الإلكترونية إلى جملة من العناصر والمقومات المادية والأكاديمية والبشرية. من الأمور التي يجب على المدرسة توفيرها لكي تساير مجتمع المعرفة: .. أجهزة حاسب.. إعادة تشكيل الفصول.. الوصول إلى شبكة الإنترنت والشبكة الداخلية ...الاتصال بالمجتمع وخاصة بعض مصادره مثل المكتبات.."

١ - المقومات المادية:

الأجهزة: تحتاج المدرسة الإلكترونية إلى أجهزة حاسب في الفصول لاستخدامها من قبل المعلم والطالب والإدارة وأجهزة أخرى متممة مثل الطابعات والماسحات الضوئية والكاميرات والصوتيات وأجهزة العرض **Data show** وكلها مرتبطة بأجهزة تخزين مركزية **Servers** تخزن فيها البرامج والمستندات والدروس والمواد ليتم تداولها بشكل ميسر ومنظم.

شبكة داخلية تربط كافة أجهزة المدارس بالأجهزة المركزية مرتبطة بالشبكة العالمية العنكبوتية.

برمجيات إدارية وتعليمية تمكن من التحكم بأجهزة الفصل وإرسال واستقبال وحفظ الملفات (**Net support school**) مثلا، وبرمجيات يمكن من خلالها تصميم الاختبارات وتحميل الدروس والملخصات وتصفح أعمال المعلمين والطلاب وتخزينها وإنشاء "بنك الأسئلة ".(**Black board**) مثلا، وبرامج حماية وغيرها ..

٢- المقومات الأكاديمية:

وهي عبارة عن مخزون مصادر المعلومات الجاهزة التي تتألف من الكتاب الإلكتروني وهو عبارة عن المقرر الدراسي المعد إلكترونيا بالنصوص والوسائل المدعوم بوسائل أخرى وارتباطات ومصادر ومراجع إضافة إلى

الدروس المحضرة والأنشطة والاختبارات الذاتية وملخصات المعلمين وملخصات وأبحاث الطلاب ذات العلاقة بالمقرر ..

٣- المقومات البشرية:

وجود معلمين وطلاب وإدارة على مستوى المهارات المذكورة سابقا ويتم ذلك من خلال خطة تدريب وتعريف وترويج للفكرة والمهارات المطلوبة في المدرسة الإلكترونية، مع الاستفادة من الخبراء بالتخطيط ودخول عناصر بشرية جديدة إلى المدرسة متمثلة بالمهندس والمبرمج والفني ..

ج- مجالات تطبيق التعليم الإلكتروني:

إن الغاية الأصيلة للتعليم هي إعداد الأجيال لمواجهة الحياة "دمج الشباب في ثقافة المجتمع – الاستعداد لعالم العمل – التكوين الشخصي". والواقع أن العولمة قد بدأت تصبغ الحياة المستقبلية بصبغتها (ثقافيا واقتصاديا واجتماعيا..) ولا تستطيع المدرسة أن تأخذ دور المتلقي لردود الفعل لما يجري على مسرح الحياة، فالمدرسة يجب أن تعد الأجيال لهذا النوع من الحضارة الجديدة والثقافة الجديدة والحياة الجديدة، هذه الحياة التي دخل الحاسب ومرافقه في معظم تفاصيلها الاقتصادية والاجتماعية... كما بدأ مصطلح الحكومة الإلكترونية يأخذ مكانه في المشاريع والخطط.. من هنا اتخذ التعليم الإلكتروني موقعه المميز في مخططات مدارس المستقبل ليكون (التعليم الإلكتروني) من مستلزمات عصر العولمة في جميع مجالات ومستويات التعليم:

أ - في مجال المعلومات:

إن زيادة المعارف وتسارعها، وسهولة انتقالها، تجعل المدارس مضطرة لمواكبة المستجدات وتوجيه الطلاب للاستفادة من حسنها والحذر من سيئها

والاستفادة من مصادر المعلومات ووسائل نقلها وعرضها وحفظها ومعالجتها . "...حجم المعلومات يتضاعف كل ٤ سنوات أو ٥ سنوات...".

ب - في مجال المصادر:

لم تعد المعلومات الموجودة في المناهج كافية، أو تتمتع بالتحديث اللازم، ولم تعد المكتبات والمواد المطبوعة تغطي جميع حاجات التعليم المعاصر، فدخل التعليم الإلكتروني من باب تقديمه للمصادر المنوعة والسريعة والمحدثة من حيث المضامين والأشكال (الكتاب الإلكتروني- الموسوعات الإلكترونية - المكتبة الإلكترونية - الأقراص المرنة - شبكة الإنترنت ..).

ج - في مجال الوسائل:

كثيرا ما نرى كتب تكنولوجيا التعليم مزدحمة بالوسائل التعليمية القديمة منها والحديثة من "...اللوحة السبورة السوداء ... وجهاز عرض الأفلام .. والسينما وآلات التعليم ..." ولكن هذه الوسائل كانت في أقصى حالات نجاحها تبقى حكرا على المدرسة التي اشترت الجهاز أو صممت اللوحة أو دربت المعلمين...) ولكن في (عصر العولمة) و(عصر المعلومات) الأمر يختلف فقد دخل الحاسب الآلي "الكمبيوتر كمساعد تعليمي " بقوة إلى ساحة الوسائل التعليمية لما فيه من إمكانات غطت على معظم الوسائل التعليمية" يساعد الحاسوب التلاميذ أكثر من أي وسيلة أخرى على العمل" (في العرض والنقل والتخزين والإثارة والتحكم والتوثيق والنشر ...) والوسيلة التي تستعمل في مدرسة يابانية - مثلا - يمكن أن تستخدم في مدرسة سعودية بعد ثوان من إدراجها على مواقع التعليم الإلكتروني .. فساعد التعليم الإلكتروني على تطوير الوسائل كما ونوعا وسهولة بالاستعمال والنقل والتداول بما يخدم المادة العلمية، ورغم كل هذا فإن الوسيلة ليس لها قيمة بذاتها إلا بما يثار حولها من حوار وأسئلة واستنباط للأفكار، فقد تجد درسا غنيا بالوسائل ولكن

الحوار والنشاط التعليمي حول هذه الوسائل غير منتج، هنا لا تستطيع الوسيلة أن تسد الخلل مهما كانت الوسيلة جذابة ومثيرة، فيكون الدرس عندها ضعيفا. "ينظر البعض من التلاميذ إلى أنها أدوات للتسلية والترفيه؛ مما يجعلهم يعرضون عن الاهتمام والانتباه للدرس".

١ - دور الوسيلة التعليمية:

- الإثارة: قد يستعمل المعلم الوسيلة لإثارة التفكير أو الاهتمام ليمهد لموضوع ما ومن خلال ما تلامس هذه الوسيلة من الحواس (الوسائل الإلكترونية تخاطب حاستي النظر والسمع فقط).

- التمثيل والإيضاح: تستعمل الوسيلة لتمثيل المعلومة كالأشكال والصور والرسوم والأفلام والفلاشات ...

- النقل والعرض: تستعمل الوسيلة لنقل مادة معينة ولعرضها وجعلها قابلة للملاحظة والنقاش.

- التوثيق والنشر: تستعمل الوسيلة لتوثيق الأفكار التي تطرح في الفصل للاحتفاظ بها ونشرها من بعد اكتمالها.

وكل هذه المهام يقوم بها الحاسب بكفاءة عالية ومتسارعة في التطور من حيث زيادة السرعة وتناقص الحجم والكلفة.

٢ - أنواع الوسائل:

كل ما يواجه الطالب في الحياة يمكن أن يتحول إلى وسيلة سواء كانت عينية (ميزان الحرارة - حيوان ..) أو بالتمثيل (الصور والأفلام) أو بالتعبير (النصوص والتشكيلات...). أما فيما يتعلق بالوسائل الإلكترونية فهي ذات كفاءة عالية من حيث الكم والنوع وسهولة النسخ والتعديل والتصميم والإنشاء والعرض وهي على نوعين: إما أجهزة لمعالجة المواد الرقمية، أو مواد رقمية تعرض وتعالج عبر الأجهزة مثل:

٣ - الأجهزة:

- جهاز الحاسب: لتخزين ومعالجة المعلومات، والتحكم بها ونقلها بين الأجهـزة عـلى الشبكة، أو من الجهاز إلى الطابعات والشاشات.

- آلة العرض: تعرض المواد على شاشة كبيرة وبذات المواصفات مـن الألـوان والحركـة والمـؤثرات، يـستعملها المعلـم لعـرض مادتـه أو الطالـب لعـرض مـشاركته أو نـشاطه أو مشروعه.....

- الطابعة: جهاز إخراج المادة الرقمية وتحويلها لمادة ورقية.

- الماسح الـضوئي:جهـاز يحـول المـادة الورقيـة، أو الـضوئية إلى مـادة رقميـة صـالحة للعرض والنسخ والتعديل والنقل ..

- الكاميرات الرقمية الفيدوية : تصور المشاهد بالصوت والصورة وتحولها لمواد رقمية صالحة للعرض والنقل والتعديل ...

- الكاميرات الرقمية الفوتوغرافية: تأخذ الصور مـن المـشاهد الطبيعيـة وتحولهـا إلى صور رقمية للاستخدامات المتعددة.

- أجهزة إدخال الصوت: الميكروفون، لتـسجيل الـصوت وتحويـل المـادة الـصوتية إلى ملفات رقمية صالحة لجميع الاستخدامات السمعية.

- أجهزة إخراج الصوت: السماعات تستعمل لعرض الأصوات من جهاز الحاسب مـن الملفات والمواد الرقمية المخزنة فيه.

- الأقراص المرنة: تستعمل لتخزين كميات كبيرة من المعلومات.

** (هذا دون الدخول بتفاصيل الأجهزة وأجزائها... لأنها تعني المختـصين والمهتمـين بالحاسب، أكثر من ارتباطها المباشر بعمل المعلم كمعلم.)

٤- المواد الرقمية:

78

- النصوص الثابتة: نصوص تحرر ويمكن تنسيقها ونقلها ونسخها بالطريقة التي تخدم المادة العلمية، بالعرض والشرح والتحليل، والصياغة.

- النصوص المتحركة: نصوص تتم إعدادات الحركة لها لتعرض بالوقت الذي يريد المعلم وبالطريقة والتسلسل اللذين يخدمان الدرس.

والنصوص نحصل عليها من التحرير والإعداد المباشر أو من النسخ لنصوص في ملفات أو برامج أو صفحات الإنترنت.

٥- الصور الرقمية:

هي أكثر الوسائل رواجا لكثرتها وسهولة التعامل معها من حيث الإدراج مع النصوص أو العروض أو التقارير، وقابليتها للتعديل والقص والتحرير عليها لتصبح صورة جديدة لفائدة جديدة.

ونجد الصور على شكل ملفات وفي هذه الحالة نستعملها في عروضنا أو تقاريرنا عن طريق الإدراج أو نجدها على شكل صور مدرجة في ملفات نحصل عليها عن طريق النسخ من الملف الذي هي فيه ثم لصقها في الملف الذي نريد ويمكن أن نحصل على الصور من عدة طرق:

- التصوير من الكاميرا الرقمية.

- تحويل صورة ورقية إلى رقمية بواسطة الماسح الضوئي.

- النسخ من ملفات أخرى ولصقها في الملف الذي نريد، النسخ من ملفات على الإنترنت. من البيانات الموجودة في الأقراص والبرامج Data folder :

- التصميم الجديد في برنامج الرسام وحفظها باسم في ملف جديد.

- تصوير الشاشة في وقت العروض التقديمية P.rint Screen

الرسوم الرقمية: استعمالها ومجالها مثل الصور الرقمية، غير أنها تكون على شكل رسوم أو رموز واختصارات Clip Art .

المقاطع الفيديوية: مواد رقمية على شكل ملفات، فيها عروض بالصوت والصورة، يمكن عرضها من برنامجها الخاص، أو إدراجها في ملف الدرس، أو إنشاء ارتباط تشعيبي بينها وبين الدرس.

نحصل عليها من كاميرات الفيديو الرقمية أو بتحويل المادة من الصيغة الفيديوية إلى ملف رقمي بواسطة برنامج خاص .

تصميمها بواسطة برامج العروض المتحركة Animation

العروض المتحركة: تصمم في برامج خاصة فلاش Flash موفي ميكر evoM Maker ماكس ٣ 3D Max فنحصل على مادة فيلمية، تستعمل كاستعمال الأفلام .

الصوتيات: تكون على شكل ملفات صوتية، يمكن إدراجها بالدرس، أو ربطها بالدرس، أو إدراجها مصاحبة لحركة نص أو صور أو غيرها .... حسب الحاجة.

البرامج والتصميمات: تصميمات يقوم بها المبرمجون حسب الحاجة وحسب السيناريو الذي يريده المعلم.

د - مجال طرائق التدريس:

سيحدث التعليم الإلكتروني تغيرا في طرق التدريس كما أدخل التغيرات على المجالات الأخرى، بحيث يدخل طرقا جديدة ويجدد ويطور ويفعل الطرق المعروفة: "يجب أن يعرف المدرس كيف يدرس ويدير الفصل وأساليب تعلم الطالب وطرق التدريس المناسبة لهذه الأساليب وتكنولوجيا التدريس المناسبة...".

١ - الطرق الجديدة:

من الطرائق الجديدة التي دخلت وستدخل بفاعلية إلى المدارس مع التعليم

الإلكتروني هي طرائق التعليم عن بعد، وهي أهم العناصر التي تجعل التعليم عالميا (معولما) أو خارقا لحدود الزمان والمكان.

الحوار الكتابي (المتزامن) Chatting: حوار بالكتابة تقوم به مجموعة من الاشخاص بوقت واحد وأمكنة متعددة، تعرض كتابات الجميع أمام الجميع أينما كانوا (على شاشات الأجهزة ومنقولا عبر الشبكات الإلكترونية المحلية أو الإنترنت)، ومن اللافت أن هذه الطريقة العالية الجودة في عرض ونقل وتبادل الأفكار تستغل حاليا وبنسبة عالية في مجالات الحوارات العابرة وغير الهادفة، والحل لهذه المشكلة هو إقحامها واستغلالها بشكل نظامي في الأنشطة التعليمية، فالمهارة متوفرة عند الطلاب وطاقة هذه الطريقة عالية إذ أنها تستوعب عددا كبيرا من المحاورين، وتتيح للمشرف على الحوار أو الأعضاء فرصة حفظ الأفكار المطروحة فضلا عن عرضها وتبادلها على نطاق واسع وبوقت سريع.

المراسلة الإلكترونية (غير المتزامنة): تتم على الطريقة ذاتها للحوار المتزامن من حيث الطاقة وإمكانية الحفظ والنقل والسرعة، غير أنها لا تقتضي حضور جميع المحاورين بوقت واحد على خط الاتصال، فيمكن مثلا طرح موضوع، ويرسل المشاركون التعليقات والأفكار في أوقات معينة ويعود الآخرون فيطلعون على المواد المعروضة حسب الوقت الذي يريدون، هذا يعطي فرصة المتابعة واستلحاق ما يفوت من نقاشات وطروح وشروح ودروس في وقت لا حق. وذلك يتم عبر ما يسمى بالمنتديات.. وكذلك يمكن أن يتم عبر البريد الإلكتروني.

التعليم عن بعد داخل الفصل: التعليم الإلكتروني يتيح للطلاب فرصة الاستفادة من الدروس والعروض المعدة في بلاد، أو قارات أخرى دون أن يخرجوا من فصولهم، وذلك من العروض التقديمية وتصفح المواد الخاصة

بالدرس عبر شبكة الإنترنت، سواء كانت دروسا تقديمية أو دروسا تفاعلية، أو نقلا مباشرا لدروس أو محاضرات في مدارس أخرى.

التعليم المتلفز: النقل الحي أو المسجل للمحاضرات أو الـدروس المعروضـة في أمـاكن بعيدة عن المدرسة تتيح للطلاب فرصة التلقي والمتابعة وتزيد من عـدد المـستفيدين مـن العرض دون الحاجة لتكرار العرض الحقيقي. والحاسب الآلي يمكن أن يقدم هذه الخدمـة من خلال برامج الميديا فكل مـا يعرض عـبر التلفزيون أو الفيـديو يمكـن أن يعرض عبر الحاسب والشبكات الحاسوبية من قريب أو من بعيد . وهذا ما "يعزز الاتصالات التربوية والاجتماعية ".

٢ - الطرق القديمة والمتجددة:

أما الطرائق الأخرى المعتـادة فستستفيد مـن التعلـيم الإلكتروني في الكم والكيـف والسرعة والدقة والتكرار... فتتم معالجة المعلومات بحثا وشرحا ونقاشا ودراسة من خـلال تحويل كافة طرق التدريس التقليدية والحديثة لأن تكون محوسبة لما يزيد فاعليتها.

فالمحاضرة مثلا تصبح في المدرسة الإلكترونيـة عرضـا تقديميا مـزودة بوسائل الـشرح والمؤثرات والوسائل الداعمة بما يزيد من الوضوح والتشويق وبالتالي الفاعلية.

كما أن النقاش حول الوسائل يصبح نقاشا حول وسائل أكثر جاذبيـة وتنوعـا وفاعليـة مـن خـلال الوسـائط المتعـددة Multimedia المـزودة بالـصور والأفـلام والأصـوات والتشكيلات المعبرة ...

والحوار والمحادثة يصبح موثقا وشاملا من خلال عمليـة الحـوار الكتـابي Chatting. وقابلا للمراجعة والتلخيص والنشر ..

كما أن ورقة العمل المقدمة للطالب تصبح ورقة مفتوحة على كل ما هو متاح من وسائل ونصوص ومتون ومصادر محفوظة وموثقة في ملف في جهاز الطالب أو المعلم أو المدرسة ..

التعليم من خلال المجموعات: تصبح مجموعات حول جهاز أو مجموعة ضمن المحادثة المكتوبة . Chatting . بين عدد من الطلاب .

كتابة الأبحاث وتحضير المشاريع سوف تستعمل مصادر أو سع وتصاغ في تقارير منظمة ومنسقة وتنشر في مجال أو سع ..

التجارب العلمية: في شأن التجارب العلمية (الطبيعية أو الكيماوية أو الفيزيائية..) يمكن أن تحافظ على ماديتها كالمعتاد ويمكن استخدام التقنية من خلال المختبرات الافتراضية (وهي عبارة عن برامج حاسوبية يمكن أن تقدم كافة مظاهر واحتمالات ونتائج التجارب الكيماوية أو الفيزيائية... أو من خلال تصوير خطوات التجربة فيديويا وتخزينها وعرضها..) وخاصة في التجارب ذات المواد الخطرة أو ذات المواد الثمينة.

وهكذا لكافة الطرائق والأنشطة التعليمية

هـ - في مجال التوثيق والنشر والإنتاج:

- توثيق المعلومات:

يتم توثيق أعمال المعلمين والطلاب في برامج وملفات محوسبة يسهل التعامل معها دراسة وإحصاء ومراقبة ومتابعة بسرعة وفاعلية.

- نشر المعلومات:

نشر المعلومات في المدرسة الإلكترونية يصبح أسهل وأو سع وأسرع حيث تزيد إمكانية عرض ونشر أعمال المعلمين والطلاب من خلال المطبوعات أو

الشبكة الداخلية أو موقع المدارس على الإنترنت أو حتى تصميم مواقع خاصة بالطلاب أو المعلمين أو الطلاب ..

- إنتاج المعلومات:

أما في مجال إنتاج المعلومات، فمن خلال التقنية التطبيقية وشمولية وفاعلية المصادر وما سبق من تداول للمعلومة وسهولة الانتقال والاتصال تزيد الفرص والطاقة لإنتاجية المعلومات (الإبداع) من قبل المعلمين.

و- في مجال المهارات:

إن دخول الآلاف من خريجي المدارس والجامعات في دورات تدريب، أكبر دليل على أن المدرسة الحالية لم تعد تقدم المهارات الوظيفية والحياتية الكافية، ومن هذه المهارات مهارات استخدام الحاسب، بصفتها مهارات مستقلة ومهارات توظيفها في العمل ومختلف مجالات الحياة، من اتصال وتحكم وأداء " ... أصبحت مهارة الوصول إلى قواعد البيانات أكثر أهمية من تعلم المعلومات الأساسية ". ومن هذه المهارات:

نظم التشغيل: إتقان هذه المهارة من قبل المعلم والطالب، يساعد على التعامل مع قطع الحاسب والملحقات وأجهزة الإدخال والإخراج ..

البرمجيات: تساعد على التعرف على الخطوات الفعالة لتحقيق الأهداف وترجمتها إلى لغة برمجة حاسوبية والتعرف على أساسيات البرمجة .

معالج الكلمات: الإلمام بمهاراته يساعد في كتابة النصوص (ملخصات، أو راق عمل، اختبارات، منشورات، رسائل ..) وتنسيق النصوص من حيث الحجم والخط والألوان وحفظ المستندات واسترجاعها وتعديلها. وإدراج رسوم وأشكال وصور ... وملفات وإعداد الجداول ..

الجداول الإلكترونية: تستعمل للتنظيم والإحصاء التلقائي (المعادلات المعدة) وصياغة المعدلات (المنطقية والرياضية ...) وإعداد الرسوم البيانية وتصميم البطاقات والشهادات وتصميم دفاتر الدرجات. وتصميم الاختبارات الموضوعية وتصميم بعض الألعاب الذهنية..

قواعد البيانات: تستعمل في تنظيم المعلومات والبيانات فتستعمل إداريا لإعداد الجداول والخطط ودفاتر السلوك والمتابعة اليومية، وتعليميا لاستعمال تصميمات معدة في تنظيم البيانات القابلة للتبويب وفرز البيانات حسب المعطيات وإعداد نماذج البيانات والتقارير. أو إعداد تصميمات حسب الأهداف العلمية والتربوية.

الوسائط المتعددة: هي المجال الأكثر فاعلية في عملية التعليم والتعلم لما تحوي من أدوات وخيارات وإمكانيات تساعد في إعداد عروض تقديمية بمؤثرات حركية باستخدام النصوص المتحركة والصور والصور المتحركة والأصوات والأفلام والرسوم البيانية ... إضافة إلى الارتباطات التشعبية (بالملفات أو مواقع الإنترنت) وهذا مجال واسع لتقديم أعمال المعلمين للطلاب أو عرض أعمال الطلاب ..

النشر المكتبي: يقوم على معالجة نصوص وصور ورسوم في تصميم وإعداد المنشورات والمطويات والملصقات والمجلات والإعلانات والبروشورات.

الاتصالات الحاسوبية: تقدم طاقة عالية على البحث والاقتباس والاتصال وذلك من خلال البحث في الإنترنت (مصدر معلومات) والاتصال بين الطلاب وزملائهم من المدارس الأخرى ومدرسيهم وأولياء أمورهم أو الشخصيات العلمية أو مراكز البحوث... عن طريق البريد الإلكتروني. والمنتديات (العامة والمختصة) والحوار الكتابي والصوتي إضافة إلى إعداد وتصميم مواقع: للمدرسة أو للطلاب أو للمواد .... تعرض فيها أعمال المعلمين والطلاب ...

أخبارهم وأفكارهم ..فهذا المجال هو المعني مباشرة في موضوع التعليم عـن بعـد، وخـرق عملية التعليم لحدود الزمان والمكان.

الرسام: مهارة استعماله تساعد بفاعلية على تصميم رسوم وأشكال إيضاحية وتلـوين أشكال وتعديل رسوم وأشكال وتعديل الصور (الحجم والمضمون) وحفظ الصور.

التقنية التطبيقية: وهي تمثل خلاصة هـذه المجـالات والمهـارات الحاسـبية في أعمـال تخدم العملية التعليميـة في كـل مجالاتهـا وعناصـرها وتتم مـن خلالهـا تنميـة المهـارات المطروحة في أهداف التعليم مضافا إليها المهارات الحاسـبية، مضافا إليهـا أيضا مهارات التفكير الأساسية والمركبة والعليا .. لإتقانها والتوسع في استخدامها كهدف للتعلم وكوسيلة مساعدة للتحصيل في كافة المجالات للطالب والمعلم وغيرهما .. " فيما يلي بعض الجوانب التي يمكن أن يسهم فيها الحاسوب في تنمية التفكير: معالج الكلمات ... قاعدة البيانـات ... توفر لغة اللوغو للأطفال فرصة اكتشاف بعض المفاهيم الهندسية .. ".

ز - في مجال الاتجاهات:

من أهداف التعليم الإلكتروني، تنمية روح المسؤولية والسيطرة والتحكم والتواصـل، والثقة من كافة النواحي الشخصية (أخلاقيا وثقافيا واجتماعيا ودينيا وحضاريا...) .

سيعمل المربون (بالاختيار أو الاضطرار) لتنمية روح الانضباط الأخلاقي الذاتي، لأنه – في عصر المعلومات والاتصالات- لا يوجد وازع خارجي كامل. كما أن الشخص الذي يضطر للتواصل مع أشخاص مـن أمـاكن وديانـات وتقاليـد مختلفـة ملـزم أن يظهـر بمظهـره الشخصي الذي يعبر عن ثقافته وديانته وحضارته.

ح - في مجال التقويم:

إن جميع وسائل التقويم المعمول بها في العملية التعليمية يمكن تحويلها إلى وسائل محوسبة عالية الكفاءة.

للتقويم بأسلوب الملاحظة والتقويم المستمر من قبل المعلم سيجد ما يساعده على التقويم بفاعلية من خلال سرعة تسجيل الملاحظات ورصدها وفرزها وتمثيلها وتوثيقها.

التقويم بأسلوب الاختبار يتم بكفاءة من خلال الاختبارات الموضوعية بحيث يمكن برمجتها في برامج دقيقة ومنوعة وشاملة وعالية الكفاءة ومن خلال الاختبارات التحريرية يمكن أن تكون في مستندات وملفات إلكترونية.

التقويم بأسلوب المشروع أو البحث يمكن أن يتم ويعرض من خلال الإمكانية العالية لمجالات التقنية في البحث والتحرير والتمثيل والطباعة .. وكافة مراحل إعداد البحث أو المشروع .

رابعا - توصيف وتوزيع الأدوار:

للقيام بمهام التعليم الإلكتروني، سوف يدخل إلى المدارس عناصر بشرية جديدة (المهندس والمبرمج وعامل الصيانة والخدمات المساندة ...) فهل سيأخذ هؤلاء من دور المعلم؟

في التعليم الإلكتروني يتبلور دور جديد ومختلف إلى حد ما لكل من عناصر العملية التعليمية وخاصة المعلم، فعلى المعلم أن لا يخاف من مزاحمة الحاسب والمهندس والمبرمج، وعليه أيضا ألا يطمئن تماما. لأن المنافسة ستكون بين المعلم والمعلم الماهر والمتجدد والمتابع " المعلم الذي لا يملك مهارة العمل على الحاسب الآلي لا يستطيع الحصول على وظيفة الآن (١٩٩٤م) ".

فما هو دور كل من المعلم والطالب والإدارة في المدرسة الإلكترونية؟

أ - دور المعلم:

كـما أن مهـارة الكتابـة والخـط والرسـم والتمثيل والتـشكيل وغيرهـا كانـت أدوات مساعدة للمعلم تمكنه من السيطرة على مادة اختصاصه وتقديمها للطلاب فإن المهارات الحاسبية، عنـدما يتقنهـا المعلـم إلى جانـب مـادة اختصاصـه العلمـي وخبرتـه التعليميـة والتربوية فإن ذلك سوف يجعل المعلم أكثر انفتاحا على تطورات العصر وأكثر استغلالا لما فيه زيادة في الفاعلية لدوره في تحقيق أهدافه التعليمية والتربوية .لذلك على المعلـم أن يتحلى بالمرونة والديناميكية والقابلية للتدرب والتعلم المستمر فضلا عـن إتقانـه لمـادة اختصاصه والقدرة على التعليم ليحضر نفسه للـدور الجديد الـذي ينتظـره في مدرسـة المستقبل.

".. يصبح الطلاب قادرين على إيجاد المعلومات التي لا يعرف عنها المدرسون شيئا وهذا الموقف يغير الدور الذي يقوم به المعلم من الخبير وصاحب السـلطة المطلقـة إلى النصح والزمالة والصداقة مع الطالب ".

فعلى المعلم أن يتقن :

☒ مـادة اختـصاصه والتعـرف عـلى امتـدادها في المـصادر والمراجـع التقليديـة والإلكترونية.

☒ مهارات التعليم (التحضير والعرض وإدارة الفصل والتقويم ...)

☒ المهارات الحاسبية واستعمالها في (التحضير والعرض وإدارة الفصل والتقويم...).

☒ تحضير درس إلكتروني وتغذية الدرس بمصادر وارتباطات فاعلة .

☒ إدارة الفصل الإلكتروني وحـسن اسـتعمال الوقـت والسـيطرة التامـة عـلى أجهـزة الطلاب في حالات العرض والبحث والتطبيق ...

☒ تصميم اختبار إلكتروني وقراءة نتائجه قراءة تربوية صحيحة .

☒ إتقان مجال الاتصال إرسالا واستقبالا من وإلى المصادر والإدارة والفصل والطلاب وأولياء الأمور ...

☒ تقديم المساعدة للطلاب عند قيامهم بأعمال التطبيق والبحث والمشاركة..

☒ القدرة على تقديم البدائل الممكنة بسرعة عند حصول أي خلل في التجهيزات أو البرامج أو غيرها للحفاظ على الحصة الدراسية.

ب - دور الطالب:

كل ما يطلب من الطالب في المدرسة التقليدية يطلب منه في المدرسة الإلكترونية وذلك من ناحية الانضباط والتفاعل الإيجابي مع المواد والحصص والحفاظ على تجهيزات المدرسة .. يطلب منه أيضا أن يتقن المجالات الحاسوبية ضمن الحد الكافي الذي يمكنه من المشاركة والمتابعة والتعبير.. ومن الملاحظ أن الطلاب يتجاوزون معلميهم في إتقان بعض المهارات الحاسوبية ذلك لأن معظم المعلمين لم يعرفوا هذه المهارات وهم طلاب ." أتعلم الكمبيوتر بكل فخر من حفيدتي (عصمت عبد المجيد) " .. فدور الطالب أن يقوم بما يلي:"

☒ استعمال المصادر كالكتاب الإلكتروني والمكتبة والأقراص والإنترنت في التصفح .

☒ استعمال المصادر: الكتاب الإلكتروني والمكتبة والأقراص والإنترنت في المعالجة والنسخ والقص والتعديل والاقتباس ..

☒ التعبير عن أفكاره سواء بالكتابة (الطباعة) أو الرسم أو تمثيل المعلومات أو غيرها...

☒ استعمال البرامج المقدمة له في الحصص أو الواجبات أو الأنشطة أو الاختبارات.

☒ حسن استعمال برامج تداول المعلومات إرسالا واستقبالا من الناحية الأدبية ومن الناحية العلمية مع المدرسة إدارة ومدرسين والزملاء والمراكز العلمية والهيئات المختصة ...

ج - دور الإدارة:

إذا كانت وظيفة الإدارة في المدرسة التقليدية هي التخطيط والمتابعة والتقويم والتطوير فإن هذا نفسه المطلوب منها في المدرسة الإلكترونية ولكن بفاعلية أكبر ودقة أكبر وانفتاح أو سع ومن خلال المجالات الحاسبية، لذا يفترض بالإدارة أن تتقن ما يلي بطريقة مباشرة - وهذا الأولى - أو غير مباشرة (المشورة من قبل جهاز أو قسم يكون في المدارس مهمته المتابعة الفنية التقنية والفنية التربوية):

التمكن من إعداد الخطط التي تتبع أقصر الطرق لتحقيق أهدافها (تربويا وتقنيا).

التمكن من استعمال مجالات التقنية للسيطرة والتحكم والمراقبة (أعمال المعلمين من تحضير وملخصات.. وأعمال الطلاب والاتصالات مع كافة عناصر المجتمع المدرسي).

متابعة آخر التطورات والبرمجيات وتحديد إمكانية استغلالها في العملية التعليمية .

القدرة على تقويم أعمال المعلمين إن كانت ضمن المستوى المطلوب أو دونه أو فيها أفكار إبداعية تحتاج للتقدير والتعميم.. وهذا بدوره يحتاج إلى معرفة مجالات التقنية وأهمية كل مجال وكيفية الاستفادة منه.

د - دور ولي الأمر:

يشارك ولي الأمر المدرسة في توجهها نحو استثمار المدرسة الإلكترونية فيما يعود على الطالب بالنفع والتنمية لقدراته، لذا يقتضي ذلك التعاون مع المدرسة والمساعدة في حل المشكلات التي قد تطرأ ومتابعة الطالب تحصيلا وسلوكا والاطلاع على أعمال الطالب وهذا متاح بشكل فعال من خلال الاتصالات الحاسبية في شبكة المدرسة الداخلية أو الإنترنت أو البريد الإلكتروني.

المبحث الثامن

مكونات الفصول الإلكترونية وأهم تجهيزاتها

أولا: الحاسب الآلي والتعليم

يمثل الحاسب الآلي قمة ما أنتجته التقنية الحديثة، فقد دخل في شتى مناحي الحياة، وأصبح يؤثر بشكل مباشر أو غير مباشر في حياة الناس، ومن المجالات التي تأثرت به التعليم حيث قدم ما لا تستطيعه أي وسيلة تعليمية أخرى، أما أشكال استخدام الحاسب الآلي في التعليم فهي كما يلي[1]:

١- التعليم الفردي: حيث يتولى الحاسب كامل عملية التعليم والتدريب والتقييم، أي يحل محل المعلم.

٢- التعليم بمساعدة الحاسب: وفي هذا الشكل يستخدم الحاسب كوسيلة مساعدة للمعلم.

٣- التعليم بوصف الحاسب مصدرا للمعلومات: وفي هذه الحالة تكون المعلومات مخزنة في الجهاز ليستعان بها عند الحاجة.

ولعل الشكلين الثاني والثالث هما الأفضل والأنسب في العملية التعليمية، حيث أن المتعلم لا يزال في مرحلة البناء الذهني والمعرفي، إضافة لانسجام هذين الشكلين مع مفهوم التعليم الإلكتروني الذي سيأتي ذكره لاحقا.

---

[1] أ.عبد العزيز الخبتي، مركز التقنيات التربوية، ٢٠٠٨/١١/٢٠

ومن جانب آخر فإن الدراسات والتجارب التي أجريت على مستوى التحصيل عند استخدام الحاسب الآلي في العملية التعليمية قد توصلت إلى تفوق المستخدمين له على غيرهم.

ثانيا: مفهوم المدرسة الإلكترونية

يرى كل من لاري وسوزان كيسمان (**Kaseman 2000 & Kaseman**) أنه من الناحية التقنية يمكن اعتبار أي شيء يتعلمه الإنسان عن وسائط الحاسب الآلي أو بواسطتها هو تعلم إلكتروني "**Virtual Learning**". لكن شبكة مصادر التعلم عن بعد في الولايات المتحدة **The Distance Learning Resource Network** تقدم مفهوما أكثر تقييدا لهذا المصطلح، حيث تقول : إن المدرسة الإلكترونية "**School Virtual**" هي مؤسسة تعليمية تقدم على الأقل بعض المقررات الدراسية المعتمدة على الويب **Web-Based Courses** والمصممة للمتعلمين من مرحلة رياض الأطفال حتى الصف الثالث الثانوي (**k-12**)، أما استخدام البريد الإلكتروني والتخاطب (الشات) أو مواقع الويب المدعمة التي تستخدم لدعم التعليم في الفصول والكليات التقليدية فلا يمكن اعتباره تعليما معتمدا على الويب من وجهة نظر هذه المؤسسة، كما إن استخدام مقررات معتمدة على الحاسب الآلي **Computer-Based Courses**، والتي تستخدم فيها الأقراص المدمجة أو البرامج التي يتم تحميلها على الحاسب الآلي للطالب لتقديم المقرر (وهي الطريقة الأخرى الشائعة)، فهي أيضا لا تعتبر في هذا السياق من تطبيقات ما اصطلح عليه بالمقرر المعتمد على الويب.

وهناك من يعرف المدرسة الإلكترونية في ضوء الهدف منها فيرى" أنها في الأساس انعكاس لتلك الأهمية التي تضعها المدرسة حول استخدام الحاسب الآلي في عملية التعليم والتعلم وهذه الأهمية يمكن صياغتها في الهدف التالي:

أن تتمكن المدرسة من تقديم التعليم في أي وقت ومن أي مكان وذلك عبر

الوسائط الإلكترونية و/ أو مواد التعلم التفاعلية، والحقيقة إن هذا الهدف أصبح شعارا للعديد من المدارس التي أخذت تشرع أبوابها على مشارف المستقبل بل إن منها من جعل هدفه تقديم التعليم في أي وقت ومن أي مكان، وفي أي اتجاه وبأي سرعة " **Any time, any place, any path , any pace**" كمدرسة فلوريدا الإلكترونية .

وبناء على ما سبق يمكن القول إن مفهوم بيئة التعلم الإلكترونية لا يعني البيئة المدرسية الإلكترونية بمفهومها الواسع الشامل لجميع مرافقها، لكنه يعني مجموع الأجهزة.

ومما سبق ذكره نصل إلى التالي:

مفهوم الفصول الإلكترونية:

لقد تعددت في الآونة الأخيرة الدراسات والبحوث في مجال التعليم الإلكتروني ولكل باحث في هذا المجال رؤية ووجهة نظر. فمنهم من يعتبر أن التعليم الإلكتروني هو التعليم عن بعد حيث يقوم الطالب باستخدام وسائل الاتصالات الحديثة في سبيل تلقي دروسه. ومنهم من يعتبر وجود برنامج تعليمي أو كتاب إلكتروني يقوم الطالب بتصفحه واختبار نفسه تعليما إلكترونيا. ولكن هناك وجهة نظر لإحدى الشركات المهتمة بهذا الجانب فهي ترى أن التعليم الإلكتروني عبارة عن هرم يقوم على قاعدة ثابتة وهذه القاعدة هي الفصول الإلكترونية.

- مفهوم التعليم الإلكتروني لدى شركة (آر أند آر):

وجهة نظر شركة آر أند آر إريبيا فالتعليم الإلكتروني عبارة عن هرم يقوم على قاعدة ثابتة وهي الفصول الإلكترونية.فلا يجوز أن نفكر بالتعليم الإلكتروني بدون أن نجد حلولا جذرية لمشاكل أجهزة الحاسوب حيث أنها الوسيلة المستخدمة في هذا المجال, وأيضا لابد من إيجاد وسائل متعددة لنقل الصوتيات والمرئيات, ولابد من وجود أجهزة خاصة بالعرض تؤدي الغرض بدون

تكاليف باهظة. لذلك قمنا في شركة آر أند آر إريبيا بإيجاد هـذه الحلـول وتـوفير الوسـائل المساعدة والمساندة حيث قمنا بالتركيز على أربعة محاور وهي:

١- نظام يضمن جاهزية واستمرارية لأجهـزة الطلاب ويضمن عملهـا بـشكل سـليم بدون أعطال طوال العام مما يفسح المجال للمعلم والطالب بالتفاعل مع الـدروس بـدون توقف وتضييع للوقت.

٢- أنظمة خاصة ومتميـزة لنقل الوسـائط المتعددة مـن مرئيـات وصـوتيات بـدون تشويش أو ضياع لجميع أجهزة الطلاب.

٣- نظام إكسسوارات تعليمية خاصة تساعد المعلم في إيصال المعلومات إلى الطلاب وفق أنظمة إلكترونية رقمية حديثة.

٤- برنامج خاص يمكن المعلـم مـن التـحكم بـالطلاب ومراقبـة شاشـاتهم وبـث أي موضوع تعليمي إليهم والتفاعل معهم. وباجتماع هـذه الأنظمـة يتكـون فصل إلكتروني متكامل يمثل البيئة المناسبة والملائمة للتعليم الإلكتروني والقاعدة الثابتة التـي مـن خلالهـا يستطيع المعلم والطالب التفاعل مع أي مادة تعليمية سواء كانت معلوماتية أو مرئية أو صوتية.

وقد قامت شركة آر أند آر إريبيا بتصنيع تقنيات حديثة من أجهـزة وبـرامج تقـوم على بلورة وترجمة هذه المحاور الأربعة على أرض الواقع بحيث تخدم التعليم الإلكتروني الـشامل وتكون البنية التحتية له. وتتمثل هذه الأنظمة بمايلي:

١- نظام (Diskless System) جهاز كمبيوتر بدون قرص صلب.

٢- نظام نقل الوسائط المتعددة (Multimedia System).

٣- الكاميرا الوثائقية (Visual Presenter).

٤- لإدارة الفصول الإلكترونية برنامج Top 20004 أو غيره من البرامج الخاصة بهـذا الشأن.

المبحث التاسع

السبورة الإلكترونية

تعريف اللوحة التفاعلية:

هي من أحدث الوسائل التعليمية المستخدمة في تكنولوجيا التعليم، وهي نوع خاص من اللوحات أو السبورات البيضاء الحساسة التفاعلية التي يتم التعامل معها باللمس.

ويتم استخدامها لعرض ما على شاشة الكمبيوتر من تطبيقات متنوعة، وتستخدم في الصف الدراسي، في الاجتماعات والمؤتمرات والندوات وورش العمل وفي التواصل من خلال الإنترنت.

وهي تسمح للمستخدم بحفظ وتخزين، طباعة وإرسال ما تم شرحه للآخرين عن طريق البريد الإلكتروني في حالة عدم تمكنهم من التواجد بالمحيط.

كما أنها تتميز بإمكانية استخدام معظم برامج مايكروسوفت أوفيس وبإمكانية الإبحار في برامج الإنترنت بكل حرية مما يسهم بشكل مباشر في إثراء المادة العلمية من خلال إضافة أبعاد ومؤثرات خاصة وبرامج مميزة تساعد في توسيع خبرات المتعلم وتيسير بناء المفاهيم واستثارة اهتمام المتعلم وإشباع حاجته للتعلم لكونها تعرض المادة بأساليب مثيرة ومشوقة وجذابة.

كما تمكن من تفاعل جميع المتعلمين مع الوسيلة خلال عرضها وذلك من خلال إتاحة الفرصة لمشاركة بعض المتعلمين في استخدام الوسيلة ويترتب على ذلك بقاء أثر التعلم.

مما يـؤدي بالضــرورة إلى تحسين نوعية التعلم ورفع الأداء عند التلاميذ الطلبـة أو المتدربين.

تاريخ استخدام اللوحة التفاعلية:

بدأ التفكير في تصميم اللوحة الذكية في عام ١٩٨٧ مـن قبـل كـل مـن ديفيد مارتن ونانسي نولتون في إحــدى الشركات الكبرى الرائدة في تكنولوجيا التعليم في كندا والولايات المتحـدة الأمريكيـة، وبـدأت الأبحـــاث عـلى جـدوى اللـوحة الذكيـة تتواصل، ثم كان الإنتاج الفعلي لأول لوحة ذكية من قبل شركة سمارت في عام ١٩٩١.

مكونات اللوحة التفاعلية:

تتكون اللوحة الذكية من سبورة بيضاء تفاعلية تشتمل عـلى أربعـة أقـلام إلكترونيـة ومساحة إلكترونية، يتم توصيلها بالكمبيوتر وبجهاز الملتيميديا بروجكتر، وفي حالة الرغبـة في استخدام النت ميتنج أو الفيديو كونفرنس هنا نحتاج تركيب كاميرا مع الكمبيوتر عـلى اللوحة الذكية.

البرامج التي تشتمل عليها اللوحة التفاعلية عند تحميلها على جهاز الكمبيوتر:

عند تحميل برنامج اللوحة الذكية على الكمبيوتر سوف تظهر لنا أيقونتان، إحداهما ستظهر على الديسك توب والأخرى على السيستم، ترى شريط المهـام في الأسـفل، سـتجد على اليمين أيقونة: Smart board tools عند الضغــط على الأيقونـة الموجودة سوف يظهر لنا مربع يشتمل على:

* البرامج الموجـودة في اللوحـة الذكيـة ومنهـا برنامج " النوت بوك" الـذي يـسمح بالكتابة وبإضافة الصوروتحريكها وتلوينها أو تغيير الخلفيـات حسب حاجـة المعلم، كـما يمكن من سحب أي صورة لأي تطبيق آخر مـن تطبيقـات المايكروسوفت بمعنـى مثـلا عندى صورة موجـودة في برنامج النوت بوك وأرغب في نقلها لبرنامج الإكسل من السهل عمل ذلك والعكس صحيح .

* أيضا نجد "الريكوردر" ويستخدم لتسجيل كل ما يقوم به المعلم أثناء الشرح من عمل هايلايت مثلا، أو وضع خط تحت الكلمات المهمه، رسم دوائر، مربعات، جلب بعض الصور من الكليب آرت أو الإنترنت.. إلخ .

* وهناك أيضا "الفيديو بلاي" وهو يستخدم لعرض ما تم تخزينه من دروس مشروحة أو لعرض أي أفلام يرغب المعلم في عرضها والتعليق أو الكتابة عليها.

* كما يوجد "الكيبورد" **On screen keyboard** أي لوحة المفاتيح الموجودة على شاشة اللوحة الذكية " وهو يمكننا من الطباعة. ولوحة المفاتيح هذه تمكننا من تحويل الكتابة بخط اليد على اللوحة إلى كتابة مطبوعة، كما أنها نفس الكيبورد المتعارف عليه تمكننا من طباعة الكلمات والأرقام والرموز.

* أيضا من مميزات اللوحة الذكية "الفلوتنج تولز" والتى تمكننا من عمل فوكس على صورة كلمة أو موضوع معين " بحيث يتم إخفاء كل ما على الشاشة وعمل **spotlighted area** تركيز على الشيء المراد الحديث عنه، كما إن الفلوتنج تولز تساعد في عمل هايلايت على بعض الكلمات التي يرغب المعلم في التركيز عليها، مسح ما على الشاشة، بالإضافة إلى مميزات اخرى تختص بها الفلوتنج تولز.

* أما بالنسبة " للكنترول بنال" فإنه يستخدم لتغيير لون أي قلم إلكتروني أو لتغير حجم الخط، أو لتغيير حجم المساحة الإلكترونية بالإضافة لمميزات أخرى.

من الملاحظ أنه في حالة الكتابة على الشاشة سوف يظهر لك دوما مربع يحتوى على كل من:

area / print Camera / capture button يتم الضغط على الكاميرا إذا رغبت بحفظ الملاحظات المكتوبة على الشرح، وفي حالة حفظ selected area جزئية معينة داخل الدرس يتم سحب هذه الجزئية بالإصبع لتخزينها في المكان المرغوب سواء في الباوربوينت أو بالنوت بوك، وفي حالة الرغبة بطباعة الدرس نذهب لأيقونة طباعة .

تطبيقات الكمبيوتر التي يمكن استخدامها مع اللوحة التفاعلية: من الممكن استخدام أي تطبيق من تطبيقات الكمبيوتر عن طريق اللمس على سبيل المثال الباوربوينت، الإكسل، الوورد، برامج الإنترنت .... إلخ.

أول ما يجب عمله عند استخدام اللوحة التفاعلية، والأخطاء الشائعة عند استخدامها: أول ما يجب عملة بعد تحميل برنامج اللوحة الذكية على الكمبيوتر هو عمل أورينتيشن، فبالضغط على خانة الأورينت في أيقونة السمارت بورد تولز سوف تظهر لنا شاشة بيضاء تظهر فيها علامات كروسس حمراء red symbols crosses ما علينا سوى الضغط عليها حتى تنتهى كل الكروسس الحمراء وهنا نبدأ استخدامها مع كافة تطبيقات المايكروسوفت أوفس، ومن الملاحظ أن أكثر البرامج المستخدمة من قبل المعلمين هو برنامج الباوربوينت حيث يتم عرض الشرائح والتنقل بينها باللمس، والكتابة على الشرائح باستخدام الأقلام الإلكترونية وعمل فوكس باستخدام الفولوتنج تولز وحفظ كل ما تم كتابته على الشرائح بعد انتهاء الشرح.

الكتابة على مقاطع الفيديو التي تعرض على الكمبيوتر:

باستطاعة المعلم استخدام خاصية الكتابة على أي مقطع من مقاطع الأفلام التعليمية سواء كان يستخدم الفيديو بلاير أو كويك تايم بلاير حتى أنه بالإمكان الكتابة على أفلام ديفيدي بلايرز.

أهم مميزات استخدام اللوحة التفاعلية:

توفير الوقت: المعلـم الملم باستخدام تطبيقات الكمبيوتر سيوفر الكثير من الوقت والمجهود في إنتاج الوسيلـة التعليمية، على سبيل المثال في مادة اللغة الإنجليزية المعلم يستخدم البطاقات والصور لعرض الكلمات والتي يبحث عنها في المجلات وفي برامج الكليب آرت في الكمبيوتر ومن ثم يلصقها على بطاقات أو فلاش كارد لاستخـدامها في عرض المادة العلمية كما يوفر وسيلـة حائـط لـدرس بكاملة، وفي مادة العلوم يحتاج المعلم لمجسمات وصور، وفي الاجتماعيات يحتاج لخرائـط، وكل هـذه الأمور تأخذ الكثير من وقت المعلم، إلا أنه في حالـة استخدم اللوحة التفاعلية ما علـى المعلم سوى الضغط على برنامج النوت بوك وإدراج الصورة أو كتابة الكلمـة المراد شرحهـا، وبإمكانه بسهولـة إذا ما كان متصلا بشبكة الإنترنت الدخول إلى موقع الجوجل لتظهر له ملايين الصور أو الخرائط المرتبطة بالدرس المـراد شرحه . ولا يخفى علينا التكلفـة المادية للوسائـل التعليمية التى يحتاج لها المعلم كـل عام والتي قـد يكلف فيها طلبتة، لذا باستخدامنا اللوحة التفاعلية سوف نتخلص من مشكلة كثـرة الوسائـل التعليميـة المستخدمة ويتم التركيز على استخدام وسيلة واحدة ذات فعالية في عملية التدريس ألا وهي اللوحة الذكية أو التفاعلية. كما أن خاصية " **On screen keyboard** " توفر الوقـت في البحـث عن حرف تبقى كما هي أثناء الطباعة فبمجرد الكتابة بالإصبع أو بالقلم الإلكتروني يتحول خط اليد لكتابة مطبوعة.

حل مشكلة نقص كادر الهيئة التدريسية: بإمكاننا حل مشكلة نقص كادر الهيئة التدريسية كل عام من خلال تطبيق الفصول الذكية في مدارسنا، فلا يخلو عام دراسي من وجـود نقص في أعداد المعلمات أو المعلميـن في بعض التخصصات ولو تم توفير هذه التقنيـة في مدراسنا أو في المدارس التي تعاني من نقص في الهيئة التدريسية، لما عانينا من هذه المشكلة المزمنة.

وقد يقول البعض إنه لابد من تفاعل المعلم مع المتعلمين ونرد هنا لنقول إن الكاميرات التي يتم تثبيتها على اللوحة الذكية هي من النوع الحساس بحيث أن أي طالب يمكنه طرح أي سؤال على المعلم أثناء الشرح حيث أن الكاميرات تتحرك تجاه من يرغب في طرح السؤال، ويمكن أن يتنقل معلم المادة بين كل من فصوله فلو كان لدينا مثلا نقص في معلم مادة اللغة الانجليزية في أحد المدارس فبإمكانه أن يدخل لفصل (أ) في مدرستة بحيث يتابعه طلبة فصل (ب) وطلبة فصل (ج) في مدرسة أخرى تعاني من نقص في الهيئة التدريسية، هذا بحيث يتواجد المعلم في جميع هذه الفصول وفق جدول منظم.

تسجيل وإعادة عرض الدروس: نستطيع باستخدام اللوحة التفاعلية من تسجيل وإعادة عرض الدروس بعد حفظها ومن ثم عرض الدروس للطلبة الغائبين أو طباعة الدرس كاملا لهم، أو إرساله بالإيميل عن طريق الإنترنت وبالتالي لن يفوت أي طالب متغيب أي درس.

التعلم عن بعد: أهم ميزة تعزز من أهمية استخدام تقنية اللوحة التفاعلية هي إمكانية استخدامها في التعلم عن بعد باستخدام خاصية الفيديو كونفرنس أو النت ميتنج والتى تمكننا من عرض بعض الندوات والورش والمؤتمرات بين الدول المختلفة عن طريق شبكة الإنترنت.

لابد من أن نؤكد على القول إنه لا غنى لكل تربوي يريد التطوير والارتقاء بعمله وتقديم الافضل لأبنائه الطلبة من استخدام كل ما هو جديد في مجال تكنولوجيا التعليم ... إلخ.

المبحث العاشر

التعلم الإلكتروني والتعليم عن بعد

تجارب عالمية

مقدمة:

بدأ مصطلح التعليم عـن بعد بالظهور مـع بدايـة مـا يعـرف بالتعليم عـن طريـق المراسلة حيث يراسل الطالب الجامعة فترسل له كتبا وأشرطة بعد أن يـدفع ثمنها بحوالـة بريدية ولكن مع تطور أساليب ووسائل الاتصال تغيرت الصورة تماما وأصبح بالإمكان الحصول على شهادة أكاديمية أو حتى تحضير رسالتي الماجستير والـدكتوراه بواسطة التعليم عن بعد.

التعليم عن بعد فكرة عالمية قديمة نشأت في بريطانيا منذ مئة عام تقريبا وانتقلت إلى أمريكا وكندا وأستراليا وغيرها من دول العالم. ففي السبعينات من القرن العشرين أي بعد إنشاء الجامعـة المفتوحـة في بريطانيا ظهرت "أنظمـة التعليم والتـدريب المرتبطـة بالحاسوب" وكان ذلك سابقا لظهور الحاسوب الشخصي، وبظهـور الحاسوب الشخصي في مطلع الثمانينات تعززت هـذه الأنظمـة وانتشرت، وفي مطلـع التـسعينات تطورت أكـثر لتستخدم "الوسائط المتعددة"،ومع تزايد الاهتمام بـشبكات المعلومـات في الثمانينـات والسعي نحو استخدامها والاستفادة منها، انتشرت في الآونة الأخيرة العديد من الجامعـات والمعاهد والمؤسسات التي تتيح فرصـة التعليم والدراسـة للدارسـين والطلبة في مختلـف التخصصات، وذلك عن طريق المواقع التي تعد خصيصا لهذا الغرض على الإنترنت.

إن التعليم الإلكتروني هو طريقة للتعليم باستخدام آليات الاتصال الحديثة من حاسب وشبكاته ووسائطه المتعددة من صوت وصورة، ورسومات، وآليات بحث، ومكتبات إلكترونية، وكذلك بوابات الإنترنت سواء كان عن بعد أو في الفصل الدراسي فالمهم هو استخدام التقنية بجميع أنواعها في إيصال المعلومة للمتعلم بأقصر وقت وأقل جهد وأكبر فائدة.

والدراسة عن بعد هي جزء مشتق من الدراسة الإلكترونية وفي كلتا الحالتين فإن المتعلم يتلقى المعلومات من مكان بعيد عن المعلم (مصدر المعلومات).

المطلب الأول

تجارب الدول الغربية وبعض دول العالم في التعلم عن بعد[1]

وفيما يلي بعض أشهر هذه التجارب والتي منها:

١- المملكة المتحدة:

المملكة المتحدة من الدول المتقدمة في استخدام أنظمة التعلم الإلكتروني، وللحكومة البريطانية دور بارز في الإشراف على التعليم عموما ومن ذلك التعليم الجامعي.

أعدت هيئة دعم التعليم العالي بإنجلترا **Higher Education Funding Council for England (HEFCE)** خطة استراتيجية للتعلم الإلكتروني للعشر سنوات القادمة. أنشئت عام ٢٠٠٢ كبرنامج **Interactive University**

[1] **ICT-Learn2007 Sixth International Internet Education Conference**
د. عبيد سعد فارس ،د. سامي بن صالح الوكيل " التعليم عن بعد يُعد الخيار الاستراتيجي "كلية علوم الحاسب والمعلومات - جامعة الملك سعود ،الرياض ،المملكة العربية السعودية.

مشترك بين جامعة هيرتوات Heriot-Watt University وScottish Enterprise وهي هيئة تطوير الاقتصاد المحلي في اسكتلندا.

ويدير البرنامج فريق يجمع بين النواحي الأكاديمية والخبرة الاقتصادية، وقدم له الدعم لتكون الجامعة نموذجا متميزا دوليا.

وتقوم الجامعة بربط الجامعات المتميزة في اسكتلندا بالطلاب في كل أنحاء العالم بحيث يتم نقل جميع المقررات لهم إلكترونيا (عن بعد) وتدريس المقررات النظرية مباشرة بالطريقة التقليدية من خلال أساتذة في بلد الطالب دون الحاجة لأن ينتقل لبريطانيا.

شمل التعاون الآن أكثر من ٢٠ دولة في العالم يدرس بها الآن أكثر من ٦٠ ألف طالب وطالبة، ويتم التدريس في الوقت والمكان المناسب للطالب بالتركيز على المحتوى (Content) والإطار (Context) وخدمة المجتمع (Community).

٢- ماليزيا:

وضعت لجنة التطوير الشامل الماليزية للدولة في عام ١٩٩٦م خطة تقنية شاملة تجعل البلاد في مصاف الدول المتقدمة وقد رمز لهذه الخطة (Vision 2020) ومن أهم أهداف هذه الخطة إدخال الحاسب الآلي والارتباط بشبكة الإنترنت في كل فصل دراسي من فصول المدارس. وتسمى المدارس الماليزية التي تطبق التقنية في الفصول الدراسية " المدارس الذكية" (Smart Schools)، وتهدف ماليزيا إلى تعميم هذا النوع من المدارس في جميع أرجاء البلاد. أما فيما يتعلق بالبنية التحتية فقد تم ربط جميع مدارس وجامعات ماليزيا بعمود فقري من شبكة الألياف البصرية السريعة والتي تسمح بنقل حزم المعلومات الكبيرة لخدمة نقل الوسائط المتعددة والفيديو.

٣ - كندا:

تعتبر كندا من الدول الرائدة في التعلم الإلكتروني والتعليم عن بعد، وأتت الحاجة لهذا النوع التعليم لاتساع رقعة الدولة واختلاف مستوياتها التعليمية. لهذا اهتمت الحكومة بشبكات الربط بين المدن وداخل المدن وأوجدت مشروعا وطنيا لهذا الغرض.

بدأت اللجنة الاستشارية للتعلم الإلكتروني ببرنامج أطلقت عليه اسم (طفرة التعليم الالكتروني في الكليات والجامعات: التحدي الكندي). يركز هذا المشروع على تسريع استخدام التعلم الإلكتروني في التعليم العالي عن طريق زيادة المرونة ورفع كفاءة البرامج التعليمية الإلكترونية في مؤسسات التعليم العالي الكندية. تعتبر كندا مثالا متميزا لدمج التعلم الإلكتروني في التعليم العالي.

٤ – ألمانيا:

تمتلك ألمانيا مشروعا متطورا للربط اللاسلكي بين الوحدات التعليمية، ومن ضمن مهام ذلك المشروع تشجيع وسائل التعليم الحديثة عبر تلك الشبكات، وقد تم ربط تلك الشبكة بشبكات عالمية تهيئ المجال لتبادل المعلومات فيما بينها.

من ضمن المشاريع الألمانية الناجحة، الاستفادة من تلك الشبكات في توفير المعلومات الوظيفية وهو ما تم تطويره ليشمل التعليم عن بعد. التعلم الإلكتروني ليس شائعا في ألمانيا نتيجة الكثافة السكانية وتقارب المدن، إلا أن استخدامه لتعليم الكبار تجربة رائدة تلفت الأنظار.

٥-السويد:

تعتبر السويد من أكثر الدول تقدما في مجال التعلم الإلكتروني، فهي تمتلك بنية تحتية قوية وتستخدم تقنيات عالية وقد سبقت كثيرا من الدول في هذا المجال لهذا تعتبر رائدة وقيادية في هذا المضمار.

تهتم الحكومة اهتماما كبيرا بالتعلم الإلكتروني وتطوير التعليم التقليدي، وأوكلت المهمة للهيئة السويدية للتعليم عن بعد التي أنشئت عام ١٩٩٩م، هذه الهيئة تدعم التعلم الإلكتروني والتعليم عن بعد في الكليات والتعليم المستمر. ويتبع لها ٣١ كلية وجامعة.

المطلب الثاني

تجارب الدول العربية في التعلم عن بعد

التعلم عن بعد ما زال حديث الولادة في الدول العربية وفي مقدمة هذه الدول هي: مصر ولبنان والجامعة الافتراضية في سوريا. وهناك أيضا الجامعة العربية المفتوحة في كل من الكويت والسعودية وغيرهما والتي تنفذ منهجية الجامعة البريطانية المفتوحة.

الواقع العربي الراهن بين الطموحات والآمال:

فإن الحقائق تبدو مخيبة للآمال، بل وفي بعض الأحيان خطيرة، وهذه عينة منها:

١- أولى سمات مجتمع المعلومات هي الاتصالية العالية، وقد نما عدد المرتبطين بشبكة الإنترنت العالمية بوتيرة مذهلة فاقت كل التوقعات حتى بلغ عددهم هذا العام ٧٢٩.٢ مليونا، في حين بلغ عدد العرب المرتبطين بالإنترنت ١٠.٥ مليونا[1] أي ما نسبته ١.٣% من مجموع المستخدمين وهذه النسبة أقل بأربع مرات تقريبا من نسبة العرب إلى سكان العالم.أما بالنسبة لعدد المضيفات الأساسية للإنترنت في العالم فقد بلغ إجماليا ٥٤١٤٣ مضيفا، وكان نصيب

[1] راجع موقع **Global Internet Statistics** :

http://global-reach.biz/globa.stats/index.php3

العرب منها ١٤٥ أي ما نسبته ٠.٢٦% وهذه النسبة أقل بـ ١٩.٢ مرة من نسبة العرب إلى سكان العالم [(1)].

٢- ثاني سمات مجتمع المعلومات هي المشاركة الفعالة في إغناء المحتوى الرقمي، ووفقا للإحصاءات المعتمدة فقد بلغ عدد المواقع العربية المحلية حتى نهاية عام ٢٠٠١ ما يقرب من ٩٢١٦ موقعا، بما يمثل ٠.٠٢٦% من إجمالي عدد المواقع المحلية العالمية البالغ ٣٦ مليون موقع، وهذه النسبة أقل بـ /١٩٢/ مرة من نسبة العرب إلى سكان العالم. [(2)]

٣- ثالث سمات مجتمع المعلومات هي نشر المعرفة، وإن نسبة الأميين بين البالغين ما تزال نحو ٤٥%، ذلك أن البلدان العربية دخلت القرن الحادي والعشرين مثقلة بسبعين مليون أمي غالبيتهم من النساء، وإذا نسبنا عدد الأميين إلى مجمل السكان سنجد أن النسبة تصل إلى ٢٥%، وهو معدل أعلى من المتوسط العالمي وحتى من متوسط البلدان النامية، ونسبة الأمية في إسرائيل بين البالغين تقدر بـ ٥% (مقارنة بالنسبة العربية ٤٥%) [(3)].

٤- رابع سمات مجتمع المعلومات هي دعم التطوير والبحث العلمي، نلاحظ أن عدد العلماء العاملين بالبحث والتطوير في البلدان العربية يزيد عن أمثالهم في إسرائيل بخمسة أضعاف، ولكن هذا العدد المطلق إذا نسبناه إلى عدد السكان في البلدان العربية، يصبح ٠.٣٥ في الألف من السكان، فهو أقل من

---

[1] راجع موقع Global Internet Statistics :
http://global-reach.biz/globa.stats/index.php3
[2] راجع مقال عبد العزيز الأحمدي نائب رئيس شركة ((شباك الخير)) :
http://wwwmafhoum.com/press3/88t42-files/14,3,2002,013.htm
[3] راجع مقال إبراهيم الماجد بعنوان ((أين مواقع الإنترنت العربية)) (٤) عبد المجيد الرفاعي. العرب أمام مفترقات الزمن والإيديولوجية والتنمية، دار الفكر، دمشق، ٢٠٠٢.

نصف المتوسط العالمي (٠.٨ في الألف من السكان) وأقل بعشر مرات من مستوى إسرائيل (٣.٨ في الألف من السكان).

يوازي إنفاق البلدان العربية على البحث والتطوير ما نسبته ٠.١-٠.٢% من الناتج الإجمالي، وهو أقل بسبع مرات عن المتوسط العالمي (١.٤%) وأقل بعشر مرات على الأقل عن المعدل الإسرائيلي (٢%).

٥- خامس سمات مجتمع المعلومات هي إتاحة التعليم المتطور والنفاذ إلى الثقافة والمعرفة والتقنيات الحديثة لجميع أفراد المجتمع وقد حقق التعليم في البلدان العربية خطوات إيجابية ملموسة خلال النصف الثاني من القرن العشرين, فزاد عدد المتعلمين بنسب متسارعة حتى التسعينيات وقد زاد عدد الملتحقين بمراحل التعليم الثلاث من ٣١ مليونا عام ١٩٨٠ إلى ما يقارب ٥٦ مليونا عام ١٩٩٥.

ويؤكد المختصون وجود تدهور في مستوى التعليم العربي بدأ في الثمانينات وتبلور في التسعينات وهذا التدهور ناتج عن الزيادة الكبيرة في عدد الملتحقين مقابل انخفاض الإنفاق على التعليم إذ يبلغ نصيب الفرد العربي في سن التعليم ٣٤٠ دولارا للفرد مقابل ١٥٠٠ دولارا للفرد في البلدان المصنعة[1].

٦- السمة السادسة لمجتمع المعلومات هي النمو الاقتصادي المعتمد على التكنولوجيا المتطورة وهو ما يدعى باقتصاد المعرفة، وإذا عدنا إلى لغة الأرقام والإحصاءات سنجد أن الناتج القومي الإجمالي لكل الدول العربية هو ٣٢٤.٢ مليار دولار عام ١٩٩٧ بما في ذلك البترول، أما إذا استثنينا البترول فان هذا الناتج ينخفض إلى نحو ٢٣٠ مليار دولار وبذلك يكون الناتج الإجمالي لمجموع البلدان العربية بما فيها البلدان النفطية أقل من ناتج دولة صغيرة كهولندا وعدد سكانها ١٥.٦ مليون نسمة أي أقل بعشرين مرة من عدد سكان البلدان العربية

---

[1] نادر فرجاني. العرب في مواجهة إسرائيل: فارق العلم والتقانة، إبريل ٢٠٠١.

١٠٩

وأقل من ثلث ناتج إيطاليا وخمس ناتج فرنسا، والحقيقة أن العرب بشكل عام فقراء حتى لو حسبنا معهم الدول النفطية والسبب هو أن الاقتصاد العالمي اليوم يمنح أعلى قيمة مضافة لناتج التكنولوجيا المتقدمة ويبخس ثمن المواد الأولية والصناعات التحويلية البسيطة.

٧- استراتيجيات المنظمة العربية للثقافة والعلوم في التعليم والتعلم عن بعد:

بادرت المنظمة العربية للثقافة والعلوم إلى صياغة جملة من الاستراتيجيات الوطنية:

- كالاستراتيجية العربية للمعلوماتية.
- الاستراتيجية العربية لتطوير التعليم العالي في الوطن العربي.
- الاستراتيجية العربية للتعليم عن بعد.
- الاستراتيجية العربية للمعلومات في عصر الإنترنت.
- الاستراتيجية العربية لنشر الثقافة العلمية والتقنية[١].

٨- العائد الاقتصادي والاجتماعي للاستثمار في التعليم عن بعد:

يعد الاستثمار في رأس المال البشري من أهم مصادر النمو الاقتصادي، حيث ربطت الدراسات الاقتصادية تحقيق نمو اقتصادي مستمر بالاستثمار في رأس المال البشري من خلال التعليم والتدريب التقليدي والتعليم عن بعد، وقد ركزت نظريات النمو الاقتصادي الحديثة على أهمية الاستثمار في التعليم للنمو الاقتصادي، ودعت إلى الاستثمار فيه بجميع مراحله لتحقيق عائد مرتفع للاقتصاد المحلي ونمو اقتصادي مستمر.

---

[1] الاستراتيجية العربية للمعلوماتية الاجتماع العربي بشأن الاستراتيجية العربية للمعلوماتية، القاهرة ٢-٢٠٠٢/١١/٥)، الكسو بالتعاون مع مركز المعلومات ودعم اتخاذ القرار بمجلس الوزراء في جمهورية مصر العربية

وقد أثبتت الدراسات التطبيقية التي حاولت أن تختبر مدى توافق هذه النظريات مع الواقع الفعلي باستخدام بيانات لعينة من دول العالم؛ أن هناك علاقة ايجابية بين تحقيق معدلات نمو مرتفعة والاستثمار في التعليم. وفي محاولة لتحديد نسبة مساهمة التعليم في الدخل المحلي الإجمالي للفرد لعينة من عدة دول نامية ومتقدمة، وجد أن التعليم يساهم بحوالي ٧٥% من مصادر الدخل، وهي نسبة أعلى من مساهمة رأس المال العيني (الآلات والمكائن...) والتي لم تتجاوز ٣٨%[1]. وبدراسة تجربة دول جنوب شرق آسيا فإن هذه الدول، والتي تتمتع بمعدلات نمو مرتفع، اهتمت منذ البداية بتنمية رأس المال البشري الذي احتل مركز الصدارة بين الأهداف التنموية الأخرى، ومن أهم ملامح هذه التنمية تركيز التمويل العام المحدود لمرحلة التعليم فوق الثانوي على المهارات الفنية، ولم تغفل هذه الدول مبدأ الاستفادة من التجارب المتميزة للآخرين حيث استوردت بعض الاقتصاديات الأسيوية ذات الأداء المرتفع خدمات تعليمية على نطاق واسع، وخاصة في المجالات المتطورة مهنيا وتقنيا، وكانت محصلة هذه السياسات قاعدة رأس مال بشري عريضة موجهة فنيا تتناسب تناسبا جيدا مع التنمية الاقتصادية السريعة. كما ساهمت سياسات التعليم في الاقتصاديات الأسيوية في تحقيق المزيد من العدالة في توزيع الدخل، ونتيجة لهذا الاستثمار في التعليم فقد استطاعت هذه الدول تحقيق معدلات نمو مرتفعة وأن ترفع مستوى دخل الفرد وتخفض نسبة الفقر على الرغم من عدم توفر الموارد الطبيعية.

وقد أتت التقنية الحديثة وثورة المعلومات لتساهم في تحقيق أعلى عائد للتعليم بأقل التكاليف الممكنة؛ فمعدل العائد على التعليم عن بعد تجاوز

---

[1] النظام الأمثل للتعلم الإلكتروني والتعليم عن بعد للتعليم الجامعي بالمملكة العربيّة السعوديّة- الجزء الثاني-نسخة نهائية محكّمة - تقرير وزارة التعليم العالي.

كما في تجارب بعض الشركات الدولية ٥٠٠%. كما أن التعليم عن بعد يوفر أكثر من ٤٠% من الوقت مقارنة بالتعليم التقليدي[1] لذا نجد أن الدول الصناعية في طليعة الدول التي استثمرت في التعليم عن بعد، وعلى الرغم أن التعليم عن بعد يحقق للدول النامية فوائد أكبر ويساعدها على تجاوز العقبات التي تعاني منها.

ونظرا لخصوصية التعليم عن بعد وتناقص التكاليف المتوسطة الكلية مع كل طالب يتم قبوله وإمكانية تجاوز الحدود الجغرافية، فإن الدول التي تستثمر فيه أولا سوف تكتسح السوق وستصعب المنافسة على الداخلين الجدد لهذا السوق.

إن الفوائد المباشرة وغير المباشرة من التعليم عن بعد اقتصاديا واجتماعيا تجعل منه خيارا استراتيجيا، يمثل التأخر في الاستثمار فيه خسارة وطنية يصعب تلافيها في المستقبل[2].

---

1 المحيسن، إبراهيم وهاشم، خديجة بنت حسين (١٤٢٣هـ). المدرسة الإلكترونية: مدرسة المستقبل " دراسة في المفاهيم والنماذج " . ورقة عمل مقدمة لندوة مدرسة المستقبل. جامعة الملك سعود. كلية التربية . ١٦-١٤٢٣/٨/١٧هـ.

2 مندورة، محمد محمود (١٤٢٥هـ) التعلم الإلكتروني من التخطيط إلى التطبيق. ورقة عمل مقدمة للقاء الدوري الثاني لأعضاء المجلس التنفيذي المنعقد بدبي في دولة الإمارات العربية المتحدة بتاريخ ٢٧ ربيع الأول الموافق ٢٦ مايو٢٠٠٤م. مكتب التربية العربي.

المبحث الحادي عشر

اقتصاديات التعليم الإلكتروني

يعد موضوع اقتصاديات التعليم الإلكتروني أحد الفروع الحديثة في علم اقتصاديات التعليم والذي يعد بدوره أحدث فروع علم التربية، ونتيجة لتنامي استخدام التعليم الإلكتروني في مؤسسات التعليم العالي عن بعد،سنحاول في هذه الدراسة معرفة ما إذا كان التعليم والتعلم بواسطة شبكة الاتصالات العالمية، الويب(Web) أرخص أم أغلى من طرق التعليم التقليدية التي تتم مواجهة مع المعلم داخل الصف الدراسي، وما الذي يجب اعتباره في حساب التكاليف والأرباح. سنقتصر الحديث في هذه الدراسة من اقتصاديات التعليم الإلكتروني على التعليم المباشر On Line Learning لأنه الأكثر انتشارا والأنجح استخداما في نظام التعليم عن بعد، وعلى أساسه تطور التعليم الافتراضي أو ما يسمى بالتعليم الكوني Global Learning ومعظمه يتم عن طريق مستعرض Browser .

إن الهدف من اقتصاديات التعليم الإلكتروني رفع مستوى الكفاية الاقتصادية في مجال التربية والتعليم، من خلال التوظيف الأمثل للإمكانيات وترشيد التكاليف وزيادة الموارد مع ضمان الجودة، وتنويع مصادر التمويل للمشروعات التربوية والتعليمية من خلال عمليات الاستثمار والمساهمات الخيرية وغيرها، وإجراء الدراسات الاقتصادية والتقييم الاقتصادي بهدف رفع الكفاءة الداخلية والخارجية.

مهام اقتصاديات التعليم الإلكتروني [1]:

١ - إعداد الخطط التي تتضمن الاستراتيجيات والسياسات والبرامج المحققة لأهداف اقتصاديات التعليم وذلك في إطار خطط الوزارة والعمل على تنفيذها بعد اعتمادها.

٢ - إعداد الدراسات والبحوث الاقتصادية التربوية التطبيقية الكفيلة بتحقيق الكفاءة الاقتصادية والتعليمية وتنمية موارد الوزارة وترشيد نفقاتها.

٣- العمل على تفعيل الشراكة مع القطاع الخاص للإسهام في شتى مجالات الاستثمار التعليمي الممكنة التي تحقق المصالح المشتركة وبما يعود للوزارة من عائدات مالية إضافية أو تمويل لمشاريعها .

٤- اقتراح الطرق والأساليب الهادفة لتنمية الموارد التعليمية من خلال الهبات والتبرعات، إحياء العمل بمبدأ (الوقف الإسلامي) على التعليم لدى أفراد مجتمعنا المسلم، ومتابعة تنفيذها وتقويمها.

٥- وضع البرامج والآليات والضوابط التي تساعد إدارات التربية والتعليم بالمناطق والمحافظات ومديري التعليم ومديرات المدارس على تنمية الموارد وتقليل الهدر التربوي وتشجيع مشاركة الأهالي في دعم الصندوق المدرسي وصندوق إدارة التعليم .

٦- وضع البرامج الهادفة إلى تفعيل الخصخصة في القطاع التعليمي بالتنسيق مع الجهات الحكومية المعنية بذلك .

٧- نشر ثقافة الاقتصاد التعليمي مفهوما وعملا في كافة أجهزة الوزارة والتوعية بأهمية البعد الاقتصادي في اتخاذ القرار التربوي.

---

[1] م. حسن فردان، اقتصاديات التعليم الإلكتروني، ملتقى التخطيط والتطوير، شباط /٢٠٠٧م/، ص١.

٨- الاستفادة من تجارب الدول الناجحة في مجال اقتصاديات التعليم ومتابعة كل ما تنشره المطبوعات المتخصصة وما يوصى به في الندوات والمؤتمرات المتخصصة في مجال اقتصاديات التعليم.

٩- إنشاء نظام معلومات آلي يتم من خلاله تجميع وتبويب وحفظ كافة المعلومات والبيانات التي تساعد الإدارة في أدائها لمهامها.

١٠- القيام بأي مهام أخرى تكلف بها في مجال اختصاصها.

تعريف علم الاقتصاد : Definition of Economics

هناك تعريفات عديدة لعلم الاقتصاد:

- فقد يعرف بأنة "علم اجتماعي يبحث الاستخدامات المتعددة للموارد الاقتصادية لإنتاج السلع وتوزيعها للاستهلاك في الحاضر والمستقبل بين أفراد المجتمع".

ويركز هذا التعريف على ثلاثة عناصر:

١- أن الاقتصاد علم شأنه شأن بقية العلوم الأخرى.

٢- أنه علم اجتماعي، أي يهتم بالسلوك الاقتصادي للفرد كمستهلك أو منتج، في إطار علاقته بباقي أفراد المجتمع.

٣- أن الإنتاج بغرض الاستهلاك في الحاضر والمستقبل.

- وقد يعرف علم الاقتصاد بأنه: "دراسة كيفية إشباع حاجات الإنسان المتعددة من خلال موارده المحدودة، أو ما يطلق عليه" المشكلة الاقتصادية Economic Problem ".

- ويعرف علم الاقتصاد بأنه "العلم الذي يهتم بدراسة كيفية استخدام المجتمعات لمواردها المحدودة لإنتاج السلع والخدمات المختلفة وكيفية توزيعها على مختلف أفراد المجتمع".

"is the study of how societies use scarce resources to produce goods / services and distribute them among different people".

ويركز هذا التعريف على:

١- الندرة النسبية للموارد Relative Scarcity

٢- كفاءة الاستخدام، أي يهتم بدراسة طريقة استخدام الموارد النـادرة لإنتـاج السـلع والخدمات، أي استخدام الموارد بأقصى كفاءة ممكنة Efficiency.

٣- طريقة التوزيع، أي يهتم بطريقة توزيع السلع والخدمات المنتجـة علـى مختلـف أفراد المجتمع، أي عدالة التوزيع Equity of Distribution للسلع والخدمات.

و يعتبر هذا التعريف شاملا وعاما لعلم الاقتصاد.

اقتصاديات التعليم ECONOMICS OF EDUCATIO:

(نظرية الاستثمار في رأس المال البشري Human Capital Theory):

تعود بدايات هذا الفرع أو العلم إلى كتابات آدم سـميث Adam Smith في مؤلفـه الشهير ثروة الأمم The Wealth of Nations الذي نشر سنة ١٧٧٦م . حيث بين أهميـة التعليم ورأى أن التعليم هو المجال الذي يمكن أن يمنع الفساد بين العمال بل إنه سـيكون عنصرا فعالا في استقرار المجتمع اقتصاديا وسياسيا، واتفق معه في ذلك مالتوس Malthus صاحب نظرية السكان المشهورة، وقد اعتبر التعليم عاملا من عوامل تحديد النـسل، كـما اعتبر سميث التعليم من عناصر رأس المـال الثابـت Capital Fixed مثل المبـاني والآلات والمعدات.

ويعد الاقتصادي الكبير ألفرد مارشال **Marshal A.** من أوائل الاقتصاديين الذين أشاروا إلى القيمة الاقتصادية للتعليم حيث أكد على "أن أكثر أنواع الاستثمارات الرأسمالية قيمة ما يستثمر في البشر"[1]. كما أن وليم بيتي **W. Peety** حاول قياس رأس المال البشري وطالب الاقتصاديين من بعده بتخصيص رؤوس أموال كبيرة للتعليم، وأكد كارل ماركس **C.Marx** على علاقة التعليم بالتنمية الاقتصادية والاجتماعية، كما أكد على أهمية التعليم والتدريب في زيادة وترقية مهارات العمل.

إلا أن البداية الحقيقية أو ولادة حقل اقتصاديات التعليم كانت عقب الحرب العالمية الثانية وبالتحديد في نهاية الخمسينات وأوائل الستينات من القرن العشرين على يد روبرت سولو **R.Solow 1957** وثيودور شولتز **T.W.Schultz 1960** وجاري بيكر **G.S.Becker 1962**، ودينيسون **E.Dension 1962** وهاربيسون **Haribson 1964** وغيرهم.

وتعد الفترة من ١٩٦٠-١٩٧٠ المرحلة التي تبلور فيها هذا الحقل وتطورت فيها الدراسات والأبحاث التطبيقية، وهناك من يسميها فترة أو مرحلة الحماس، وقد برز أيضا في هذا المجال عبد الله عبدالدايم وحامد عمار في الوطن العربي، أما في العقود الثلاثة التالية فقد برز بعض الاقتصاديين والتربويين مثل جورج ساكاروبولس **G. Psacahropouls** وتيلاك **Tilak** وغيرهم في الدول المتقدمة ومحمد غنيمة في الوطن العربي.

مفهوم علم اقتصاديات التعليم Economics of Education

يعتبر من التخصصات أو الفروع الحديثة والتي تهتم بالأنشطة التعليمية من الناحية الاقتصادية والتي شاعت بعد الحرب العالمية الثانية والتي أثرت في كل

---

[1] حسين محمد المطوع ،اقتصاديات التعليم ، الأمارات العربية المتحدة ، دبي ، دار القلم ، ١٩٨٧م

من الفكر الاقتصادي والتربوي تأثيرا واضحا في كثير من الدول.

ويعرف علم اقتصاديات التعليم بأنه: "علم يبحث أمثل الطرق لاستخدام الموارد التعليمية ماليا وبشريا وتكنولوجيا وزمنيا من أجل تكوين البشر بالتعليم والتدريب عقلا وعلما ومهارة وخلقا وذوقا ووجدانا وصحة وعلاقة في المجتمعات التي يعيشون فيها حاضرا أو مستقبلا ومن أجل أحسن توزيع ممكن لهذا التكوين"[١].

وقد عرف كوهن **Cohn** اقتصاديات التعليم "بأنه دراسة كيفية اختيار المجتمع وأفراده استخدام الموارد الإنتاجية **Productive resources** لإنتاج مختلف أنواع التدريب وتنمية الشخصية من خلال المعرفة والمهارات وغيرها اعتمادا على التعليم الشكلي خلال فترة زمنية محددة وكيفية توزيعها بين الأفراد والمجموعات في الحاضر والمستقبل". أي أن اقتصاديات التعليم تهتم بالعمليات التي يتم بها إنتاج التعليم وتوزيعه بين الأفراد والمجموعات المتنافسة، وتحديد حجم الإنفاق على التعليم سواء من الأفراد أو المجتمع، وعلى طرق اختبار أنواع التعليم، وناتجها وكفايتها الكمية والنوعية (الكيفية)[٢].

اقتصاديات التعليم من وجهة نظرالاستثمار:

هو تنمية رأس المال أو أي موارد أخرى مستقبلا. وفي مجال التربية والتعليم يمارس هذا المفهوم حاليا لتوظيف الشراكة بين القطاع الخاص وقطاع وزارة التربية والتعليم بتأجير مواقع للقطاع الخاص لاستثمارها في مشروعات اقتصادية أو مواقع إعلانية ونحو ذلك في فترة زمنية محددة.

اقتصاديات التعليم:

---

[1] عبدالغني النوري ، اتجاهات جديدة في اقتصاديات التعليم في البلاد العربية ، الدوحة ، دار الثقافة ، ١٩٨٨م.
[2] إسماعيل محمد دياب، العائد الاقتصادي المتوقع من التعليم الجامعي، ١٩٩٠، ص ٢٧.

تعني الاستفادة من الموارد المتاحة (بشرية - مادية) في العملية التربوية والتعليمية وتوظيفها لتحقيق أهداف محددة بأقل كلفة ممكنة وبأعلى جودة مطلوبة وذلك من خلال الدراسة والبحث والإجراءات الإدارية المقننة للوصول إلى تحقيق مفهوم اقتصاديات التعليم.

تعريف علم اقتصاديات التعليم:

اقتصاديات التعليم يعني التوظيف الأمثل للإمكانيات وترشيد التكاليف وزيادة الموارد مع ضمان الجودة، وتنويع مصادر التمويل للمشروعات التربوية والتعليمية من خلال عمليات الاستثمار والمساهمات الخيرية وغيرها، وإجراء الدراسات الاقتصادية والتقييم الاقتصادي بهدف رفع الكفاءة الداخلية والخارجية.

المعروف أن الصلة بين التعليم والاقتصاد صلة وثيقة؛ فالتعليم يسهم في التنمية بصورة مباشرة من خلال ما يقدمه لها من قوى بشرية متعلمة ومن معارف علمية هي ثمرة البحث العلمي الذي يرتبط بالتعليم، وما يغرسه من مواقف تجاه العمل والتنظيم والمجتمع تحابي جميعها التنمية بشكل أو آخر. ومن جانب آخر فالاقتصاد يوفر للتعليم موارده المختلفة.

ويتم النظر إلى التعليم، على المستويين الفردي والعمومي، باعتباره مزيجا من الاستهلاك والادخار، فالأسرة (أو المجتمع) تنفق على التعليم كنوع من الاستمتاع بالتعليم بحد ذاته من جانب، وعلى أمل الحصول منه على عوائد مستقبلية متمثلة، بين أمور أخرى، بفوارق الأجر الناجمة، مبدئيا، عن التعليم. إن "جرعة" الاستثمار تتزايد أهميتها كلما ارتفعنا على السلم التعليمي من جانب، وكلما توجهنا إلى الفروع التطبيقية من التعليم من جانب آخر.

إن أحد أبرز الجوانب التي يؤدي فيها التعليم دورا أساسيا في سوق العمل (وربما يشكل مشكلة لها) هو العلاقة المثبتة في كل مكان في العالم تقريبا والقائلة إن ذوي التعليم الأعلى يتقاضون بالمتوسط أجورا أعلى من ذوي التعليم

المنخفض،كما أن وتيرة نمو أجورهم هي أيضا أعلى من حال ذوي الدخل المنخفض. ويعود تفسير ذلك وفق أنصار نظرية رأس المال البشري وتوابعها إلى أن تكلفة التعليم والتدريب مرتفعة سواء كانت التكلفة المباشرة أي الإنفاق على التعليم وتوابعه (أقساط، سفر، سكن، مواد تعليمية...) أو تكلفة الفرصة الممكن قياسها بالدخل الضائع الناجم عن الالتحاق بالدراسة عوضا عن الدخول مباشرة إلى سوق العمل بمستوى التعليم الأدنى. وقد تمت في العديد من دول العالم دراسات وتم احتساب معدلات العائد الفردي والمجتمعي لمختلف مراحل التعليم. تستند نظرية رأس المال البشري التي تحاول الإجابة عن تساؤل، لماذا يدفع رب العمل أجورا أعلى لذوي التعليم الأعلى؟، إلى نظريتين قاعديتين: نظرية الإنتاجية الحدية ونظرية عرض العمل.

وفيما يتعلق بالإنتاجية تطرح منظومات الأجور لدى الحكومة والقطاع العام المتحيزة نحو الشهادة وليس الكفاءة ونحو الشهادة الأعلى وليس الأدنى، مشكلات عدة على النظرية الاقتصادية (معدلات عائد متحيزة) وعلى السياسات الاقتصادية والتعليمية والتشغيلية.

ويمكن تعريف اقتصاديات التعليم بشكل مختصر بأنه:العلم الذي يبحث في قياس جدوى الاستثمار في التعليم وبالتالي فهو معني بدراسة العلاقة بين العائد من التعليم والمنفق عليه[١].

مجالات البحث في اقتصاديات التعليم:

يشير (مارك بلاو) **M.Blaug** الى أهم القضايا التي يتناولها مجال اقتصاديات التعليم فيما يلي أهمها[٢]:

---

[1] سامي العدل، ملتقى التخطيط والتطوير، حزيران/٢٠٠٨،

[2] سامي العدل، ملتقى التخطيط والتطوير، التعليم الإلكتروني، آب/٢٠٠٨.- ومن /مجلة المعرفة /العدد١٥٧ /

١- مقدار المبالغ التي ينبغي على الدولة أن تنفقها على التعليم ووسائل تـدبير هـذة المبالغ .

٢- الإنفاق على التعليم هل هو (إنفاق استثماري) أم هو (إنفاق استهلاكي)؟

٣- فإذا كان إنفاقا استثماريا، فما هو العائد المنتظر الحصول عليـه مـن الاستثمار في التعليم؟ ومقارنة ذلك بالعوائد المنتظرة من الاستثمارات الأخرى سواء المتعلقـة بالعنـصر البشري أو غيره.

واذا كان الإنفاق على التعليم انفاقا استهلاكيا، فما هي المحـددات الخاصـة بالطلـب على التعليم؟

١- تحديد التركيبة المثلى مـن وقـت التلاميـذ، والمدرسـين والمبـاني والأدوات اللازمـة للعملية التعليمية.

٢- تحديد الهيكل الأمثل لـلهرم التعليمي (أي تحديد عدد التلاميذ عند كل مستوى من مستويات التعليم).

٣- تحديد التوليفة المثلى من التعليم الرسمي الذي يتم داخل المـدارس والكليـات، والتعليم غير الرسمي الذي يتم خارجها.

٤- مساهمة التعليم في تنمية العنصر البشري وفي المـساهمة في دفع عجلـة التنميـة الاقتصادية. إن النظرة الى التعليم على أنه شكل من أشكال الاستثمار تثير عـدة تـساؤلات من أهمها:

☒ كيف يمكن مقارنة الاستثمار في التعليم بأنواع الاستثمار الأخرى؟

☒ أي أنواع الاستثمار أكثر إسهاما في النمو الاقتصادي، في رأس المال البـشري أم في رأس المال المادي؟

☒ هل تتساوى كل أنواع التعليم أو مراحله من حيث عائدها؟

☒ ما مدى إسهام التعليم في زيادة الدخل القومي ودخل الفرد؟

☒ إذا كان التعليم يسهم في زيادة الدخل للفرد، فهل يدخل الآباء والأبناء هذا العامل في حسابهم عند قيامهم باختيار نوع التعليم؟

☒ ما علاقة التعليم بالنمو الاقتصادي؟

إن هذه التساؤلات وغيرها كثيرة مما يمكن الاطلاع عليه في كتابات المختصين في المجال سواء كانت ترجمات أو مؤلفات أو دراسات وبحوث علمية تثير عدة قضايا أو موضوعات تشكل مجال اقتصاديات التعليم.

وحدة اقتصاديات التعليم: ماذا تعني؟

تعني وحدة اقتصاديات التعليم بالأمور التالية[1]:

البحث عن موارد مالية عن طريق الاستثمار في مرافق الإدارة والمباني المدرسية والتي من شأنها الإسهام في الارتقاء بالعمل وتحقيق أهداف الإدارة بأفضل صورة والإشراف على موارد الدخل المالية من حيث تحصيل المستحقات المالية أو العينية وتوجيهها إلى جهات اختصاصها من الأنشطة المرتبطة بهذه الموارد وكذلك دعم البرامج والأنشطة التي ترفع من مستوى منتسبي ومنتسبات الإدارة؛ وكذلك التأمينات العاجلة لما تحتاجه الإدارة والمدرسة من أعمال ومستلزمات بالطريق المباشر والتي لا يمكن تأمينها إلا نقدا وأيضا استثمار أموال الصندوق من برامج لها مردود إيجابي على الإدارة والمدارس.

ويتبع وحدة اقتصاديات التعليم: شعبة اقتصاديات التعليم:

١. الوقوف الميداني على المدارس حيال دراسة أوضاع المدارس من ناحية الطلبات.

٢. عمل جولات تفقدية للمدارس.

٣. تأمين المستلزمات الغير متوفرة بالإدارة والتي لا يمكن تأمينها إلا نقدا.

---

[1] الإدارة العامة وتعليم البنات بالإحساء، مركز المعلومات والحاسب الآلي، المنتدى الأسري.

٤. دعم المدارس الصغيرة والفقيرة.

٥. متابعة المدارس في عملية تحصيل النسب المخصصة لحساب صندوق اقصاديات التعليم بالتنسيق مع قسم نشاط الطلاب.

قسم الاستثمار واقتصاديات التعليم:

يهدف إلى ترشيد التكاليف وزيادة موارد الإدارة وتنويعها ورفع مستوى الكفاية الاقتصادية لأعمال الإدارة مع ضمان الجودة.

ومن مهامه:

١. تنفيذ الخطط والبرامج المحققة لأهداف الاستثمار واقتصاديات التعليم وذلك في إطار خطط الوزارة بعد اعتمادها.

٢. إعداد الدراسات والبحوث الاقتصادية التربوية التطبيقية الكفيلة بتحقيق الكفاءة الاقتصادية والتعليمية وتنمية موارد الإدارة وترشيد نفقاتها بالتنسيق مع الإدارة العامة للاستثمار واقتصاديات التعليم.

٣. الإشراف على تنفيذ الخطط والسياسات التي تحقق الاستثمار المشترك مع القطاع الخاص بما يحقق للإدارة عائدات مالية إضافية أو تمويل لمشاريعها بعد اعتمادها.

٤. إعداد الخطط وآليات التنفيذ التي من شأنها رفع الكفاءة الداخلية والخارجية لعملية التعليم مع مراعاة الجودة ومتابعة تنفيذها وتقويمها بالتنسيق مع الإدارة العامة للاستثمار واقتصاديات التعليم.

٥. العمل على تفعيل دور القطاع الخاص للإسهام في شتى مجالات الاستثمار التعليمي الممكنة مثل بناء المنشآت التعليمية والنقل المدرسي، وأعمال الصيانة، والتغذية الطلابية وغيرها.

٦. متابعة تنفيذ البرامج والآليات والضوابط التي تساعد الإدارة وتشجيع مشاركة الأهالي في دعم الصندوق المدرسي وصندوق إدارة التعليم بالتنسيق مع الإدارة العامة للاستثمار واقتصاديات التعليم.

٨. نشر ثقافة الاستثمار والاقتصاد التعليمي مفهوما وعملا في كافة أجهزة الإدارة، والتوعية بأهمية البعد الاقتصادي في اتخاذ القرار التربوي.

٩. إعداد مشروع الميزانية السنوية للقسم بالتنسيق مع الجهات ذات العلاقة.

١٠. الإشراف على تنظيم المعاملات والمعلومات الخاصة للقسم وحفظها بشكل يساعد على استخراجها بسهولة ويسر.

١١. تحديد الاحتياجات التدريبية والمستلزمات الإدارية والفنية الخاصة بالقسم ومتابعة توفيرها.

١٢. إعداد التقارير الدورية عن نشاطات وإنجازات القسم ومعوقات الأداء فيها وسبل التغلب عليها ورفعها للجهات المعنية.

١٣. أي مهام أخرى تكلف بها في مجال اختصاصها.

العلاقة بين التخطيط التربوي واقتصاديات التعليم [1]:

بدأ الحديث عن اقتصاديات التعليم مرتبطا بالتخطيط التربوي، فقد أكد بعض المختصين في مجال التخطيط التربوي أن معظم أزمات التربية ذات طبيعة اقتصادية في الدرجة الأولى، ويرجع سبب هذه الرؤيا إلى أن الاقتصاد يجبر المخطط على دراسة البدائل وتمحيصها، وعدم تركها غير محددة، ويجعله حريصا على إبراز التضحيات في حال تبني بديل ما، ويجبر الاقتصاد

[1] المصادر:
قضايا تخطيط التعليم واقتصادياته /محمود عباس عابدين.
دراسات في تخطيط التعليم واقتصادياته/ هادية أبو كليلة.
اقتصاديات التعليم / محمد إسماعيل.

المخطط أيضا على الأخذ بعين الاعتبار التضمينات والأبعاد التمويلية للبديل المقترح.

مما يدل على زيادة قوة العلاقة بين التربية والاقتصاد، فكما أن الاقتصاد يلعب دورا أساسيا في اختيار البدائل والأبعاد التمويلية لها، فإن التربية تلعب دورا لا يقل أهمية في الاقتصاد على اعتبار أن التربية استثمار ينبغي لها أن تعطي البرهان على مردودها وعائدها.

أدت هذه العلاقة إلى الربط بين الإنفاق على التعليم وبين معدلات النمو الاقتصادي وأخذت النظرة تجاه الاستثمار في التعليم تتغير وتعتبر أن الإنفاق هو نوع من الإنفاق الاستثماري يترتب عليه زيادة مهارات وقدرات الأفراد وبالتالي ارتفاع مستوى الإنتاج القومي.

يؤكد ذلك ما كتبه كون (**Chon**) حول مفهوم اقتصاديات التعليم: دراسة كيفية اختيار المجتمع وأفراده استخدام الموارد الإنتاجية لإنتاج مختلف أنواع التدريب وتنمية الشخصية من خلال المعرفة والمهارات وغيرها اعتمادا على التعليم الشكلي خلال فترة زمنية محدودة وكيفية توزيعها بين الأفراد والمجموعات في الحاضر والمستقبل . ولهذا فإن اقتصاديات التعليم تهتم بالعمليات التي بها يتم إنتاج التعليم وتوزيع التعليم بين الأفراد والمجموعات المتنافسة، وتحديد حجم الإنفاق على التعليم (سواء من قبل المجتمع أو الفرد) وعلى اختبار أنواع التعليم وناتجها وكفايتها الكمية والنوعية.

حيث أشار إلى أن أهمية اقتصاديات التعليم تكمن في تنمية الموارد المتاحة وحسن استغلالها بما يضمن تنمية المصدر البشري خلال سنوات محددة، مما يؤكد العلاقة القائمة بين التخطيط التربوي واقتصاديات التعليم باعتبار الأول سببا ونتيجة في نفس الوقت لعمليات التنمية.

أوجه الاختلاف بين اقتصاديات التعليم الإلكتروني واقتصاديات التعليم التقليدي:

إن اقتصاديات التعليم الإلكتروني تختلف كثيرا عن اقتصاديات التعليم التقليدي في جوانب عدة من أهمها:

إن هيكل تكاليف نظام التعليم الإلكتروني المعتمد على الشبكة يختلف جوهريا عن مثيله الخاص بأنظمة التعليم التقليدية، لأنه ليس للتعليم الإلكتروني كيان مادي حقيقي كما هو الحال في الجامعات التقليدية، ولكن ما دام أن التعليم الإلكتروني يتزايد استخدامه في الجامعات المفتوحة والجامعات التقليدية على حد سواء، فإنه يستفيد من المرافق والتسهيلات المتوفرة في هذه المؤسسات التعليمية لتعزيز عملية توصيل المادة العملية للدارسين والتدريب عليها. ومن هنا سنحتسب هذه التسهيلات من ضمن تكاليف التعليم الإلكتروني.

من ناحية ثانية يتميز التعليم الإلكتروني بعدم كثافة استخدام الأيدي العاملة كما هو الحال في الجامعات التقليدية الأمر الذي يقلل من تكاليف استخدامه على المدى الطويل بعد مرحلة التأسيس وإعداد البنية التحتية له.

كما يتفوق على التعليم التقليدي بشيوع ظاهرة اقتصاديات الحجم، بمعنى أن كلفة تعليم الطالب تأخذ في الانخفاض كلما ازداد عدد الدارسين المسجلين بالتعليم الإلكتروني وذلك بسبب توزيع عبء الكلفة الثابتة على عدد أكبر من الدارسين، وبذلك يمكن لمؤسسة التعليم الإلكتروني الاستفادة من وفورات الحجم Economics Of Sale وهكذا فإن نظام التعليم الإلكتروني عندما تكون التكاليف الثابتة فيه مرتفعة ليكون ناجحا إلا إذا كان عدد الطلاب كبيرا نسبيا.

إن معظم الدراسات حـول طبيعـة تكاليف التعلـيم الإلكتروني قـد تبنـت الأسلوب التقليدي في التفريق ما بين تكاليف رأس المال أي تكاليف الاستثمار (متمثلا ذلك في المباني والمعدات والأثاث) وتكاليف العائدات أو الدخل.

كما تدور غالبية الدراسات السابقة بخصوص تكـاليف إنـشاء الجامعـات الافتراضية حول تكاليف هيئة التدريس (الرواتب والفوائد والمعدات) وتكـاليف البنيـة التحيـة مثـل أجهزة الكمبيوتر، وحرم الجامعة، والموظفين غير المقيمين.

هذا وقد طور (Bates,٢٠٠٢) نموذجا لحـساب التكـاليف والفوائـد العائـدة أسـماه (Novelty and Speed).

وفي نفس الاتجاه وضع (Bourdea,٢٠٠٢) قائمة بتكـاليف المرافق الرئيـسة التاليـة: (تكاليف رأس المال الثابت، تكاليف الإنتـاج والتوصـيل، تكـاليف المعدات والتجهيـزات، تكاليف التعليم، وتكاليف اتخاذ القرارات).

على ضوء ما سبق ونظرا للتعقيدات المصاحبة لنفقات وتكاليف التعليم الإلكتروني فإننا سنقترح من خـلال هـذه الدراسـة إطارا (Frame Work) افتراضيا بحيث يكون نموذجا يحتذي به في عمليات تحليل تكاليف وفوائد التعليم الإلكتروني.

تكاليف التعليم الإلكتروني والعوامل التي تؤثر عليها:

جرت عدة دراسات حول عناصر التعليم الإلكتروني وتكاليفها بهدف تسهيل عملياتـه وأنشطته نظرا لازدياد الإقبال على استخدامه في عملية التعليم والـتعلم. مـن أهـم هـذه الدراسات ما يلي: صنف (Bartolic & Bates٢٠٠٠) تكاليف التعليم الغلكتروني إلى ثلاثة أقسام هي:

أ) تكاليف رأس المال والمتكررة,وتشتمل على أشياء مثل المعدات والأجهزة والأثاث وغيرها من لوازم البنية التحتية.

ب) تكاليف الإنتاج والتوصيل وتضم نفقات التطوير والإعداد وتوصيل المقررات.

ج) تكاليف ثابتة ومتغيرة, وهي التكاليف التي تبقى ثابتة بغض النظر عن عـدد المشاركين أو التكاليف التي تتغير تبعا لعدد الطلبة الملتحقين بالتعليم الإلكتروني.

وفي المجال نفسه أشار (Krus,٢٠٠) إلى أنه عند تطوير وإعداد برنامج للتعليم الإلكتروني يجب الأخذ في الاعتبار جميع النفقات المباشرة وغير المباشرة, وذلك مـن أجـل تحليل دقيق وقيم لتكاليف الإعداد والتوصيل. وقد ذكر Krus أن التكاليف المباشرة تقـع مباشرة عند تقرير إنتاج المادة العلمية للبرنامج حيث إنها تتضمن تكاليف تصميم وإعداد وتقويم وطباعة وتسجيل وتوصيل المـادة العلميـة, وصيانة وتحـديث مقررات البرنامج, وإذا لم يحدث تطبيق للبرنامج فإن هذه التكاليف لا تصرف.

وأما التكاليف غير المباشرة فهي التكاليف التي قد تصاحب برنامج التـدريب, وهي موجودة على أي حال سواء تم التـدريب أم لم يـتم. ومـن أمثلة هـذه التكـاليف رواتب المشرفين الأكاديميين المقيمـين وتكـاليف الغـرف والمعـدات والمختبرات وخـادم الكمبيـوتر المضيف للبرنامج وصيانتها. وفي هذا الخصوص أيضا اقترح (Webb ٢٠٠٤) نموذجا مفصلا لتحليل عناصر من تكاليف التعليم الإلكتروني مكونا من ثلاثة أقسام رئيسية هي:

تكاليف التأسيس وتشمل العناصر التالية:

☒ أسعار شراء الأجهزة والمعدات وتركيبها.

128

☒ تدريب المعلمين أو المشرفين الأكاديميين على كيفية استخدام وتشغيل الأجهزة.

☒ تطوير مادة التعليم إلى مادة علمية رقمية.

تكاليف الاستثمار السنوي وتشمل العناصر التالية:

☒ مراجعة المواد التعليمية.

☒ تطوير مواد تعليمية جديدة.

☒ تحسين وتحديث المعدات والأجهزة.

☒ تكاليف استبدال المعدات والأجهزة المستهلكة.

تكاليف متكررة وتضم العناصر التالية:

☒ التوجيه والإرشاد.

☒ إعداد الوسائط التعليمية.

☒ تكاليف توصيل المادة العلمية.

☒ دعم الدارسين.

☒ ورش التدريب.

☒ تصحيح الواجبات والامتحانات.

☒ إدارة المواضيع الدراسية.

☒ إدارة المقررات الدراسية.

☒ تدريب المعلمين الجدد.

☒ دعم المعدات وصيانتها.

☒ دعم الخدمات وصيانتها.

☒ تشغيل المعدات.

☒ الدعم الفني للمدرسين.

☒ تكاليف الاتصالات.

☒ نفقات التأمين.

☒ نفقات المحافظة على الأمن والسلامة.

☒ نفقات أجور البريد.

☒ أجور الهاتف والفاكس والبريد الإلكتروني والموقع على الشبكة أو القمر الاصطناعي.

من الواضح نرى أن المرحلة الأولى من هذا النموذج هي عبارة عن تكاليف متطلبات تأسيس التعليم اللازم إنجازها قبل الشروع بعمل أي شيء آخر, أما المرحلة الثانية فإنها تضم تكاليف الأنشطة التي يعتقد بأن الحصول عليها ضروري كل سنة إذا ما توفرت السيولة النقدية لشرائها, والمرحلة الثالثة تشتمل تكاليف العناصر الضرورية لتشغيل البرنامج مباشرة بعد تجهيز عناصر التأسيس.

٣. العوامل التي تؤثر على تكلفة التعليم الإلكتروني:

عند تقدير تكاليف أو ميزانية التعليم الإلكتروني نحتاج إلى الإجابة عن الأسئلة التالية:

- كيف سيتم التدريب (أي التدريس)؟ هل سيكون بواسطة الأقراص الليزرية المدمجة (CD.ROM) أم عن طريق شبكة الإنترنت أو الأقمار الصناعية؟

- إذا كان التدريس عن طريق شبكة الويب, فهل يعتمد على سعة موجة عالية أم على سعة موجة منخفضة؟

ماهو محتوى أو موضوع الدراسة؟

كم يستغرق الطالب متوسط القدرات في استكمال دراسة المقرر, أو كم عدد الشاشات (Screens) التي يحتاجها المقرر؟

من أي مصدر تم الحصول على محتوى المادة العلمية؟ وهل هناك وحدات دراسية للتدريب؟ وهل يتوفر خبراء جاهزون لتدريس المواد العلمية؟

هل يستطيع الطلبة متابعة البرنامج, أم سيصعب عليهم متابعته؟

هل سيستخدم البرنامج الصوت,أو الصور, أو الصور المتحركة , أو وسائط التوضيح المعقدة؟

كم سيكون عدد التمارين التفاعلية في المقرر؟ وما هو نوعها؟

كم عدد الرسومات أو الصور المتحركة سيحتوي المقرر الواحد؟ هل هي أصلية أم مقتطعة من مصادر أخرى؟

وكم مقدار الوسائل الصوتية والمرئية التي ستستخدم؟

ما نوع الخدمات المخصصة التي ستوفرها المؤسسة التعليمية؟ من أمثلة ذلك: إعداد مخطوطة الكتاب؟

التسجيلات السمعية والبصرية, التصميم التعليمي؟

بناء على المعلومات التي يمكن الحصول عليها من إجابات الأسئلة ومع بعض التفاصيل الأخرى يمكننا إعطاء تكلفة تقديرية لتطوير برنامج التعليم الإلكتروني, ولكن بالإضافة إلى هذه المعلومات فإن إعداد برنامج تدريب للتعليم الإلكتروني يتطلب وقتا كثيرا من المختصين والمبرمجين والكتاب والفنانين وفنيي الصوت والصورة ومدراء المشاريع, وعليه فإننا نرى مع هذا العدد الضخم من المختصين في التعليم الـ'لكتروني, أن أصح وأدق طريقة لحساب تكلفة هؤلاء الخبراء هي تحديد جميع تفاصيل تصميمات البرنامج وتقدير الوقت الإجمالي لكل فريق من هؤلاء في مساهمته بتطوير المشروع. وبتطبيق معدل الساعات الزمنية الذي يستغرقه كل فريق في تقديم هذه

الخـدمات فإننـا نـصل إلى تكلفـة إجمالـية دقيقـة لمـشروع برنامج التعليم الإلكتروني(
Kervin Kruse٢٠٠٤) وحتى يصبح برنامج التعليم الإلكتروني مربحا, فإننا نقـترح
العوامل التالية التي ترفع المردود المالي إذا ما اتبعت بدقة.

من أهم هذه العوامل ما يلي:

☒ اختيار الوسائط التعليمية الفعالة.

☒ دراسة احتياجات السوق المحلي لضمان أن المقررات تجذب عددا كافيا مـن
الطلبة لسد احتياجات السوق.

☒ استثمار المصادر على أفضل وجه في سبيل خدمات الطلبة والبنية التحتية.

☒ المحافظة على المعدل المنخفض لانسحاب الطلبة من الدراسة.

☒ عدم التوسع في مقررات الدراسة بمقدار كبير حتى يمكن وضع رسوم دراسية
أعلى من رسوم الجامعات الأخرى التـي تعتمـد الدراسـة فيهـا علـى المعلـم
والمواجهة.

على ضوء ما سبق ذكره عن تكاليف التعليم الإلكتروني والعوامـل التـي تـؤثر عليهـا,
فإنه يصعب تعيين مقدار دقيق من النفقات لها وذلك بسبب العدد الضخم من المتغيرات
والعوامل التي يشملها مشروع إنشاء التعليم الإلكتروني يضاف إلى ذلك أن كـل مؤسـسة
تعليمية لها ظروفها وإمكانياتها المادية والفنية والتقنية الخاصة بها. ومن هنا فإننا نجـد
نظريات متضاربة إلى حد ما حول تكاليف التعليم الإلكتروني ونفقاته.

ففي عام ١٩٩٧ أنفقـت المدارس الابتدائيـة في الولايـات المتحـدة ٣ بلايـين دولار
على الكتب المادية أما الإنفاق الجامعي فقد بلغ حجمه٢.٧ بليون دولار, ومع ذلـك
يمكن لقرص ليزر CD نـموذجي أن يحتـوي علـى كـل مـواد القراءة التـي يحتاجهـا
الطالب في سنة ما, وأن تـوفر الاتـصالات المبـاشرة Online Connections العمـق

والغزارة الإضافيين. وسوف يتطلب استخدام الحاسبات الشخصية كأداة قراءة أساسية حدوث طفرة في قابلية القراءة من على الشاشة.

إن الحاسبات الشخصية تشكل أدوات الاتصالات والإنتاجية الأساسية في العصر الرقمي, ويغير الحاسب الشخصي والإنترنت بشكل جوهري شيئا واحدا: أنهما يزودان كل طالب في كل مدرسة ومجتمع بقدرة على الوصول إلى المعلومات والتعاون لم تكن قبل الآن متاحة حتى للطلاب في أفضل المدارس, ولسوف يفيد القائمون على التعليم من ذلك الوصول بما يحقق خير وصالح مجتمعاتهم, ويصبح من يتبنى منهم استخدام الحاسبات الشخصية كأداة جديدة للتدريس والتعلم وسطاء للتغيير Agents of Change.

خطوات إدماج الحاسبات في قاعة الدراسة

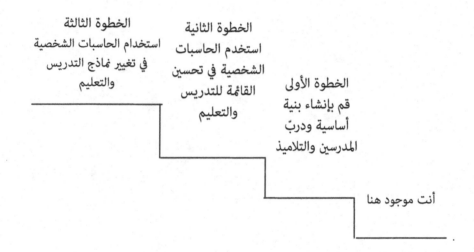

إن من الضروري أن يكون لدى مناطق المدارس خطة لاستخدام الحاسبات الشخصية في تحسين التعليم, وتتمثل الخطوة الأولى في حشد الدعم المجتمعي وإقامة بنية أساسية فنية قوية وتدريب المعلمين.

وفي الخطوة التالية ينبغي إدماج الحاسبات الشخصية والإنترنت في المناهج الدراسية بحيث تعمل الحاسبات الشخصية بمثابة أدوات تعلم بالنسبة

للطلاب، وأخيرا يمكن للأساليب الرقمية أن تحدث تحولا في التعليم عـن طريـق تـسهيل إعداد وصيانة التقديمات المحورية بدرجة أكبر، وتفريغ المدرسين لتصميم مواد أكثر تعمقا وتدريسا مصطبغا بصبغة شخصية أكبر[1].

---

[1] د. عبد الرحمن توفيق، الإدارة الإلكترونية، مرجع سبق ذكره، ص٦٢.

المبحث الثاني عشر

الاقتصاد المعرفي والتعليم الإلكتروني

المقدمة

إن أفضل استثمار يمكن أن تقوم به أية مؤسسة اقتصادية هو بناء العنصر البشري العامل في تلك المؤسسة بحيث يتم إعداده ذهنيا ونفسيا بالقدر الذي يمكنه من قيادة عجلة الإنتاج والنماء.

يشهد العالم ازديادا مضطردا لدور المعرفة والمعلومات في الاقتصاد: فالمعرفة أصبحت محرك الإنتاج والنمو الاقتصادي كما أصبح مبدأ التركيز على المعلومات والتكنولوجيا كعامل من العوامل الأساسية في الاقتصاد من الأمور المسلم بها. وبدأنا نسمع بمصطلحات تعكس هذه التوجهات مثل "مجتمع المعلومات "وثورة المعلومات" و" اقتصاد المعرفة" و"اقتصاد التعليم" وغيرها.ويزداد استثمار الدول في المعرفة والمعلومات من خلال الصرف على التعليم والتدريب والتطوير في القطاعين العام والخاص.

يشهد عصرنا ظاهرة الاعتماد المتزايد على المعلومات العلمية والتكنولوجية وانتشار استخدام تكنولوجيا المعلومات والاتصالات في تطبيقات متنوعة في جميع مجالات الإدارة والاقتصاد والمجتمع مما أدى إلى ولادة اقتصاد المعرفة وهو نمط جديد يختلف في كثير من سماته عن الاقتصاد التقليدي الذي ظهر بعد الثورة الصناعية.

فالاستثمار في المعلومات أصبح أحد عوامل الإنتاج، فهو يزيد في الإنتاجية كما يزيد في فرص العمل. يتجه العالم نحو اقتصاد المعرفة الذي تزداد فيه

نسبة القيمة المضافة المعرفية بشكل كبير، وفي ظل اقتصاد المعرفة تحولت المعلومات إلى أهم سلعة في المجتمع، وقد تم تحويل المعارف العلمية إلى الشكل الرقمي وأصبح تنظيم المعلومات وخدمات المعلومات من أهم العناصر الأساسية لاقتصاد المعرفة، وفي ظل هذه الظروف الجديدة لم يعد الاقتصاد معنيا فقط بالبضائع أي بالتبادل التجاري للمنتجات المادية، بل ازداد اعتماده على تقديم الخدمات، وبالتالي اكتسب الاقتصاد سمة جديدة وهي إنتاج وتسويق وبيع الخدمات والمعلومات.

ومن ناحية أخرى تدخل المعرفة (التكنولوجيا) كعنصر أساسي في إنتاج البضائع المادية، حيث يقدر الاقتصاديون أن اكثر من ٥٠/ % من الناتج المحلي الإجمالي في الدول المتقدمة مبني على المعرفة فقد ازدادت الصناعات المبنية على المعلومات في معظم الدول المتقدمة إلى مجمل الصناعة بشكل ملحوظ بين عام ١٩٧٠-١٩٩٤ ويتبين ذلك من زيادتها في صادرات تلك الدول حيث تراوحت هذه الزيادات لتصل إلى ٣٦ % في اليابان و٣٧% في الولايات المتحدة و٤٣ % في إيرلندا و٣٢ % في المملكة المتحدة.

كما أن مجموع العاملين الأمريكيين ممن لهم علاقة بالمعلومات والمعرفة، يبلغ حوالي ثلاثة أرباع مجموع القوة العاملة الأمريكية، ويتعزز هذا الاتجاه بصورة مستمرة فمن المقدر أن ٦٠ % من المهن الأمريكية الجديدة عام ٢٠١٠ ستطلب مهارات متطورة لـ ٢٢ % من عمال اليوم.

المطلب الأول

ولادة الاقتصاد المعرفي

إن ثورة المعلومات بدأت تغير المصادر الأساسية للثروة. فالثورة العلمية القائمة الآن تعتمد على مصدر جديد كليا وهو" المعلومات" أي المعرفة المطبقة

على عملها لخلق قيمة. " المعرفة قوة" كما تلخصها لنا مقولة فرنسيس بيكون الشهيرة، والتي ربما سبقه إليها بآلاف السنين إمبراطور الصين صان تسو فهو القائل: "المعرفة هي القوة التي تمكن العاقل من أن يسود، والقائد من أن يهاجم بلا مخاطر، وأن ينتظر بلا إراقة دماء، وأن ينجز ما يعجز عنه الآخرون"،وجاءت تكنولوجيا المعلومات لتضيف كل يوم شاهدا جديدا على صحة هذه المقولة بعد أن أصبحت المعلومات والمعرفة أهم ركائز القوة السياسية والاقتصادية والعسكرية، ويزداد ثقلها يوما بعد يوم في موازين القوة العالمية[1] . إن تقنية المعلومات قد أوجدت نموذجا جديدا من الاقتصاد. وهو الاقتصاد الذي يعتمد على المعلومات، لقد غيرت القدرة الصناعية مصدر الثروة، فحولت أكوام الصخر والمواد الخام، التي لم تكن ذات قيمة، إلى ثروات جديدة ومواد جديدة من الفولاذ والبخار والمعادن الأخرى . وأعطت قيمة لموارد طبيعية كانت في السابق مهملة. وفي السنين القليلة الماضية أخذت ثورة المعلومات تغير مرة أخرى مصدر الثروة، ومصدر الثروة الحديث ليس مادة، بل معلومات، معرفة مطبقة على عمل لإيجاد قيمة. وكمصدر للثروة تأتي المعلومات بأشكال ومظاهر متنوعة: من تدفقات الإلكترونية قيمة ناتجة عن سنوات البحث العلمي المتراكم والمخزن في ذاكرة حاسوب تقوم بتشغيل مصانع مؤتمتة، إلى رأس المال الفكري والمحمول في عقل الإنسان أيا كانت مهنته. وعندما يصبح أغلى مصدر للثروة في العالم غير مادي فلا بد أن تتغير القواعد والمهارات والمواهب اللازمة لكشف المعلومات واستخدامها وحفظها. وتصبح من أهم عادات الجنس البشري ومواهبه[2] .

---

[1] د . نبيل علي، عنف المعلوماتية، كتاب العربي، الكويت، ٢٠٠٤، ص١٥٠.

[2] د. ماجد محمد شدود، العولمة،دمشق،ص٥٥-٥٦.

لقد دخلت المعلومات بشكل كبير إلى جميع الصناعات بما فيها الصناعات الثقيلة وأصبحت هذه الصناعات تعتمد بصورة هامة على المعلومات. وقد عبر عن هذه الحقيقة" دونالد بارنت" وهو خبير بارز في صناعة الفولاذ بقوله:" يغير الحاسوب ما نصنعه، ويغير طريقة صنعه، ويغير طريقة صنعنا للمعدات التي تصنعه"[1]. لقد كانت المعلومات دائما قوة، أما الآن فقد تحولت إلى ثروة.

إن العامل الأساسي الآن في تشكل الثروة هي المعرفة القابلة للتحول إلى ثروة.- فالثروة جاءت من المعلومات، لا من التصنيع.

البنية التحتية ⇦ **التواصلية** ⇦ **المحتوى** ⇦ **الإبداع**

أوجد تدفق المعلومات الهائل معيارا نقديا عالميا جديدا. معيارا أساسه المعلومات لا الذهب. إن التطور التقني، والبنية التحتية الإلكترونية أصبحت تربط العالم بعضه ببعض وبالتالي أخذت تترك أثرها الكبير في صياغة اقتصاد عالمي جديد.

يقول إغنار يوفيسكو كبير الاقتصاديين في منظمة التعاون والتنمية الاقتصادية **OECD** والذي قام بدراسة وتحليل هذا الوافد الجديد: إن فكرة الاقتصاد الجديد ترتبط ارتباطا وثيقا بمؤثرات التقدم التقني على النمو الاقتصادي، ويشكل الدور الذي تلعبه تكنولوجيا المعلومات والاتصالات في المناقشات حول الأداء الاقتصادي عاملا رئيسيا، ويرى أنه يمكن أن ترفع تكنولوجيا المعلومات والاتصالات معدلات النمو عبر ثلاث قنوات هي:

[1] ولتر.ب. رستون- أفول السيادة- ترجمة سمير عزيز نصار وجورج خوري- مراجعة د. إبراهيم أبو عرقوب- الأردن ١٩٩٢،ص٣٨.

القناة الأولى: تساهم قطاعات تكنولوجيا المعلومات والاتصالات ICT التي تعتبر قطاعات منتجة بحد ذاتها، تساهم مباشرة في النمو إجمالا بفضل مردودها الخاص.

القناة الثانية: هي الاستثمار المرتفع في تكنولوجيا المعلومات والاتصالات التي ترفع قوة الإنتاج الكبير في الاقتصاد عموما وتعكس- بالتالي- زيادات حادة في جودة المعدات وهبوطا في أسعارها.

القناة الثالثة: هي ما يطلق عليه " المؤثرات الجانبية" كانتشار الإنترنت ونشوء التجارة" الإلكترونية التي تؤدي إلى خفوضات هامة في التكاليف وفي تحسين تنظيم المؤسسات[1].

إذا فإن للاقتصاد الجديد"الاقتصاد الرقمي" قواعد جديدة هي: الابتكار الذي يحدث تقنيات جديدة في المعلومات، والتكنولوجيا التي ترفع الإنتاجية، والإنتاجية المرتفعة تزيد من الحد الأقصى لسرعة النمو وبكل المقاييس تقريبا.

إن مصدر الطاقة في اقتصاد المعرفة هو العقل الذي يعد أداة ابتكار وإبداع، أما من ناحية طبيعة الإنتاج في عالم المعلومات والمعرفة فهي فردية، أي خاصة بمستهلك بعينه أي تعتمد بشكل كبير على قدرة المستهلك على التعامل مع هذا المنتج، وبشكل أكبر يعتمد على المنتج وقدرته على إنتاج مثل هذه السلع (معلومة/ معرفة) وقدرته على ابتكار وابتداع أسلوب وطريقة تسويقها على الشبكة.

أما الهدف من هذا الاقتصاد المعرفي فهو النمو الشخصي، الذي يقود صاحبه إلى التميز والتفرد عمن حوله بما يحققه من مكاسب قد تكون هائلة جدا.

---

[1] إميل هلال، الاقتصاد الجديد: واقع أو خيال، مجلة الكمبيوتر، المجلد ١٨، العدد ٣ /أيار/ ٢٠٠١، ص٤٥.

إن هذا الاقتصاد الجديد فرض طائفة جديدة من ألوان النشاطات المرتبطة بالاقتصاد والمعلومات، ومن أهم ملامحه التجارة الإلكترونية، التعليم الإلكتروني.

١- ماهية اقتصاد المعرفة ومستلزماته الأساسية:

تعريف اقتصاد المعرفة:

فرع جديد من فروع العلوم الاقتصادية ظهر في الآونة الأخيرة هو (اقتصاد المعرفة), يقوم على فهم جديد أكثر عمقا لدور المعرفة ورأس المال البشري في تطور الاقتصاد وتقدم المجتمع.

يعرف البنك الدولي اقتصاد المعرفة" بأنه الاقتصاد الذي يحقق استخداما فعالا للمعرفة من أجل تحقيق التنمية الاقتصادية والاجتماعية, وهذا يتضمن جلب وتطبيق المعارف الأجنبية, بالإضافة الي تكييف وتكوين المعرفة من اجل تلبية احتياجاته الخاصة.

إنه نمط جديد يختلف في كثير من سماته عن الاقتصاد التقليدي الذي ظهر بعد الثورة الصناعية. وهو يعني في جوهره تحول المعلومات إلى أهم سلعة في المجتمع بحيث تم تحويل المعارف العلمية إلى الشكل الرقمي وأصبح تنظيم المعلومات وخدمات المعلومات من أهم العناصر الأساسية في الاقتصاد المعرفي[١].

اقتصاد المعرفة: هو الاقتصاد الذي تحقق فيه المعرفة الجزء الأعظم من القيمة المضافة وهذا يعني أن المعرفة تشكل مكونا أساسيا في العملية الإنتاجية كما في التسويق، وإن النمو يزداد بزيادة هذا المكون القائم على تكنولوجيا المعلومات والاتصال باعتبارها المنصة الأساسية التي يطلق منها.

---

[1] غدير. باسم غدير, الاقتصاد المعرفي والتجارة الإلكترونية, مؤتمر الأعمال الإلكترونية في العالم العربي, جامعة الزيتونة الأردنية, عمان, ٢٨- ٣٠ تموز ٢٠٠٣.

بعبارة أخرى يمكن القول إن اقتصاد المعرفة هو الاقتصاد الذي يلعب فيه نشوء واستثمار المعرفة دورا اساسيا في خلق الثروة، فالثروة في الحقبة الصناعية تم إنشاؤها باستخدام الآلات والطاقة والعديد من الناس يربطون اقتصاد المعرفة بالصناعات التكنولوجية مثل خدمات الاتصالات والخدمات المالية حيث نجد في الاقتصاد المعرفي أن تقنية المعلومات ورأس المال الفكري هما القوة المحركة للاقتصاد، هذا النوع من الاقتصاد سيجعل المهن اليوم والمستقبل مرتبطة بشكل معقد بتقنيات المعلومات والاتصالات بشكل مباشر ويقدر مركز thourpury centre أن من بين ٥٤ مهنة تم تسجيلها كأكثر المهن نموا في (الولايات المتحدة) حتى عام (٢٠٠٥) هناك (٤٦) مهنة تتطلب طاقة تقنية والتي تعني أكثر من مجرد ثقافة تقنية إنها تعني أن يتعامل الفرد مع التقنية بأريحية لا تقل عنها عند قراءة صحيفة.

- المعلومات مورد اقتصادي:

فالمعرفة رافقت الإنسان منذ أن تفتح وعيه, وارتقت معه من مستوياتها البدائية, مرافقة لاتساع مداركه وتعمقها, حتى وصلت إلى ذراها الحالية. غير أن الجديد اليوم هو حجم تأثيرها على الحياة الاقتصادية والاجتماعية وعلى نمط حياة الإنسان عموما من خلال رفع كفاءة, وذلك بفضل الثورة العلمية التكنولوجية. فقد شهد الربع الأخير من القرن العشرين أعظم تغيير في حياة البشرية, هو التحول الثالث بعد ظهور الزراعة والصناعة, وتمثل بثورة العلوم والتقانة فائقة التطور في المجالات الإلكترونية والنووية والفيزيائية والبيولوجية والفضائية. لقد باتت المعلومات موردا أساسيا من الموارد الاقتصادية له خصوصيته, بل إنها المورد الاستراتيجي الجديد في الحياة الاقتصادية, المكمل للموارد الطبيعية. كما تشكل تكنولوجيا المعلومات في عصرنا الراهن العنصر الأساس في النمو الاقتصادي. وتتحدث عن الاقتصاد

القائم على المعلومات أو المعرفة, وهي رؤية تعني إحداث تغيير جوهري ملموس في بنيه بيئات ونظم العمل داخل الاقتصاد نفسه أولا وتعني أيضا إعادة هندسه أساليب الأداء وطرق التفكير التي تحكم المؤسسات الاقتصادية ذاتها لتتهيأ للعمل القائم على المعلومات بما يعنيه ذلك من تطبيق حقيقي للعديد من الفلسفات والأساليب الإدارية فمع التطور الهائل لأنظمة المعلوماتية، تحولت تكنولوجيا المعلوماتية إلى أحد أهم جوانب تطور الاقتصاد العالمي, حيث بلغ حجم السوق العالمية للخدمات المعلوماتية عام ٢٠٠٠ حوالي تريليون دولار. لقد أدخلت ثورة المعلومات المجتمعات العصرية (أو, لنكن أكثر دقة, بعضها الأكثر تطورا) في الحقبة ما بعد الصناعية. وقد أحدثت هذه الثورة جملة من التحولات التي طاولت مختلف جوانب حياة المجتمع, سواء بنيته الاقتصادية أو علاقات العمل أو ما يكتنفه من علاقات إنسانية - مجتمعية.. الخ فثورة التكنولوجيا, وبالأخص ثورة الاتصالات والإنترنت, تؤثر في تعليم الإنسان وتربيته وتدريبه, وتجعل عامل السرعة في التأقلم مع التغيير من أهم العوامل الاقتصادية الإنتاجية فالمجتمع وكذلك الإنسان الذي لا يسعى إلى مواكبة التطور العلمي والتكنولوجي سرعان ما يجد نفسه عاجزا عن ولوج الاقتصاد الجديد والمساهمة فيه.

والدولة التي لا تدرك أن المعرفة هي اليوم العامل الأكثر أهمية للانتقال من التخلف إلى التطور ومن الفقر إلى الغنى ستجد نفسها حتما على هامش مسيرة التقدم،لتنضم في نهاية المطاف إلى مجموعة ما يسمى (الدول الفاشلة).

وقد كان للإنترنت دور في الاقتصاد والتنمية، ويشهد العالم تحولا متسارعا نحو اقتصاد المعرفة Knowledge Based Economy الذي يعتمد أساسا على تكنولوجيا المعلومات، حيث تزداد نسبة القيمة المضافة المعرفية بشكل كبير، وتغدو سلع المعلومات سلعا هامة جدا، وترتبط مسألة التنمية

والتطور الاقتصادي بالقدرة على الاستثمار الأمثل لتكنولوجيا المعلومات والقدرة على إدخال المعلومات في البنية الاقتصادية والتوسع المستمر في قطاع المعلومات الذي يتحول إلى قاطرة التنمية والتطوير الاقتصادي في مختلف أنحاء العالم، وتعد الإنترنت أحد الأسس الهامة لهذا الحامل الأساسي لهذه التحولات الجذرية وقد بلغ حجم التجارة الإلكترونية عام ١٩٩٨ / ٢.٣ / تريليون دولار وقد بلغ هذا الرقم في عام ١٩٩٩ / ٣.٥ /تريليون دولار، ونسوق فيما يلي بعض الأمثلة على أهمية استخدامات الإنترنت اقتصاديا.

باعت شركة الأمازون مئات آلاف الكتب عبر الإنترنت عام ١٩٩٦ وبلغ حجم مبيعاتها /١٦ /مليون دولار، أما في عام ١٩٩٧ فقد بلغت /١٤٨ /مليون دولار وفي عام ١٩٩٨،/٢٥٠ /مليون دولار وبلغ عدد زبائنها /٤.٥ /مليون وعدد زوار موقعها على الإنترنت عشرات الملايين.

أما أبرز المستلزمات لاقتصاد المعرفة فهي:

أولا: إعادة هيكلة الإنفاق العام وترشيده وإجراء زيادة حاسمة في الإنفاق المخصص لتعزيز المعرفة, ابتداء من المدرسة الابتدائية وصولا إلى التعليم الجامعي, مع توجيه اهتمام مركز للبحث العلمي. وتجدر الإشارة هنا إلى أن إنفاق الولايات المتحدة في ميدان البحث العلمي والابتكارات يزيد على إنفاق الدول المتقدمة الأخرى مجتمعة, ما يساهم في جعل الاقتصاد الأمريكي الأكثر تطورا وديناميةً في العالم (بلغ إنفاق الدول الغربية في هذا المجال ٣٦٠ مليار دولار عام ٢٠٠٠, كانت حصة الولايات المتحدة منها ١٨٠ مليارا.

ثانيا: وارتباطا بما سبق, العمل على خلق وتطوير رأس المال البشري بنوعية عالية. وعلى الدولة خلق المناخ المناسب للمعرفة. فالمعرفة اليوم ليست (ترفا فكريا), بل أصبحت أهم عنصر من عناصر الإنتاج.

ثالثا: إدراك المستثمرين والشركات أهمية اقتصاد المعرفة. والملاحظ أن الشركات العالمية الكبري (العابرة للقوميات خصوصا) تساهم في تمويل جزء من تعليم العاملين لديها ورفع مستوى تدريبهم وكفاءتهم, وتخصص جزءا مهما من استثماراتها للبحث العلمي والابتكار..

الركائز ألأساسيه لاقتصاد المعرفة:

ولتوضيح هذه الركائز حدد البنك الدولي أربع نقاط:

١- الإطار الاقتصادي والمؤسسي: الذي يضمن بيئة اقتصادية كلية مستقرة ومنافسة وسوق عمل مرنة وحماية اجتماعية كافية: ويقصد به دور الحكومات في توفير الإطار الاقتصادي والحوافر لمجتمع الأعمال وغيرها من الشروط التي تعمل علي رفع اقتصاد المعرفة بالإضافة إلى الأداء الفعلي للاقتصاد.

٢- نظم التعليم: التي توكد أن المواطنين معدين للاستحواذ أو الحصول على المعرفة واستخدامها والمشاركة فيها, فبقيادة التكنولوجيا والاحتياجات الجديدة يتجه التعليم لإحداث تغيرات كبرى على كل المستويات, وفي مجالات متنوعة تتضمن المنهجيات وقنوات التوزيع, علاوة على أن التعليم والتدريب المستمر المعتمد علي التكنولوجيا هما من أكثر الخصائص الرئيسية لبيئة اقتصاد المعرفة, حيث السرعة التي تتطور عندها المعرفة والتكنولوجيا والمهارات العالية المطلوبة.

٣- نظم الإبداع: التي تجمع ما بين الباحثين وأصحاب الأعمال في تطبيقات تجارية للعلوم والتكنولوجيا: ويقصد بهذه النظم التعاون الواسع والقوي بين الأعمال التجارية ومراكز التفكير من أجل تكوين أو تطبيق المفاهيم الإبداعية والطرق والتكنولوجيات التي تعطي المنتجات والخدمات ميزة

تنافسيهة، مما يشارك في تطوير وتحقيق اقتصاد المعرفة. كعمالة معرفية منافسة ومطلوبة تستطيع تحديث مهاراتها دوريا.

٤- البنية الأساسية لمجتمع المعلومات: ويقصد بها البنية الأساسية في مجال الاتصالات وتكنولوجيا المعلومات وإلى أي حد هي متقدمة ومنتشرة ومتاحة ورخيصة, ولكن في المفهوم الواسع تتضمن كل البنى الأساسية التي تدعم مجتمع معلومات فعال واقتصاد معلومات فعال, وتوفر لكل الناس إمكان الوصول بشكل فعال ومقبول اقتصاديا للمعلومات والاتصالات.

٢- مكونات الاقتصاد المعرفي:

١- أنواع السلع المعرفية:

مع اتساع رقعة الاتصال وتحول العالم إلى قرية كونية صغيرة ظهرت المعرفة كسلعة لها دورها الحقيقي في الاقتصاد الجديد وفي حجم المبادلات التجارية العالمية. وأصبح بإمكاننا التمييز بين السلع المادية والسلع المعرفية. يمكن تلخيص الفروقات بين السلع المادية والسلع المعرفية بالجدول الآتي[1]:

السلع المعرفية	السلع المادية
سلع غير ملموسة	**سلع ملموسة**
تنتج مرة واحدة وتباع ملايين مرات	**يجب أن تنتج كل مرة**
تحقق أرباحا خيالية فهي تحقق قيمة مضافة تصل نسبتها إلى (١٠٠%)	**تحقق قيمة مضافة ليس من الضروري أن تكون عالية**
سلع مبنية على المعرفة وحدتها (Bit)	**سلع مبنية على المادة وحدتها الذرة**
تحتاج لكادر بشري مبتكر ومبدع ومحترف	**تحتاج لعمالة ليس من الضروري أن تكون مبدعة**

[1] د. باسم غدير غدير، التجارة الإلكترونية كأحد أشكال التجارة الخارجية، رسالة أطروحة غير منشورة، جامعة تشرين، كلية الاقتصاد،٢٠٠٧، ص٢٥.

ويمكننا تقسيم السلع المعرفية إلى:

* المعارف العلمية: منها ما يختص بالمعارف التكنولوجية التقنية والتصنيعية وتبادل الخبرات في هذا المجال, ومنها المعارف الفنية والإبداعية, ومنها ما يتعلق بالمعارف الإخبارية والسياسية والتاريخية انتهاء بالفعل المخابراتي والجاسوسية العالمية.

* المعارف الأكاديمية: مثل تبادل المعارف الأكاديمية عبر الجامعات والاستثمار التعليمي في الجامعات الخاصة وغيرها وتبادل الخدمات الطبية واكتشافها عبر الأكاديميات المتواجدة على هذه الخارطة التكنولوجية الحديثة.

* المعارف الإعلامية: وهي كل ما يختص بإيصال الأخبار والإعلان بكافة أشكاله.

حوامل السلع المعرفية[1]:

إن حوامل السلع المعرفية كثيرة ومتعددة وبتطور مستمر تخلفه الحاجة إليه من جهة، وتفرضه الآليات الصناعية التي تبحث عن كل جديد بحثها عن الربح من جهة أخرى. لذلك كان للاختراعات التكنولوجية الحديثة والتي أهمها الكمبيوتر الأثر الأكبر في تطوير هذا الاقتصاد المعرفي ومساندته.

إذا فحوامل السلع المعرفية تبدأ بالراديو والتلفاز والكاسيت والجريدة والمجلة.. إلى الكمبيوتر والأقراص المدمجة والمجلة الإلكترونية والنشر الإلكتروني والإنترنت[٢].

---

1 باسم غدير غدير، الفجوة التقنية، دار المرساة، ٢٠٠٦ ص١٠٠ وما بعد.

2 أ. باسم غدير، الاقتصاد المعرفي نمط اقتصادجديد، مرجع سبق ذكره، ص٥٩.

"إن الشركات التي تعمل في مجال تكنولوجيا المعلومات وفي مجال التكنولوجيا الحديثة بصورة عامة تحقق أعلى نسبة من القيمة المضافة بالمقارنة مع قطاعات الصناعة التقليدية، كما يحصل العاملون في الشركات التكنولوجية الحديثة على أضعاف الدخول التي يحصل عليها زملاؤهم في القطاعات التقليدية، وتتميز هذه الشركات الحديثة بأنها الأقدر على تكوين علاقات واسعة على المستوى الدولي، وأصبحت هذه العلاقات جزءا أساسيا من نجاحها، فبالإضافة إلى سلاسل التزويد والإنتاج تستفيد الشركات من علاقاتها لتوسيع أسواقها والحصول على نسبة أكبر من القيمة المضافة.

- ويصنف الباحثون الاقتصاديون اليوم الصناعات إلى:

صناعات هابطة: وهي التي تعتمد على المواد الأولية أكثر من اعتمادها على التكنولوجيا، وتتميز بانخفاض القيمة المضافة على منتجاتها.

وصناعات صاعدة: وهي التي تعتمد على المعرفة والتكنولوجيا والخدمات والعلاقات أكثر من اعتمادها على المواد الأولية، وتتميز بارتفاع متزايد في القيمة المضافة على منتجاتها، وثمة شركات لا تدخل فيها مواد أولية أبدا فالقيمة المضافة فيها هي بكاملها نتاج المعرفة مثل شركات التجارة الإلكترونية على الإنترنت فشركة أمازون لبيع الكتب تجني ملايين الدولارات سنويا من عملية بيع الكتب دوليا، دون أن يدخل في عملها مواد أولية، فهي تتلقى طلبات شراء الكتب وترسلها إلى دور النشر وتربح من هذا العمل الذي يعد بأكمله نوعا من أنواع الخدمات التجارية، التي لا تدخل فيها مواد أولية.

وكذلك تعتمد شركات المعرفة على الإنترنت (الطب، الهندسة، القانون، التاريخ .... الخ...) على المعلومات العلمية كمكون وحيد لقيمة الخدمات التي تقدمها.

وهكذا يشق اقتصاد المعرفة طريقا جديدة في التاريخ الإنساني، ويجعل المعلومات وتكنولوجيا المعلومات والمعرفة العلمية التكنولوجية جزءا لا يتجزأ من معظم الفعاليات الاجتماعية – الاقتصادية – السياسية، ويحقق بالتالي تغيرات بنيوية عميقة في جميع مناحي الحياة، مما حقق قفزة هائلة حولت المعرفة بحد ذاتها إلى مورد أساسي من الموارد الاقتصادية وإلى قوة حقيقية في الإدارة.

ويعمل الباحثون الاقتصاديون اليوم على إدخال عامل المعرفة بشكل مباشر وواضح في نظريات التنمية مثل " نظرية النمو الجديدة "، فالعلاقة بين التنمية وتوليد المعلومات واستخدامها أصبحت واضحة، وأصبح الاستثمار في مجال المعلومات والإنترنت أحد عوامل الإنتاج فهو يزيد في إنتاجية العاملين ويزيد من فرص العمل[1].

البنية التحتية للاقتصاد الرقمي:

إن البنية التحتية للاقتصاد الرقمي تتجلى بشكل أساسي بما يحتاجه هذا الاقتصاد من عناصر مادية وغير مادية تؤدي بشكل أو بآخر إلى فعالية هذا الاقتصاد.

وأكثر ما يحتاجه هذا الاقتصاد من البنى التحتية في الفترة الراهنة هو الإنترنت، ويحلو للبعض تسمية الاقتصاد الرقمي باقتصاد الإنترنت، باعتبار الإنترنت هي روح هذا الاقتصاد، والمحرك الأساسي له.

يضم اقتصاد الإنترنت بالإضافة إلى التجارة الإلكترونية:

- البنى التحتية لشبكة الإنترنت (الشركات المصنعة لتجهيزات الاتصالات والحواسب والخدمات.

---

[1] د. بشار عباس، الاقتصاد الإلكتروني، المصدر:
http://www.arabcin.net/arabiaall/studies/dawr.htm

- البنى التحتية للتطبيقات والبرمجيات (Microsoft وNetscape وIBM..).

- التسويق والوسطاء (الشركات التي تسهل تلاقي البائع والمشتري عبر الويب مثل Zd net وExcite وYahoo).

وفي دراسة للبنى التحتية أنفة الذكر قام مركز الأبحاث حول التجارة الإلكترونية في جامعة تكساس في دراسة لعام ١٩٩٩ بما يخص حجم اقتصاد الإنترنت للشركات المتمركزة في الولايات المتحدة الأمريكية فقط من حيث رقم الأعمال (الإيرادات) وعدد العاملين كما يلي:

الجدول(١) البنى التحتية للاقتصاد الرقمي

	الإيرادات التقديرية (ألف دولار)	عدد العاملين التقديري	متوسط الدخل بالنسبة للفرد الواحد (بالدولار)
البنى التحتية للشبكة	١١٤٩٨٢٨٠٠	٣٧٢٤٦٢	٣٠٨٧٠٨
البنى التحتية للتطبيقات	٥٦٢٧٧٦٠٠	٢٣٠٦٢٩	٢٤٤٠١٥
التسويق والوسطاء	٥٨٢٤٠٠٠٠	٢٥٢٤٧٣	٢٣٠٦٧٨
التجارة الإلكترونية	١٠١٨٩٣٢٠٠	٤٨١٩٩٠	٢١١٤٠١
المجموع	٣٣١٣٩٣٦٠٠	١٣٣٧٥٥٤	٢٤٧٧٦١

المصدر: طلال عبود، التسويق عبر الإنترنت، دار الرضا للنشر، دمشق، ٢٠٠٠م.، ص١٥.

الدور والأهمية الاقتصادية للإنترنت في الاقتصاد الرقمي:

تلعب الإنترنت دورا رئيسيا في الاقتصاد الرقمي خاصة فيما يتعلق بالمنتجات الرقمية التي يمكن توزيعها عبر الشبكة, كالبرمجيات والكتب والتسجيلات الموسيقية والخدمات البنكية والخدمات السياحية والخدمات التعليمية والأغاني وأفلام الفيديو وما شابه,ومن أبرز المؤشرات على الأهمية

الاقتصادية للإنترنت. أنها ولدت في الولايات المتحدة ما يزيد على /٣/ ملايين فرصة عمل بما يوازي ضعف عمالة صناعة العقارات,وقد زاد الإنفاق العالمي على صناعة تكنولوجيا الاتصالات والمعلومات من ٢.٢ تريليون دولار في العام ١٩٩٩ إلى /٣/ تريليون دولار عام ٢٠٠٣, وإذا نظرنا إلى حجم التجارة الإلكترونية ما بين شركات نشاط الأعمال (B2B) فقد زادت من ١/٢ تريليون دولار في ١٩٩٩ إلى ١٠ تريليونات دولار العام ٢٠٠٣. أما حجم التجارة الإلكترونية ما بين الشركات والمستهلكين (B2C) فقد زاد خلال الفترة من ١٩٩٩ إلى ٢٠٠٤ من ٩٥ مليار دولار إلى ٢٢٣ مليار دولار في العام ٢٠٠٤.

لقد غيرت الإنترنت بصورة جذرية في أسلوب عمل المؤسسات الاقتصادية واستحدثت نماذج جديدة للقيام بنشاط الأعمال, يمكن أن نطلق عليه "اقتصاد الإنترنت".

٤- خصائص اقتصاد المعرفة:

هذا الاقتصاد ينظر إلى المعرفة على أنها محرك العملية الإنتاجية وفي نفس الوقت هي سلعة لها تبعاتها الاقتصادية في الأسواق. إن هذا النوع من التصور للمعرفة وهذه النظرة الاقتصادية للمعرفة تحتم أن نرى بعض الفوارق الرئيسية عما اعتاده الاقتصاديون في تناولهم للسلع.

فالمعرفة كسلعة لا يمكن لها أن تنضب أو تنتهي وتتلاشى بسبب استخدامها كما هو الحال في استهلاكنا لغيرها من السلع. بل إنه كلما ازداد استخدام المعرفة وإعمال العقل والتفكر فيها نتج معرفة جديدة. فاقتصاد المعرفة هو اقتصاد وفرة وليس اقتصاد ندرة.

والمعرفة متى أوجدت فليس لموجدها إمكانية احتكار تملكها. فملكيتها مشاع للجميع. والمعرفة شبيهة بالنور لا وزن ولا ملمس لها مما يعطيها إمكانية التنقل بكل سهولة.

إن اقتصاد المعرفة سيتميز بخصائص متعددة حسب مؤسسة البحث في سوق تقنيات المعلومات **meti Group** ستكون المفاتيح المحركة لهذا الاقتصاد على النحو الآتي[1]:

١- العولمة:

إن سوق العمل لم يعد محصورا داخل بلد بعينه فالدول الأوربية أصبحت قوة اقتصادية هائلة عندما تجاوزت حدودها السياسية والجغرافية من خلال الاتحاد الاوربي، كذلك فالإنترنت أوجد اقتصادا بلا حدود وأصبحت الدول الناهضة للتو تتحدى عمالقة الصناعة في الوصول إلى المستهلكين والحصول على حصتها من السوق في كل مكان في العالم، ولم يقتصر التغيير على حدود المكان فقط بل الزمان أيضا حيث أصبح إيقاع العمل مستمرا على مدار الساعة وأصبح الحد الأدنى لساعات العمل (٢٤) ساعة في اليوم على مدار العام .

٢- التكيف الموسع لرغبات الزبائن :

في الاقتصاد المعرفي لم تعد الميزة التنافسية تعتمد على الإنتاج المكثف والتسويق المكثف والتوزيع والسياسات الموحدة لأن مفتاح النجاح في الأعمال أصبح يكمن في تحديد خصوصية كل مستهلك وهذا يتطلب إنتاج أشياء جيدة وخدمات مصممة خصيصا لاحتياجات ورغبات خاصة لدى المستهلكين.

٣- نقص الكوادر والمهارات:

في ضوء النمو الاقتصادي الحالي هناك العديد من الوظائف لاتجد من يملؤها وخاصة الوظائف التي تتطلب مهارات في تقنية المعلومات حيث نجد في الولايات المتحدة ١٥% من هذه الوظائف شاغرة وسيعاني قطاع الأعمال ليجد

---

[1] عبد الناصر سلطان " اقتصاد المعرفة، جريدة الفرات -دير الزور ، سورية.

المجموعة الصحيحة من المهارات وهذا يتطلب انفتاح سوق العمل حيث المهارات غير المتوفرة في بلد ما يمكن إيجادها في بلد آخر وذلك من خلال الشبكات الإلكترونية .

٤- التركيز على خدمة المستهلك :

إن التنافس العالمي والإنترنت وتحرير التجارة وزيادة إمكانية الوصول للمعلومات وتعدد الموزعين كلها عوامل قوة وضعف في يد المستهلك حيث أصبح المستهلكون هم أصحاب القرار والرأي وهذا يتطلب خبرات شاملة بالمستهلكين ورغباتهم وإن مبدأ خدمة المستهلكين هو الذي سيميز الشركات في القرن الحالي .

٥- التجارة الإلكترونية:

كلما تزايد عدد مستخدمي الإنترنت أصبحت التجارة الإلكترونية أكثر رسوخا ويشمل ذلك التجارة الإلكترونية التي تتم بين الشركات نفسها أو بين الشركات والمستهلكين ويتوقع أن يصل حجم التجارة الإلكترونية في السنوات الثلاث القادمة إلى تريليون دولار والقضية هنا إذا بدأت الخدمات وعمليات البيع التقليدية تستبدل بالتجارةالإلكترونية فإن ذلك سيغير مجالات التوظيف من المواقع التقليدية إلى الوظائف التي تتطلب مهارات في تقنية المعلومات .

ويمكن أن نقسم التجارة الإلكترونية إلى عدد من المعاملات حسب طبيعة المتعاملين[(١)]:

١- تعامل بين شركة تجارية وشركة تجارية أخرى.

Business- To- Business(B2B)

[1] د.ثناء أبا زيد, التجارة الإلكترونية وتحدياتها، مجلة جامعة تشرين, العدد(٤)٢٠٠٥, ص ٧٠.

٢- تعامل بين شركة تجارية وحكومة.

Business-To-Government(B2G)

٣- تعامل بين شركة تجارية ومستهلك فردي.

Business-T0-Consumer(B2C)

٤- تعامل بين حكومة ومستهلكين.

Government- To- Consumer(G2C)

تعامل بين مستهلك ومستهلك.   **Consumer-To-Consumer(C2C)**

٦- التجارة الإلكترونية داخل مجال الأعمال: حيث يتم هنا استخدام نظم التجارة الإلكترونية داخليا من خلال شبكة الإنترنت الخاصة بالعمل من أجل تقديم الخدمات للموظفين كبيع منتجات المنظمة أو المؤسسة للموظفين بأسعار مخفضة.

٧- التجارة الإلكترونية في غير مجال الأعمال: حيث تقوم هنا بعض المعاهد والمنظمات غير الربحية باستخدام نظم وطرق التجارة الإلكترونية بهدف تحسين خدماتها للأعضاء.

٦- الحاجة للتعلم مدى الحياة :

من المتوقع أن يزداد عدد المتعلمين الكبار أكثر من أي وقت مضى وستكون الحاجة للتربية والتعلم المستمر بين متطلبات جوهرية للحفاظ على قدرة الفرد للبقاء في الوظيفة.

٧- المؤسسة في واحد:

وهو ما يعني أن المؤسسات المستقبلية ستكون من عدد محدود من الموظفين والإدارات الأساسية وسيترك كل ماعدا ذلك لمزودين خارجيين بمعنى آخر اعتماد المؤسسات على العمل عن بعد حيث تجرب بعض الشركات قيام العاملين بالعمل من منازلهم من خلال الاتصال إلكترونيا بمكتب رئيس .

خصائص قوة العمل في اقتصاد المعرفة:

يمكن استنتاج أن سوق العمل يتوقع الخصائص الأساسية التالية في الموظفين:

- القدرة على التقاط المعلومات وتحويلها إلى معرفة قابلة للاستخدام.

- القدرة على التكيف والتعلم بسرعة وامتلاك المهارات اللازمة لذلك.

- إتقان التعامل مع تقنية المعلومات وتطبيقاتها في مجال العمل.

- القدرة على التعاون والعمل ضمن فريق واتقان مهارات الاتصال.

- امتلاك مهارات إضافية مميزة تختلف عن المهارات التقليدية التي أصبحت أنظمة الأتمتة تقوم بها .

- إتقان أكثر من لغة حتى يمكن التعامل في بيئة عالمية.

- إتقان العمل خارج حدود الزمان والمكان والقدرة على إدارة العمل سواء كان ذلك في بيئات عمل تقليدية أو افتراضية.

- القدرة على تحديد الحاجات والرغبات الفريدة الخاصة بالمستهلكين الأفراد أو المؤسسات والهيئات.

- القدرة على التحرك بسرعة والتغير بسرعة والإحساس بضرورة الاستعجال في متابعة التغيرات وتلبية حاجات المستهليكن.

تلك بعض خصائصه فما هي مقومات اقتصاد المعرفة؟

مقومات الاقتصاد المعرفي:

ومن أجل أن يوجد اقتصاد يعتمد على المعرفة لابد من وجود مقوماته وتتمثل أهم المقومات في مايلي:

• مجتمع المعرفة بكل مستوياته: إن أهم العناصر التي تؤسس لاقتصاد يعتمد على المعرفة هو وجود ترجمة فعلية لمجتمع المعرفة. وفي المجتمع المعرفي

يكون كل فرد من أفراد المجتمع ذو قدر من المعرفة. وليست المعرفة حصرا على ذوي الاختصاص ونخب المجتمع. بل المطلوب أن يكون المزارع وعامل الصيد وعامل المصنع لديهم من المعرفة ما تؤهلهم للتعامل مع التقنية ويستخدمونها في مجال عملهم. فالشعار في اقتصاد المعرفة أن المعرفة للجميع.

• التعليم والمدرسة والجامعة كيان رئيس في مجتمع: يعتمد المعرفة أساسا لاقتصاده. فالمدرسة والجامعة يجب أن تخرج أناسا يفكرون ويبدعون وأحرارا في تفكيرهم. وبالتالي من الضروري أن يحظى هذا الجانب بالأهمية القصوى من حيث الإنفاق والسياسات المستندة على استراتيجيات واضحة.

• البحث والتطوير: ولا بد أن توجد كيانات تأخذ على عاتقها إنتاج المعرفة التي تحتاجها المجتمعات. فوجود مراكز البحث الأصيلة التي تتواصل مع احتياجات مجتمعها واحتياجات الصناعة ووجود مراكز التطوير ووجود أنظمة وقوانين للإبداع والابتكار تشجع المبدعين وتحمي نتاجهم وتسعى إلى ترجمة هذه الإبداعات إلى تقنية تساهم في العملية الإنتاجية ورقي المجتمع معرفيا من الضروريات في هذا العصر. كما أن وجود شبكات لتواصل مراكز الإبداع والبحث والمعرفة ضرورة أيضا.

والصناعة تحتاج أن تكون شريكا رئيسيا في عملية الإبداع والاختراعات في الجامعة والبحث. والجامعة بحاجة لأن تكون لها علاقة مع محيطها وتشارك في تنميته المعرفية. وهنا تبرز الحاجة إلى وجود مراكز البحوث التطبيقية والحاضنات العلمية.

العلاقة التفاعلية ما بين الاقتصاد والتكنولوجيا:

إن هذه النظرة قائمة على الرؤية العامة التي تستند إلي فكرة تفعيل تكنولوجيا المعلومات والاتصالات في القطاعات المختلفة بالاقتصاد الوطني ومعالجة هذه الفكرة رأسيا بكل قطاع على حدة, وتتحدث عن الاقتصاد

القائم على المعلومات أو لمعرفة, وهي رؤية تعني إحداث تغيير جوهري ملموس في بنية بيئات ونظم العمل داخل الاقتصاد نفسه أولا وتعني أيضا إعادة هندسة أساليب الأداء وطرق التفكير التي تحكم المؤسسات الاقتصادية ذاتها لتتهيأ للعمل القائم على المعلومات بما يعنيه ذلك من تطبيق حقيقي للعديد من الفلسفات والأساليب الإدارية وهناك مبادئ من أجل تغيير فكري إداري اقتصادي يسبق أي تفكير في استخدام تكنولوجيا المعلومات والاتصالات.

الأخذ بمبدأ الحرية والشفافية في تداول المعلومات، سرعة اتخاذ القرار، إزالة الالتباس وتضارب المصالح بين من يملكون المعلومات داخل الجهاز الإداري للدولة ومن يحتاجونها في تسيير أعمالهم اليومية. إعلاء قيم العمل الجماعي.

تفعيل ثقافة الجودة والعمل المخطط, الانتقال من طور المؤسسات والمنشآت المعتمدة على الشخص الملهم إلى طور المؤسسات التي تفكر بمنهج علمي مستقر بعيدا عن الأشخاص والانفتاح على العالم برؤى واضحة.

العالم وعصر التحول إلى الاقتصاد المعلوماتي:

يعيش العالم الآن عصر التحول الكبير في عالم الاقتصاد والتجارة وبات واضحا تأثير التقدم التكنولوجي وخاصة في مجال المعلومات حيث تغير الكثير من المفاهيم والنظريات الاقتصادية وهياكل المؤسسات الاقتصادية والتي أعادت النظر في خططها المستقبلية بناء على واقع عصر الاقتصاد المعلوماتي.

ومجتمع الاقتصاد المعلوماتي الذي نعيشه اليوم إنما هو نتيجة التحول من مجتمع ذي اقتصاد صناعي يكون رأس المال فيه هو المورد الاستراتيجي إلى مجتمع ذي اقتصاد معلوماتي تشكل المعلومات فيه المورد الأساسي والاستراتيجي. حيث يرى بعض المحللين الاقتصاديين أن الحضارة الحالية

تحولت من اقتصاد صناعي إلى اقتصاد معلوماتي. وقد بدأ هذا التحول في الولايات المتحدة منذ عام ١٩٥٦. إذ احتلت صناعة المعلومات الموقع الأول فيها حيث أن نسبة كبيرة من جهد القوى العاملة ينفق من أجل إنتاج خدمات (وبضائع) معلوماتية. ويشير في هذا الصدد تقرير منظمة اليونسكو حول الاتصال في العالم أن قطاع المعلومات وخدماته سجل تطورا ملحوظا في معظم البلدان رغم الاختلافات في اليد العاملة "المعلوماتية" إلى إجمالي سكان كل بلد. كما تؤكد موليتور Molitor أن نسبة اليد العاملة في قطاع المعلومات بالولايات المتحدة الأمريكية ستشكل نسبة ٦٦% من إجمالي قوة العمل عام ٢٠٠٠، بعد أن كانت لا تتعدى ١٩% عام ١٩٢٠ و٥٠% في منتصف السبعينات، عكس القطاعات الأخرى التي تسجل تقلصا ملحوظا في نسبة الأيدي العاملة.. إن أمما كثيرة قد أدركت مسئوليتها تجاه التحديات التي يفرضها مجتمع المعلومات عليها سواء على الصعيد الرسمي أو التجاري. فقد استحدثت المملكة المتحدة عام ١٩٨١ وزارة دولة لشئون الصناعة وتكنولوجيا المعلومات مهمتها جمع جوانب ثورة المعلومات كافة.

وتتولى هذه الوزارة عدة مسئوليات مترابطة في مقدمتها: الإشراف على صناعة الحاسبات الإلكترونية والروبوت والإلكترونيات الدقيقة والهندسة الميكانيكية والبحث والتطوير وسياسة الاتصالات السلكية واللاسلكية ودائرة البريد وصناعة الورق والمواد الكيماوية والنشر وصناعة الأفلام وصناعة الفضاء. وقد أشار وزير الدولة البريطاني لشئون الصناعة وتكنولوجيا المعلومات لينيث بيكر في حديث له خلال زيارته إلى أستراليا بضرورة الأخذ بآخر التطورات في ميدان الحاسبات مؤكدا أن الصناعي الذي لا يوظف تقنيات الحاسب الإلكتروني الدقيقة سوف لا يجد له مكانا في ميدان

الصناعة خلال الأعوام الخمسة القادمة وبالحرف الواحد ذكر عبارة (استخدم الأتمتة وإلا تنتهي).

وفي إطار ترجمة هذه الأفكار إلى واقع فعلي أعلنت الحكومة البريطانية عام ١٩٨٢ كعام لصناعة المعلومات وأسست برنامجا شاملا أطلقت عليه برنامج تكنولوجيا المعلومات المتقدمة حيث وظف هذا البرنامج (٣٥٠) مليون باوند إسترليني في مجال البحث والتطوير للجيل الخامس من الحاسب الآلي. وتم تشكيل لجنة خبراء في الوزارة المذكورة لتقديم المشورة إلى رئاسة مجلس الوزراء حول أفضل السبل التي تمكن المملكة المتحدة من أن تتبوأ الموقع القيادي في مجال صناعة المعلومات.

أما اليابان فقد استجابت لتحدي مجتمع المعلومات عن طريق التخطيط السليم والتحليل المتأني حيث قامت بتشكيل عدة مجالس ولجان برعاية مؤسسات وهيئات حكومية في عدة وزارات منها وزارة التجارة والصناعة الدولية ووزارة البريد والاتصالات والمركز الياباني للتطوير العملياتي. وأصدرت هذه المجالس مجموعة (أوراق عمل) تناولت موضوعات عديدة منها سياسة الحكومة في مجال المعلومات وتطبيقاتها الصناعية في مجتمع المعلومات، واستخدامات الحاسب الإلكتروني والبحث الآلي وشبكات المعلومات والاتصال والمكتبات وخدمات المعلومات. ولم تقتصر حدود أوراق العمل هذه على تشخيص الواقع المعلوماتي في اليابان وإنما شملت كذلك سبل تطويره ووسائل مواجهة المستقبل.

وأثناء زيارة رئيس اليابان السابق ناكا سوني للولايات المتحدة عام ١٩٨٤ أكد أنه يجب على الدول المتقدمة تكنولوجيا كاليابان أن تنظر إلى مجتمع المعلومات كسبيل يضمن مواصلة نموها وتطورها الاقتصادي. وتنبأ ناكاسوني بأنه خلال العشرين أو الثلاثين سنة القادمة ستكون الصناعات

الرئيسية في اليابان تلك التي تتعامل مع المعلومات. وأكد أن أثر الاقتصاد المعلوماتي ــ أي المبني على صناعة المعلومات ــ على المجتمع الياباني سوف يكون مشابها لاستخدام الكهرباء أو السيارة لأول مرة. وإذا ما انتقلنا إلى دول العالم الأخرى والتي تتطلع إلى القيام بدور في عالمنا المعاصر نجد أن كثيرا منها لم تكن بعيدة تماما عن هذه التوقعات المستقبلية فننجد أن ماليزيا تعد صاحبة التجربة الأولى في هذا المجال بالنسبة للدول النامية على مستوى العالم حيث شرعت في الإعداد لما يطلق عليه **(Corridor Multimedia Super)** وهي لم تقتصر على خلق بنية تحتية للمعلومات وإنما تعدتها لتشريع قوانين وعمل سياسات وممارسات مما يمكنها من استثمار واستكشاف المجالات الخاصة بعصر المعلومات.

الوطن العربي وعصر الاقتصاد المعلوماتي:

برغم وجود بعض البلدان العربية التي تنبهت مؤخرا إلى ضرورة الدخول في عالم الاقتصاد المعلوماتي فبدأت بوضع سياسات لتحقيق هذا الهدف وذلك خلال السنوات العشر الماضية- إلا أننا نجد أن كثيرا من الدول العربية تفتقر لوجود سياسات واستراتيجيات في مجال الاتصال وتبادل المعلومات، بسبب غياب المؤسسات الوطنية المسئولة عن التقنيات الحديثة في هذا المجال، وعدم الاهتمام الكافي لبعض الدول العربية بإنشاء التقنيات وتطويرها نظرا لوجود أولويات تنموية أخرى ولأسباب اقتصادية في بعض الأحيان. ورغم أن البلدان العربية تشكل ٥% من مساحة العالم وتأتي في الترتيب الرابع من حيث المساحة ويشكل سكانها ٣.٥% من تعداد سكان العالم - إلا أن معظم البلدان العربية فوجئت على غرار بقية البلدان النامية بالمعطيات الجديدة على الساحة العالمية. مما أدى بالعديد منها إلى الإسراع باعتماد توجهات السوق العالمية دون تركيز سياسات شاملة في مجال الاتصال والمعلومات ودون أن

تكون لديها الأرضية المنهجية والقانونية اللازمة، وفي الوقت الذي يسير العالم في طريقه إلى التحول من مجتمع ذي اقتصاد صناعي إلى مجتمع ذي اقتصاد معلوماتي، لا تزال الدول النامية ومنها أقطارنا العربية تسعى للوصول إلى مجتمع ذي اقتصاد صناعي.

إلا أننا نجد من جانب آخر أن هناك تطورات تعكس جوانب إيجابية في إمكانية تحقيق منجزات من الممكن أن تساهم في نقل الوطن العربي إلى عصر الاقتصاد المعلوماتي. مثلا نجد أن الإنترنت التي دخلت الوطن العربي في العقد الأخير من القرن الماضي يزيد عدد مستخدميها الآن على مليوني مستخدم. ويتفاوت عدد المستخدمين للإنترنت في البلدان العربية لاعتبارات كثيرة مثل الوضع الاقتصادي وعدد السكان والتسهيلات القانونية ...الخ. حيث بلغ عدد المستخدمين في مطلع عام ٢٠٠٠ - في مصر حوالي ٤٤٠ ألف مستخدم وتليها دولة الإمارات العربية المتحدة حيث بلغ ٤٠٠ ألف مستخدم والسعودية ٣٠٠ ألف مستخدم، ولبنان ٢٣٠ ألف مستخدم.

- في عام (١٩٩٨) نشر الاتحاد العالمي لتقنية وخدمة المعلومات تقريرا بعنوان "الكوكب الرقمي،اقتصاد المعلومات العالمي" قدمت فيه نظرة واسعة للمستويات الحالية لإنفاق المستهلكين في مجال تقنية وخدمات المعلومات ومن بعض نتائج الدراسة مايلي:

- كانت تقنية وخدمات المعلومات مسؤولة عن ١.٨بليون دولار أمريكي في عام ١٩٩٧.

- كان نمو الإنفاق في تقنية وخدمات المعلومات عام ١٩٩٧ أكبر بنسبة ٤٠% عنه في عام ١٩٩٢.

- نمو الإنفاق في مجال تقنية وخدمات المعلومات هو المسرع والمحفز والمضاعف الأساسي لعدد كبير من المقاييس الاقتصادية والاجتماعية بما فيها

نمو الشركات والوظائف.

- أضيف مامعدله ٧٢٠٠ شركة في مجال تقنية وخدمات المعلومات في الولايات المتحدة في كل سنة من السنوات الخمسة الماضية.

- تم إضافة **380000** وظيفة في مجال الخدمات والبرمجيات في الولايات المتحدة خلال الخمس سنوات الماضية.

المطلب الثاني

اقتصاد المعرفة والتعليم الإلكتروني

١ - اقتصاد المعرفة ومتطلبات التعليم الإلكتروني:

وللانتقال إلى اقتصاد المعرفة، بكل ما يحمل هذا المفهوم من تحديات وإرهاصات، لا بد من البدء بالمدارس والجامعات بحيث تصبح المعرفة والوسائل التي تدعم تحصيلها، والحفاظ عليها، وفي النهاية تخليقها هي أساس النظام التعليمي. وإدراكا لأهمية التعليم والتدريب لتحقيق التغيير في نمط التفكير والذي يجب أن يسبق التحول المطلوب في نمط الحياة، فقد انصبت جهود حكومات الدول المتعاقبة في الحقبة الأخيرة على تأسيس نظام تعلم معرفي يعتمد التقنيات الحديثة كوسيلة فاعلة لتحصيل وحفظ ونقل المعرفة بأشكالها المختلفة، وكل هذا يتم ضمن رؤية مستقبلية واعية ودعم غير محدود من القيادة العليا. وعليه فقد تم تبني استراتيجية وطنية للتعلم الإلكتروني تنطوي على استغلال التقنيات الحديثة كوسيلة أساسية في نظام التعليم على جميع المستويات، إلا أن مثل هذا الخيار الاستراتيجي يتطلب تغيرا جذريا في بيئة وأساليب التعليم ويحتاج إلى جهود جبارة ومصادر هائلة مما يشكل تحديا كبيرا لبلد نام محدود المصادر والثروات، غير أن النتائج التي سيتمخض عنها تحقيق النقلة المطلوبة ستسهم بشكل كبير في التنمية الاقتصادية والاجتماعية

بشكل مباشر وغير مباشر على المديين المنظور والبعيد وستساعد الدولة على تجاوز العوائق المادية في الوصول إلى ما تصبو إليه.

٢- البنية التحتية اللازمة للنجاح الثورة التقنية:

تشمل هذه البنية شبكة الربط الإلكتروني (**National Educational Network**) التي ستصل المدارس والجامعات ببعضها، والهيكلية التي ستقوم عليها الشبكة والتي تحدد أجهزة الربط الإلكتروني (**DCE & DTE**)، وأجهزة الحاسوب التي ستستخدم للاتصال والتصفح، ومن ثم البرمجيات التي ستوفر التطبيقات التعليمية التي ستسهل التعامل مع المحتوى التعليمي الذي سيكون في الغالب باللغة العربية. وفيما يلي استعراض لعناصر البنية التحتية ومواصفاتها حسب الخطة الوطنية.

شبكة عالية القدرة (**Broadband Network**): توفر اتصالا بين ما يزيد على ٣٢٠٠ مدرسة و٧ كليات جامعية و٨ جامعات رسمية بسعة لا تقل عن **100Mbps**، وذلك لضمان قدرة نقل عالية تضمن سرعة تنزيل المناهج والتطبيقات وتبادل البيانات في حالات التعلم التفاعلي (**Interactive Learning**). يتضح أن هذا التوجه بدأ ينتشر نظرا لتطور التقنيات بسرعة وزيادة حجم التطبيقات والمحتويات التي يجب توفرها في بيئة التعلم الإلكتروني، ونظرا للجدوى الاقتصادية التي يحققها وجود وسط إلكتروني سريع من خلال الاعتماد على نظام مركزي والتوفير في تكلفة الأجهزة الطرفية والتي تكون أعدادها كبيرة. هيكلية تعتمد نظام (**Thin Client**) والذي يعتمد بالأساس على مركزية المعالجة من خلال تسخير أجهزة خوادم عالية القدرة الحسابية والسعة التخزينية وأجهزة حواسيب طرفية رخيصة ذات قدرة محدودة. ومثل هذا النظام يتطلب شبكة ربط عالية السعة لضمان سرعة انتقال التطبيقات والمحتويات عند الحاجة إليها بدلا من الدخول في تعقيدات

تحميل البرمجيات على الحواسيب الطرفية وصيانتها. هذا النوع من الأنظمة يتطلب استثمارا مبدئيا كبيرا في إنشاء شبكة تعليمية عالية السعة، إلا أنه يثبت فاعلية وجدوى اقتصادية على المدى البعيد. البرمجيات التعليمية والتي توفر تطبيقات لإدارة التعلم (Learning Management System) وإدارة المحتوى الإلكتروني، وأنظمة التحكم والسيطرة والمتابعة للشبكة (Operation Management and Control). ويشكل هذا العنصر تحديا نظرا لعدم توفر التطبيقات التي تتعامل مع اللغة العربية سواء في الشكل أو المضمون، مما حدا ببعض الشركات الأردنية للنهوض بالمسؤولية وتطوير برمجيات قادرة على توفير الأنظمة والتطبيقات التي تدعم عملية التعلم الإلكتروني باللغة العربية ومع أنها في بداياتها، إلا أن النتائج الأولية لما تم تطويره تبشر بمستقبل زاهر وتثبت قدرة المبدع العربي على الاكتفاء الذاتي وخصوصا في هذا المجال. أما مجال اقتصاد المعرفة فإن ذلك يتطلب اقتصادا معرفيا يلبي حاجة التعليم الإلكتروني من خلال توفر البرمجيات التعليمية بشكل يسير لغرض إنجاح التعلم الإلكتروني وتتألف إدارة المعرفة من العمليات التي تهدف من كسب المعرفة أو استخدامها تحقيق مردود اقتصادي ملموس، وعليه يتألف نظام إدارة المعلومات من العمليات والتقنيات التي يتم توظيفها في ضوء رؤيا واستراتيجية المؤسسة بحيث توفر المعرفة العلمية والتطبيقية اللازمة لحل المشكلات التي تعترض العاملين في دائرتها، يقيم هذا النظام علاقات جدلية مع الثقافة والاستراتيجية السائدة في البيئة التي يقيم فيها وسلاسل القيم السائدة في البنية الاقتصادية، فيستمد منها موارده ويحدد معالم آليات التعامل مع تفاصيلها الدقيقة، مما يثمر عنه الارتقاء بالرأسمال البشري، وتعميق المعرفة بموارد المعلومات المتاحة لضمان القدرة على التنافس، والاستمرار في الوقوف بمكان الصدارة، بصورة عامة يتألف رأس المال المعرفي من عنصرين متفاعلين هما: العنصر البشري الذي يتفاعل مع المعرفة

ويستوعبها ويحيلها إلى واقع ملموس ونجاحات مستمرة، والمعلومات التي تستقر في النتاج الإنساني المنتشر في الفكر الموثق والإنجازات الفكرية للجنس البشري وصياغة الأسئلة التي تفتقر إلى حلول ترقى بالإنسان على الطبيعة المحيطة به ويبرز تأثير تكنولوجيا المعلومات على الجوانب السياسية والمعرفية للتنمية من خلال التنمية البشرية أو الإنسانية حيث تعتبر التنمية البشرية أو الإنسانية ركيزة لقيام مجتمع المعرفة وذلك لأن نجاح التنمية البشرية يعني ضمنيا رفع القدرة على التعلم والمعرفة واستيعاب منجزات تكنولوجيا المعلومات والاتصالات التي تمكن من إقامة الاقتصاد القائم على المعرفة **Knowledge-Economy based** نظرا لأن تطبيقات تكنولوجيا المعلومات تؤثر في الحياة الاجتماعية والسياسية والثقافية والتنظيمية للدول النامية فعلى هذه الدول أن تتخذ التدابير الكفيلة بالحفاظ على هويتها القومية والحضارية دون التقليد الأعمى للمجتمعات الغربية. أصبح نقل المعرفة ميسورا في عصر المعلومات فقد أدى التطور المذهل في تكنولوجيا المعلومات والاتصالات واستخدام الكمبيوتر والفاكس والمحمول والوسائط المتعددة والأقمار الصناعية إلى إحداث تحولات في المجتمع واتسعت القدرة على تخزين المعرفة ونقلها والتقاء الكمبيوتر مع الاتصالات السلكية واللاسلكية سيعمل على إزالة حدود الزمان والمكان بحيث يمكن إرسال كميات هائلة من المعلومات إلى أي مكان من العالم في ثوان وبتكلفة زهيدة.

٣- كفاءة العنصر البشري وترابطه مع التعليم الإلكتروني واقتصاد المعرفة.

ولو فرضنا جدلا أن جميع العناصر المادية التي تم ذكرها سابقا قد توفرت للوصول إلى نظام تعلم إلكتروني متكامل ومستمر، فيبقى العنصر الأهم هو العنصر البشري. فلا بد من توفر عدد كاف من الكوادر البشرية المؤهلة القادرة على متابعة عمل النظام المترامي الأطراف وصيانته وضمان

انسياب المعلومات في جميع الاتجاهات داخل الشبكة. وليس ذلك فحسب، بل يجب أن يكون المعلم والموظف قادرين على استخدام التكنولوجيا بوعي وبشكل يخدم العملية التعليمية. إضافة إلى ذلك، فإن دور الإبداع في أساليب التعليم واستغلال التقنيات ليس غايته للحصول على المعرفة وحسب، بل أيضا توليدها بحيث يصبح جزءا لا يتجزأ من عملية التعليم. ونظرا لأن مثل هذا النظام يتطلب تغييرا جذريا في نمط التفكير للمعلم والطالب فلا بد من وضع استراتيجية للتغيير والتحول نحو النظام الجديد ووضع أسس وأنظمة لإدارة هذا التغيير لتجنب الفوضى والتشتت وتبعثر الجهود.

إن تكنولوجيا المعلومات والاتصالات توفر العديد من الفرص لتسارع التنمية في دول العالم الثالث ورفع مستوى معيشة المواطنين وتتيح الفرص لشعوب الدول النامية للاندماج في المجتمع العالمي، وأهم المجالات التي تساهم في تطويرها تكنولوجيا الاتصالات والمعلومات بشكل مكثف، مجال التعليم حيث أن تأهيل الجيل الجديد من الطلاب والشباب والخريجين للتعامل مع تكنولوجيا الاتصالات والمعلومات يرفع من قدرتهم التنافسية على مستوى العالم ويفتح أمامهم أفاق المعرفة التي تمثل حجر الأساس للتنمية في كافة المجالات.

أما دور تكنولوجيا المعلومات في رفع مستوى التعليم والبحث العلمي فإن تكنولوجيا المعلومات والاتصالات تسمح بنقل سجلات براءات الاختراع من على موقع شبكة الإنترنت ورفع مستوى التعليم والتدريب واستحداث طرق التعلم عن بعد والتعلم مدى الحياة ونقل خدمات التعليم والتدريب إلى المناطق النائية المعزولة، ويجري تقديم خدمات التعليم عن بعد **Teleeducation** وذلك مثل نظام الجامعة المفتوحة وإشراف أستاذ جامعة أجنبية على دارسي الدكتوراه، أما المخاوف الناجمة عن البطالة المكثفة الناتجة عن التقنيات القائمة على الإلكترونيات الدقيقة، فإن الخبرة الخاصة لكل من الدول

الصناعية المتطورة والدول النامية، تبين أن أثر تلك التقنيات في التوظيف المباشر وغير المباشر يمكن أن يكون في الحقيقة إيجابيا بشكل هامشي.

وتشير بعض الدراسات إلى أن التقنيات الحديثة يمكن أن تحل مكان العمالة في الأنشطة القديمة, ولكنها يمكن أن تولد في الوقت نفسه طلبا إضافيا على العمالة من خلال خلق سلع وخدمات جديدة. وبصرف النظر عن الآراء المتعارضة في هذا الخصوص, يمكننا - من دون تردد - تأكيد أن تأثيرات التكنولوجيا الحديثة في مجال التوظيف لن تشمل فقط حجم العمالة وبنيتها المهنية وسوق العمل، ولكنها ستشمل أيضا وبصورة أساسية نوعية العمل, خصوصا فيما يتعلق باعتماد ما يمكن تسميته (الأنواع المرنة) للعمالة ذات الطابع التعاقدي والعمل المنزلي, وكذلك الاتجاه نحو تقليص ساعات العمل....الخ. وباختصار, إن أسواق العمل في البلدان الصناعية المتطورة والبلدان النامية على حد سواء ستصبح أكثر مرونة. وسيظهر تخصيص سوق العمل والإنتاج في شكل زيادات في فرص التوظيف المؤقت وساعات العمل المرنة غير الثابتة. وتجد هذه الظاهرة انعكاسا لها في تبدل سياسات الحكومات في معظم الدول الرأسمالية باتجاه تراجع دور (الدولة الراعية), الذي يقترن بتقلص التقديمات الاجتماعية, ولتلك الظاهرة جانبها السلبي المتمثل في شعور المرء بعدم الاستقرار وعدم الثقة بالغد, وعموما بانعدام الأمان الاجتماعي في ضوء عدم استمرارية العمل والحرمان من التقديمات الاجتماعية والضمانات التي يؤمنها العمل الثابت. ومن الواضح أنه سيكون للثورة التكنولوجية الجديدة أثر كبير في توزيع الدخل، سواء في داخل البلدان أو في ما بينها. بحيث تجري هذه العملية لمصلحة الفئات الأكثر احتكاكا بالتكنولوجيا الجديدة، ولمصلحة الاختصاصات العصرية والأكثر حداثة، التي يغلب فيها عنصر الشباب, وذلك على حساب المجالات والاختصاصات

التقليدية. كما أنها ستكون لمصلحة كبار المنتجين والشركات الكبرى العابرة للقوميات والمؤسسات ذات الإنتاج الموجه للتصدير. وبديهي أنها ستكون أيضا في مصلحة الدول الأكثر تطورا، القادرة على الاستفادة من الميزات المطلقة والنسبية التي يوفرها لها امتلاك ناصية التكنولوجيا واحتكار القسم الأعظم منها, من خلال التبادل الدولي, ومن ثم تكريس تفوقها ومفاقمة (الهوة التكنولوجية) مع البلدان النامية والأقل تطورا, والتي تصبح أكثر اتساعا وعمقا واستعصاء على التذليل.

فمن الواضح أن التدويل المتزايد للإنتاج واشتداد المنافسة الدولية يجعل الدول التي تركز على اقتصاد التصدير, أكثر اضطرارا لاستخدام التكنولوجيا الحديثة, وبالتالي إلى استيرادها في حال عدم قدرتها على إنتاجها بنفسها. ويؤدي هذا، بالطبع, إلى (تبعية تكنولوجية) متزايدة.

٤- علاقة تطور اقتصاد المعرفة بالتشغيل والبطالة:

علاقة تطور اقتصاد المعرفة بمسألة التشغيل والبطالة على المدى المنظور مستقبلا والتغيرات الحاصلة في أنماط العمل إذ أصبح التقدم في التقانات، وهو مكسب إنساني مهم، يؤدي إلى تراجع فرص العمل، وهو عكس ما هو متوخى منه.

الانفجار المعرفي وتطبيقاته، والخصوصية غير المسبوقة في سرعة وحجم ثروة المعلومات، ستبقي الأولوية لخيار الموارد البشرية باعتبارها ثروة غير قابلة للنضوب.

تتسارع منتجات المعرفة يوميا، بل ويتحدث البعض علنا عن الغرق فيما يمكن تسميته "بالانفجار المعرفي وتطبيقاته". فنحن نعيش في خصوصية حضارية وعلمية لم تشهد البشرية لها مثيلا. ولكن ومع كل هذا التسارع الهائل في سرعة انتشار ثورة المعلومات عبر العالم تبقى الأولوية لخيار الموارد

البشرية وهي ثروة غير قابلة للنضوب، على خلاف النفط والمعادن والعديد من السلع المنتجة، بل هي الثروة المتجددة دائما. فالإنسان هو الذي يبني الثروة والقيمة والحضارة إن أحسن استثمار وتوجيه فكره وقدراته البشرية وهو الذي ينبغي له أن يتمتع بهذه المعرفة باعتبارها ثروة إنسانية تهم البشرية كلها. إن زيادة مدارك وقدرات الموارد البشرية تحسن بالتأكيد من دور الفرد في مجتمعه، وتحسن حياته، ونمط عمله، والتعامل مع المحيط الذي يعمل فيه. وتنعكس إيجابا على التنمية البشرية.

فالعنصر البشري هو أساس النشاط الإنتاجي والتكوين الاقتصادي. ومن هنا تأتي أهمية الاستثمار في العنصر البشري بشكل متكامل وشامل، ودعمه بصناعة تدريبية وتعليمية واسعة وديناميكية ومواكبة لأحدث العلوم والأساليب. معتمدة في مسارها في هذا الاتجاه على مفهوم التعليم والتدريب، وعلى الصقل المستمر بأساليب ومنهجيات تعليمية دائمة التحديث.

وقد حصل تغير نوعي في أنماط العمل مثل:

ـ تبدل في العمل التقليدي وبروز ظاهرة العمل عن بعد.

ـ توجه الشركات لنظام نصف يوم عمل للمستخدمين في المكاتب مقابل نصف أجر بغية إنجاز قدر من العمل يقارب ما كان ينجز في يوم العمل الكامل (يلاحظ هنا التوجه الجديد لشكل إضافي آخر من الاستغلال بقصد توفير نصف الأجر غير المدفوع، إضافة إلى استغلال قوة العمل الموجودة أصلا في عملية العمل).

ـ ابتداع شكل العمل المتقطع أي التشغيل لفترة زمنية محددة، ثم تسريح العمال لفترة لاحقة، يتم بعدها إعادة التشغيل من جديد (يتم غالبا من عداد العمال المسرحين).

ولعل أهم إنجاز ابتدعته تقانة المعلومات هو النمط الذي أشرنا له من قبل

والمعروف بـ "العمل عن بعد". ويتصف هذا النمط الجديد بما يلي:

(١) البعد الجغرافي بين مكان العمل والإدارة المركزية للشركة.

(٢) عدم وجود دوام محدد للعمل.

(٣) استخدام الكومبيوتر والهاتف والفاكس ومعدات المعلوماتية الأخرى (شبكة الإنترنت الخ..).

(٤) يمكن أن يكون العامل عن بعد موظفا أو متعاقدا حرا.

(٥) يمكن أن يكون العامل عن بعد (Teleworker) في نفس بلد الشركة ويسمى في هذه الحالة "عامل عن بعد وطني". أو قد يكون في بلد آخر، ويسمى "عامل عن بعد دولي" وهي بالفرنسية (Teletravail National, و Teletravail International). ونموذجهم بعض المهندسين الهنود أو الباكستانيين أو مهندسين من أمريكا اللاتينية ممن كانوا يرسمون خرائط معمارية ويرسلونها إلى شركات المباني في الولايات المتحدة. ويقومون بتوصيل ناتج عملهم من خلال شبكة الإنترنيت وال (E-Mail) بما يعرف (Online Designer). وقد درج المتعاملون بهذا النمط من العمل على تأسيس ما يمكن تسميته بـ (الشركات الشخصية للأفراد) التي يعملون بها أحيانا بمفردهم. وهم يمارسون عبر هذا النمط الجديد، مهنا لم تكن معروفة من قبل تعتمد بالأساس على المعرفة العلمية المتفوقة لهؤلاء الأفراد من أجل إنجاز أغراض محددة: مثل مطوري (السوفت وير Software)، أو في إعداد برامج أو اقتراح حلول إنتاجية إلخ... وسيكون الشعار الذي سيسود في القرن الراهن هو (العمل مع من تريد وأين تريد وعندما تريد).

إن هذا النمط من العمل وأمثاله من المهن المستجدة يعطي جملة من الانطباعات، أهمها:

(١) أنه بالرغم من أن العمل عن بعد ما زال في بدايات انتشاره في البلدان الصناعية إلا أن ذلك يمثل عملية مستمرة ومتواصلة.بما يحمله من جوانب

إيجابية، وما يمكن أن ينشأ عنه من مضاعفات. فهو من جهة يسمح بحل مشاكل اجتماعية عديدة مثل:

- إتاحة فرصة عمل للزوجات وهن في منازلهن.

- إتاحة العمل للمرضى وذوي العاهات وهم في بيوتهم.

- التخفيف من تلوث البيئة عن طريق عدم استخدام العاملين لوسائل المواصلات يوميا.

- المحافظة على التوازن الديموغرافي كمنع تفريغ الريف من أبنائه وتخفيف الضغط البشري عن العاصمة.

(٢) ولكن له جوانب أخرى قد يكون من المبكر اعتبارها سلبية، ولكنها ستثير في كل الأحوال جملة من المشاكل التي تقتضي الحل مثل:

* بعد الموظف عن زملائه.

* العزلة التي يعيشها العامل عن بعد، والتي ستحرمه من الروابط الاجتماعية إذ أن جانبا من هوية العامل تتبلور اجتماعيا في العمل الذي يعتبر في هذه الحالة من أهم عوامل الاندماج وتبادل مشاعر التضامن.

* لا يمكن اعتبار العمل عن بعد عنصرا مولدا للوظائف بشكل مباشر. إنما يمكنه أن يفعل ذلك عندما يتحقق شرط القبول به من الأطراف المعنية بذلك (أي العامل ورب العمل). رب العمل يتوخى أن ينفذ العمل الذي يرغبه وفق الشكل المتقن الذي يتوقعه من جهة، وبأن العمل سيقدم له ربحية ملائمة. كما ينبغي أن يكون العامل وفق هذا النمط، حائزا على ثقة الإدارة أيضا لأنه سيعمل دون رقابة مباشرة.

ولكن العنصر الأهم في هذا السياق هو التعارض بين هدف تحقيق العمالة الكاملة، وبين الأهداف الاقتصادية الناجمة عن استخدام تقانة المعلومات

فائقة التقدم (هاي تكنولوجي) واختفاء فرص العمل لأولئك الذين حصلوا على تأهيل متواضع واختفاء شكل العمل التقليدي الذي عرفناه في القرن الماضي وبروز ظاهرة العمل الإلكتروني ومزاحمة (الروبوت) على مراكز العمل إلا أن قوى العمل لا تنظر إلى كافة أنواع المكتشفات التكنولوجية بعين الحذر. والواقع أن هذه النظرة المتشككة مرهونة بموقف التوجه الاقتصادي السائد في مركز اتخاذ القرارات. ولا يمكن توقع موقف يشوبه الحذر تجاه المكتشفات التقنية الجديدة إذا كان غرضها المحافظة على فرص العمل وتسهيل شروط الأداء والتخفيف عن عبء العمل من حيث الجهد والزمن اللازم لإنجاز السلع ضمن عملية الإنتاج، أو لإنجاز الخدمات في القطاعات المعنية بذلك.

وتميز قوى العمل في العادة بين نوعين من التطور التقني:

- إذ هناك أولا نوع من تطور التقانة الذي يخلق منتجات جديدة واحتياجات جديدة ويعتبر مصدرا مهما للتطور الاقتصادي ويسمح بإيجاد أعمال ومهن جديدة ترتبط بهذا المنجز. مثل اختراع القطار والسيارة والجرار والهاتف والتلفزيون والطائرة وبعض التجهيزات الإنتاجية التي تخلق فرص عمل جديدة .

- وهناك ثانيا نوع آخر من تطور التقانة الذي يدخل أشكالا من الأتمتة الجديدة التي تحل مكان العامل، وتمكن أصحاب رأس المال من تخفيض كلفة السلع الموجودة في السوق عن طريق تخفيض ساعات العمل الضروري لإنتاجها. وتعمل بالتالي على إخراج قوى العمل وإحلال التقنيات الجديدة مكانها،بأداء أفضل وبكلفة أقل.

النوع الثاني من التطور التقني، هو ما كان يعتبر مصدر قلق لليد العاملة لأنها كانت ترى فيه تهديدا لعملها. وتحطيم العمال لآلات النسيج وتكسيرها مع بداية الثورة الصناعية معروفة وإن لم يدركوا حينها أن تلك الآلات ليست

سوى الموجة الأولى وأنه سيتبعها العديد من الموجات اللاحقة فيما بعد. وإن تأثيرات الأتمتة السلبية والإيجابية لم تظهر إلا في أواخر القرن العشرين وما بعده. وكما كان عمال الحرير في الماضي يخشون آلة الحياكة، كذلك يوجد اليوم العديد ممن يخشون العولمة وعصر المعلومات.

ومع انتشار الثورة الإلكترونية وتطبيقاتها في مجال الأتمتة التي أدت إلى إحلال الرجل الآلي مكان الإنسان في المصانع، بدأت التساؤلات تعكس الخوف المجهول لدى العمال، فيما إذا كانت هذه التقنيات ستؤدي إلى تدمير العمل أم أنها ستؤدي على نقيض هذا الخوف، إلى فتح المجال لأشكال وأنماط جديدة من العمل فحسب؟.

كما أنه مع بروز ظاهرة العمل عن بعد، وهي الظاهرة الحديثة في الوقت الراهن، عاد التشكك من جديد كما كان عليه الشأن عند اكتشاف الآلة البخارية وتطبيقاتها الأولى في الصناعة. وعاد العمال إلى طرح السؤال ذاته على أنفسهم مرة أخرى، وهو: هل يمكن لهذه الظاهرة الجديدة أن تخلق ديناميكية اقتصادية تؤدي إلى خلق وظائف جديدة ؟ وهل إن عصر المعلومات وعصر التقانة فائقة التطور ستكون وبالا عليهم، أم ستكون محركا فعليا لتنشيط سوق العمل؟ وهل سيكون بمقدور هذا النمط من الأعمال المستجدة حل مشكلة البطالة وإيجاد فرص عمل جديدة لهم؟.

إن المشكلة الرئيسية التي بدأت تبرز في الوقت الراهن هي التعارض بين الثورة المعلوماتية ومسألة تحقيق العمالة الكاملة. إذ أنه بالرغم مما حققته البلدان الصناعية من تقدم، إلا أن الواقع ما زال يشير إلى صعوبة التوفيق بين هدف تحقيق العمالة الكاملة وبين الأهداف الاقتصادية الأخرى. وتبرز في الوقت الحالي معضلة البطالة من جديد كمسألة بارزة من مضاعفات التطور التقني في العملية الإنتاجية.

المبحث الثالث عشر

مشروع تطوير التعليم نحو اقتصاد المعرفة (صناع المعرفة)

مقدمة:

يحتل مشروع تطوير التعليم نحو اقتصاد المعرفة (صناع المعرفة) مكانة متميزة، ويتمتع بأهمية كبيرة؛ من حيث إنه مشروع شمولي تكاملي للتحول التربوي، يقوم على الالتزام الوطني بالسعي نحو تحقيق أهداف التطوير النوعي للتعلم وفق مراحل زمنية محددة .

تعريف اقتصاد المعرفة من وجهة نظر التعليم الإلكتروني[1]:

ويعرف اقتصاد المعرفة بأنه "الاقتصاد الذي يدور حول الحصول على المعرفة، والمشاركة فيها، وتوظيفها لتحسين نوعية التعلم، ويعد أحد البرامج التطويرية الطموحة التي يتم تطبيقها على كافة المستويات، بهدف الانتقال بالطالب من الدور التقليدي إلى الدور الإيجابي الفاعل، وبالتالي تحويل المواطن من مستهلك للمعرفة إلى منتج لها".

ماهية فكرة المشروع:

فقد انبثقت من أن تطوير قوة عاملة فعالة ذات جودة عالية هي من

---

[1] عبد الله المانع، إدارة المناهج المدرسية، عمان، الأردن.

الأولويات في ظل الاقتصاد العالمي الجديد، من أجل بناء خطط شاملة مبنية على المعرفة من قبل المواطنين جميعهم ولتحقيق هذه الفكرة وضمان نجاحها، كان لا بد من البدء بإعداد برنامج تعليمي وتربوي متكامل وقادر على إيجاد البيئة الحاضنة التي ترعى الطالب وتزوده بالأساليب الحديثة والمهارات المتعددة التي تعتمد على إنماء التفكير الخلاق والقدرة على حل المشكلات والتفاعل في المجتمعات المختلفة .

وليس هنا من شك في أن التقدم الناجح في مجالات الجهد جميعها، التي تم تحديدها في هذا المشروع، سيؤدي في المحصلة إلى أكثر من مجرد تطوير الهيكلية التربوية، فالخطة الإجمالية للتغير متبلورة وموسعة ومحددة بمقاييس، وتطبيقها سيؤدي بالضرورة إلى تغيير النظام التربوي، وبالتالي تطوير الموارد البشرية والهيكلية الوظيفية التي تتناسب مع الاحتياجات الوطنية والتحديات العالمية في القرن الحادي والعشرين .

مكونات مشروع تطوير التعليم نحو اقتصاد المعرفة:

يتضمن المشروع أربعة مكونات هي:

المكون الأول: يتعلق بإعادة توجيه أهداف السياسة التربوية واستراتيجياتها من خلال الإصلاح الحكومي والإداري.

وعليه، فإن هذا المكون يدعم تطوير السياسات والاستراتيجيات الهادفة، وتطبيقها لإعادة توجيه الإدارة الفاعلة للمؤسسة التربوية وتمكينها من تلبية احتياجات الأفراد المتعلمين خاصة والمجتمع عامة .

فالغاية ـ إذن ـ من هذا المكون هي التنظيم الإداري الأفضل، وتطوير عمل الإدارات التربوية، وإعادة هيكلتها على نحو يؤدي إلى تحقيق الأهداف المرجوة .

ولهذا المكون خمسة عناصر، هي:

١- إعادة تحديد الرؤية، والتعريف بها، وإعداد استراتيجية تربوية متكاملة.

٢- إصلاح الإدارة الحكومية، وتطوير آليات صنع القرار المناسبة لتحقيق النظام التربوي الموجه للمتعلم.

٣- وضع نظام لدعم القرار التربوي المتكامل الذي يوفر تحليلا كفوءا للسياسة التربوية وإدارة فاعلة للأنظمة تحقق الشفافية والمساءلة.

٤- تدعيم الكفاءة في مجالات: البحث التربوي، وتحليل السياسات التربوية وتطويرها، والرقابة الفاعلة وتقويم تقدم النظام التربوي وأدائه.

٥- التنسيق الإداري الفاعل للاستثمار في مجال التطوير التربوي.

وأما المكون الثاني: فيختص بتغيير البرامج والممارسات وتطويرها لتحقيق مخرجات تعلمية تنسجم مع اقتصاد المعرفة. ويلحظ بوضوح تركيز هذا المكون على المسألة المركزية في تطوير التعليم؛ إذ يتعامل مع طبيعة التعلم والتعليم وتوقعاته في سياق المنهاج الجديد المصمم لإعداد الطلبة للحياة والعمل ضمن مبدأ الاقتصاد المعرفي، كما يركز أيضا على تطوير البرامج التربوية والمناهج الدراسية، إضافة إلى تدريب المعلمين وتحسين أدائهم وتطوير استراتيجيات القياس والتقويم، وتوظيف التكنولوجيا في عملية التعلم والتعليم.

ولهذا المكون ثلاثة عناصر، هي :

- ☒ تطوير المناهج وقياس التعلم.
- ☒ التنمية المهنية والتدريب.
- ☒ توفير المصادر لدعم التعلم الفعال.

وأما المكون الثالث: فيهتم بتوفير الدعم اللازم لتجهيز بيئات تعلمية مناسبة تتميز بالجودة، ويهدف إلى وصف وشرح الأهداف والأنشطة التي يتم

تحديدها باعتبارها أكثر الطرق فعالية لتحسين نوعية التعليم عن طريق تطوير وتحسين المرافق والتجهيزات المادية النوعية اللازمة لتوفير بيئة تعلمية مناسبة في المدارس العامة، وبالتالي فإن هذا يولد أولويات لتقليل عدد الصفوف المكتظة بالطلبة، واستبدال المباني المدرسية الآمنة بالمباني المدرسية غير الآمنة، وتحديث إمكانات دعم التطوير التربوي ومبادراته الهادفة إلى تحول في التعلم، يؤدي - لاحقا - إلى تحقيق اقتصاد المعرفة، وإنتاج جيل من صناع المعرفة قادر على مواكبة التغيرات الاقتصادية العالمية المتسارعة.

ولهذا المكون ثلاثة عناصر، هي:

١- استبدال الأبنية المدرسية الآمنة بالمباني غير الآمنة، والتخلص - قدر الإمكان - من المدارس ذات الصفوف المكتظة .

٢- الارتقاء بالمدارس القائمة؛ لدعم التعلم وتحسينه.

٣- توفير المباني المدرسية التي تتناسب مع الزيادة المطردة في عدد السكان.

وأما المكون الرابع: فيركز على تنمية الاستعداد المبكر للتعلم منذ مرحلة الطفولة المبكرة، يهدف هذا المكون إلى تعزيز طرق وأساليب دعم البرامج التي تسعى إلى تحسين نوعية التعلم وجودته في مراحل الطفولة المبكرة من جهة، وإلى تكافؤ الفرص التعليمية للأطفال جميعهم في المراحل العمرية كلها من جهة أخرى.

ولهذا المكون أربعة عناصر، هي:

☒ رفع الكفاءة المؤسسية.

☒ تنمية معلمات رياض الأطفال تنمية مهنية سليمة ومناسبة.

☒ التوسع في رياض الأطفال، بحيث تشمل المناطق الأكثر حاجة.

☒ نشر الوعي المجتمعي والفهم العام.

علما بأن لكل مكون من هذه المكونات الأربعة أهمية واضحة وأثرا كبيرا في دعم المكونات الأخرى، فهي جميعا تعد حلقة واحدة، وبالتالي فإنها تسعى إلى تحقيق الأهداف نفسها، ولكن بطرق مختلفة ومتنوعة.

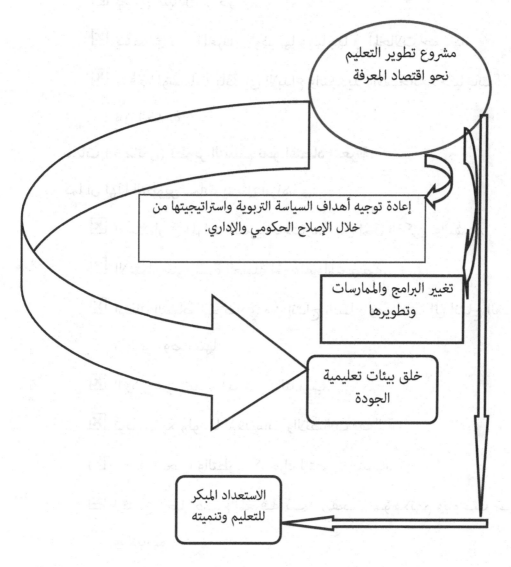

فوائد تطويرالتعليم نحو اقتصاد المعرفة (صناع المعرفة):

إن لتطوير التعليم نحو اقتصاد المعرفة (صناع المعرفة) فوائد عديدة من أهمها:

☒ فهو يعطي المستهلك ثقة أكبر وخيارات أوسع.

☒ يصل إلى كل أفراد المجتمع.

☒ يحقق التبادل الإلكتروني.

☒ يسهم في نشر المعرفة وتوظيفها وإنتاجها في المجالات جميعها.

☒ يدفع المؤسسات كافة إلى الإبداع والتجديد والاستجابة لاحتياجات المستفيد من الخدمة.

سمات (خصائص) تطوير التعليم نحو اقتصاد المعرفة:

كما أن لهذا التطوير سمات يتمثل أبرزها في:

☒ الاستثمار في الموارد البشرية باعتبارها رأس المال الفكري والبشري.

☒ الاعتماد على القوة العاملة المؤهلة والمتخصصة.

☒ انتقال النشاط الاقتصادي من إنتاج السلع وصناعتها إلى إنتاج الخدمات المعرفية وصناعتها.

☒ التركيز على التعلم المستمر والتدريب.

☒ توظيف تكنولوجيا المعلومات والاتصالات بفعالية.

☒ تفعيل البحث والتطوير كمحرك للتغيير والتنمية.

☒ ارتفاع دخل صناع المعرفة كلما ارتفعت مؤهلاتهم وتنوعت خبراتهم وكفاياتهم.

وعلى الرغم من أن مشروع تطوير التعليم نحو اقتصاد المعرفة (صناع المعرفة) لا يزال بكرا وفي مراحله الزمنية الأولى، إلا أنه حقق إنجازات تمثلت في إعداد المباني والتجهيزات المدرسية، وتطوير الكتب المدرسية وحوسبتها، وتدريب المعلمين والمشرفين التربويين على أفضل الطرق والوسائل الخاصة

بالتعامل مع هذه المناهج، إضافة إلى تأهيل وتطوير قيادات فعالة للأنظمة التعليمية بهدف خدمة الأفراد المتعلمين من جهة والمجتمع من جهة أخرى.

وإن كان ثمة ما ينبغي الإشارة إليه، فإن نجاح هذا المشروع يتوقف على تعاون المواطنين كافة مع واضعي السياسات التربوية ومنفذيها على حد سواء، وتضافر جهودهم معهم سواء أكانت هذه الجهود مادية أم معنوية.

مقترحات من أجل أن نستعد لمواجهة المستقبل:

١ ـ توفير الفرص المتساوية للناس في تحصيل المعرفة وما يرتبط بها:

إن التعليم بكافة مراحله ومستوياته، واكتساب الخبرات والمهارات والتأهيل المهني بما يتماشى وتطور التقانة المتواصل على المستوى العالمي، سيؤمن المصدر الرئيسي لتكوين المهارات والخبرات العالية للموارد البشرية. والتي تعتبر بدورها ليس فقط المصدر المحرك للتنمية، بل هي صانعة هذه التنمية.

٢ ـ التكيف مع المتغيرات التكنولوجية فائقة التقدم واستيعابها:

على أن يتم ذلك دون التخلي عن الخصوصية المحلية وعن الهوية وعن المكاسب الاجتماعية. ولا بد في هذا المجال من إعادة تقييم البرامج التعليمية والتدريبية،وإتقان الشباب للغات الأجنبية وإتقان استخدام التكنولوجيا الحديثة فائقة التطور واستيعابها.

٣ ـ المثابرة على تعميم المعلوماتية وإدخالها في الإدارة:

هذه المثابرة مطلوبة، بغية تحقيق إنتاجية العمل وتحقيق الشفافية والسرعة في تنفيذ ومعرفة الأنشطة المنفذة، وسرعة اتخاذ القرار في الإدارة من خلال تطبيقات نظم معالجة البيانات، ونظم المعلومات الإدارية والنظم الأخرى.

٤ ـ توقيف الهدر للإمكانيات المتاحة في الموارد البشرية:

وهو هدر يتركز حاليا على المرأة وإلى ضرورة تفعيل دور المرأة في الحياة وفي العمل،

وإشراكها في التنمية البشرية وفي تقرير شؤونها.

٥- رفع المتطلبات المهارية اللازمة للعامل البشري في ضوء الثورة التقنية من خلال:
إعداد برنامج وطني للمعلومات،بدءا من دور الدولة في تخطيط التنمية البشرية وزيادة
كفاءة العنصر البشري وتنظيم استخدامها وتدريبها وترشيد أدائها ورفع كفاءتها الإنتاجية
بغية تحقيق العمالة الكاملة المنتجة، كوسيلة وهدف لمخططات التنمية الاقتصادية
والاجتماعية، يجب إعداد برنامج قومي للمعلومات، من خلاله تتولى المؤسسات المعنية
بالتدريب المهني.

المبحث الرابع عشر

المتغيرات العالمية المعاصرة وأثرها في تكوين المعلم

تتمثل المتغيرات العالمية التي تشكل العالم المعاصر في خمسة متغيرات رئيسة: معرفية ومعلوماتية واقتصادية وسياسية وثقافية وسوف نتحدث عن كل منها بالتفصيل [1]:

أولا: المتغيرات العالمية المعاصرة:

ويقصد بالمتغيرات العالمية المعاصرة بأنها المفاهيم والأفكار والتطبيقات الجديدة التي طرأت واستجدت على الأبعاد الرئيسة التي تشكل العالم المعاصر، وهي الأبعاد: المعرفية، والمعلوماتية، والاقتصادية، والسياسية، والثقافية، والتي يتم تفصيلها على النحو الآتي:

---

[1] د.خالد بن محمد العصيمي الجمعية السعودية للعلوم التربوية والنفسية (جستن) كلية التربية - جامعة الملك سعود - الرياض اللقاء السنوي الثالث عشر.

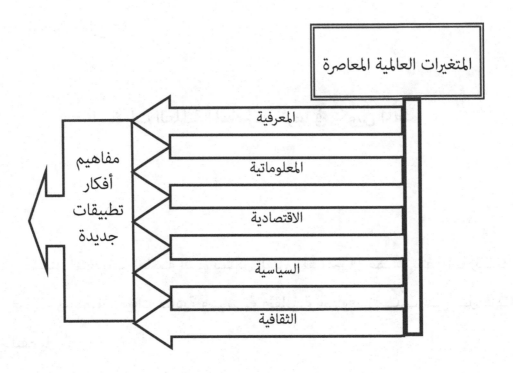

١- التغير المعرفي: يكمن هذا التغير في السرعة المتزايدة التي يتم عندها إنتاج المعرفة وتراكمها، وتوظيف المعرفة والأنشطة المعرفية في الإنتاج، وزيادة معدل القيمة المضافة الناتجة عنها، إضافة إلى التغير التكنولوجي بمعدلاته المتسارعة، والمتضمن توليد وانتشار التقنيات والمواد الجديدة، والإبداع التقني غير المحدود فيما يعرف بعملية "تخليق المعرفة"، كما يشير إلى تزايد واتساع فروع المعرفة، وتنامي التداخل فيما بينها فيما يعرف "بعبور التخصصات والدراسات البينية".

٢- التغير المعلوماتي: ويشير هذا التغير إلى كثافة وسرعة تبادل المعلومات والمعرفة، وتدني تكاليفها، وتنامي علم التحكم الإلكتروني وبرمجياته وارتباطه بتقنية الاتصال الحديثة وإمكاناتها غير المحدودة "شبكة الإنترنت"، الأمر الذي عزز من عملية الاتصال وجعلها أكثر تفاعلية، كما جعل الاقتراب من العالمية خاصية كبيرة وممكنة لكل شيء، كما أن تطبيقاتها أحدثت

تغييرا عميقا في مفاهيم الإنسان وأساليب حياته وأعماله وطموحاته وفي كل جوانب الحياة اليومية .

٣- التغير الاقتصادي: ويشير هذا التغير إلى تكثيف الانتقال الدولي للموارد، وارتباطها بعدد متزايد من المعاملات عابرة الحدود، وتحرير الأسواق ودمجها في سوق واحد، وتزايد تدفقات رأس المال والاستثمارات الأجنبية المباشرة والشركات العالمية كقوة محركة للاقتصاد العالمي، ومؤثرة على الخصائص الاقتصادية المحلية ومنطق تسييرها، وذلك من خلال القبول بالتحولات البنيوية المطلوبة على مستوى السياسات الاقتصادية والتجارية والمالية والأنشطة التحويلية والتقنية والمعلوماتية، بحيث يصبح الهيكل الإنتاجي والمالي للدول مترابطا ومتكاملا زمانيا ومكانيا فيما يعرف بالاقتصاد الرقمي والتجارة الإلكترونية، والتي تصبح فيها جميع السلع والخدمات قابلة للإنتاج والبيع والتنافس في كل مكان من العالم، إضافة إلى بدء عمل منظمة التجارة العالمية، وتقليص الحواجز التجارية بين الدول لتتحول العلاقات بينها إلى أرضية تجارية ذات اتفاقيات ملزمة وشاملة للعديد من إجراءات الحماية والوقاية والدعم والتعويض والإغراق والمعاملة الوطنية، والتي تعبر عنها منظمة التجارة العالمية، إضافة إلى توفيرها آلية قانونية لحل المنازعات التجارية بين الدول.

٤- التغير السياسي: ويشير إلى إعادة تحديد نطاق السلطة صعودا إلى مستويات أعلى من الدولة وربطه بمؤسسات عالمية الأهداف، وتجاوز مفهوم الاستقلال والسيادة إلى مفهوم المشاركة والتفاعلية في الشؤون العالمية والسلام الدولي، وظهور مفهوم المواطنة العالمية أو المتعددة الأبعاد للوطن والعالم بكافة ثقافاته، إضافة إلى إعادة تحديد نطاق السلطة هبوطا إلى الهياكل والتنظيمات المحلية فيما يعرف بفرضية "التقارب"، والتي نتج عنها تسارع

وتفعيل النزعة العلمانية والعقلانية والكفاءة في إدارة الدولة الليبرالية، وتوسيع المشاركة الشعبية في الحكم ، كما أصبحت مفاهيم الديمقراطية والحرية وحقوق الإنسان والمواطنة موضوعات رئيسة في سياسات العالم، بل إنها في الوقت الحاضر هي المد التاريخي الذي تنطلق منه كل رياح التغيير، وتكتسب من قوة الدفع الذاتي زخما هائلا يجعل مقاومتها أمرا بالغ الخطورة، وهذا هو شعار منظمات العالم ومؤسساته وأفراده، سواء كان ذلك على المستوى الداخلي للدول أو محاولة فرضها كمعيار للتعامل فيما بينها.

٥- التغير الثقافي: ويشير إلى نشوء شبكات اتصال عالمية تربط فعلا جميع البلدان والمجتمعات من خلال تزايد التدفقات الرمزية والصور والمعلوماتية عبر الحدود القومية وبسرعة إلى درجة أصبحنا نعيش في قرية كونية، وليصبح النظام السمعي - البصري المصدر الأقوى لإنتاج وصناعة القيم والرموز الثقافية، ومن ثم الاندماج العالمي الأعمق، بإخضاع المجتمعات لتاريخية ومكانية واحدة ثقافيا واجتماعيا وسياسيا، مما يفرز عبر المجتمعات والحدود حالات توتر وصور شد وجذب بين القوى المؤدية للتجانس الثقافي وبين عمليات التنوع أو اللاتجانس الثقافي، وبشكل عام، هناك أربع أطروحات مختلفة للعولمة الثقافية، وهي على النحو الآتي:

☒ ذوبان الهويات الثقافية في ثقافة كونية واحدة، متحررة من انتماءاتها اللغوية والقومية والثقافية.

☒ بقاء الخصوصية الثقافية وتعددها، والتي تعني وجود ثقافات تتفاعل لمزيد من التشبث بالهوية.

☒ انتشار "الأمركة" على نطاق العالم، لأنها الدولة التي تميل نحو إيجاد تجانس العالم معها.

☒ بروز ثقافة التقنية الحيوية "الجينات"، والتي ستغير نمط حياتنا ووجودنا البشري تغيرا جذريا .

ومما سبق، نجد أن المتغيرات العالمية المعاصرة شاملة لجميع جوانب حياة الإنسان المعرفية والتقنية والاقتصادية والسياسية والثقافية، وأن كل متغير منها يتضمن جدلا علميا وفكريا وتطبيقيا، بل ويؤثر كل متغير منها في الآخر، وهي متغيرات تشكل البيئة المحيطة بالنظام التربوي، وتؤثر في كافة عناصره وعملياته وفقا لمنهج النظم، وحيث أن المعلم يعد الركن الأساسي في هذا النظام وتأثره أمر واقع ولا مفر منه، فإن هذا يستدعي التعرف على الآثار التي تحدثها هذه المتغيرات في تكوين المعلم وإعداده، وتحديدا التأثير في وظائف الكليات التربوية وكليات إعداد المعلمين والأهداف التي تسعى إلى تحقيقها والبرامج التعليمية والبحثية والتدريبية التي تقدمها.

ثانيا: المتغيرات العالمية المعاصرة وأثرها في تكوين المعلم

تفرض المتغيرات العالمية المعاصرة السابقة العديد من الآثار والتحديات "الفرص والمخاطر" على أهداف ووظائف وبرامج مؤسسات إعداد المعلم "كليات المعلمين والكليات التربوية"، وعلى أدوار ووظائف المعلم والكفايات والمهارات الأساسية المطلوب توافرها فيه، ولذا سيتم تحديد هذه الآثار ليمكن التعامل معها بشكل عام، وتمكين المعلم من التفاعل الجاد والخلاق مع معطيات العصر، بشكل خاص، وذلك على النحو الآتي:

أ- الآثار المعرفية: تتمثل أبرز الآثار المعرفية على مؤسسات إعداد المعلم، في الآتي:

١- تغير أهداف العلم وتوجهه للتطبيقات، فيما يعرف "بتكامل المعرفة" ولمزيد من العلم والتعليم.

٢- تغير أساليب وأدوات الحصول على المعرفة وتنظيم تراكمها واسترجاعها بالحاسب الآلي.

٣- ازدياد الروابط البحثية وبرامج التبادل العلمي، مما أدى إلى زيادة الإنتاجية والكفاءة البحثية.

٤- تزايد البحوث بين التخصصات فيما يعرف "بالدراسات البينية" لتبادل الخبرة والمعرفة والأداء.

٥- تزايد الاستثمار الدولي في البحوث التطبيقية والتطوير(R&D)، وفي استخدام الأنشطة المعرفية.

٦- تزايد وضع المعايير العلمية في عالم ابتكاري، لتجنب التكرار ووضع المبتكر في مقدمة الموجة.

٧- حماية الملكية الفكرية في الاتفاقيات الدولية، وإعطاء دور واسع للعلم والخبرة والمهارة.

٨- تقادم المعارف وانخفاض قيمة ما يتم اكتسابه في الجامعات والمؤسسات التعليمية بشكل عام.

٩- الجامعة لم تعد المصدر الوحيد للمعرفة، لقيام مؤسسات خاصة تهتم بتوليد المعرفة وتطويرها، وحدوث انقسام بين مؤسسات التعليم في الميزانية والإمكانات والمكانة والتأثير والتخصص.

١٠- إفساد طبيعة الأبحاث الجارية في الجامعة، لما تثيره من قضايا أخلاقية ودينية وتربوية.

١١- تنامي "السرية" داخل مختبرات الجامعة، مما يحد من عملية تطور العلم وحيويته وتبادله.

كما أن تسارع تدفق المعرفة أدى إلى الوفرة وفقدان الاتجاه في البيئة التعليمية معا، لأن المرء مضطر اليوم ليعترف بأن المواضيع والنظريات ليست نتاجا آليا لظروفها الموضوعية، وأن الرابطة بين أحداث منفصلة مكانيا ومتقاربة زمانيا غالبا ما يصعب تفسيرها منهجيا، إضافة إلى تعقد طرق تحديد المشكلات وإجراءات التنفيذ والحلول، والتي تثير الحيرة وتكشف الخلل في المنهج العلمي التقليدي، وتستلزم معايير جديدة لتأكيد النوعية والصدق والحقيقة والتقبل المعرفي والتقييم.

وتطرح هذه الآثار العديد من التساؤلات: عن إيفاء مؤسسات إعداد المعلم باحتياجات التربية في ظل ندرة العمل العلمي الرصين وتغير التكوين المهني المطلوب؟، وعن كيفية التعامل مع تعاظم عملية تجزيء المعرفة والتخصص فيها؟، وما التعديلات اللازمة لإعداد المعلم للتعبير عن رؤية متكاملة نسبيا للمعرفة؟، وهل سيكفي إدخال مضمون متداخل أم إيجاد نهج جديد برمته؟.

وفي ضوء المتغيرات المعرفية، فإن تكوين المعلم يجب أن يركز على:

إعداد "معلم المعرفة" وهو المعلم الذي يمتلك قاعدة علمية معرفية صلبة وذات اتساع وعمق معرفي، وهو المتحرر إلى درجة كبيرة من الفصل القاطع بين التخصصات ومن تجزئة المعرفة، ومدرك للكيفية التي تترابط بها أجزاء المعرفة مع بعضها البعض، ولديه القدرة على تجديد معارفه، ورغبته المستمرة في الاحتفاظ الدائم بالحديث والجديد في هذه المعارف، وهو القادر على تطويع المناهج لتعليم طلابة من خلال تداخل العلوم والتخصصات المختلفة، والذي يكون مصدرا للمعرفة الحديثة للتلاميذ، وأن يكون قادرا على إرشادهم إلى مصادر المعرفة في المحيط المباشر للمدرسة وفي المجتمع الكبير، وملتزما بتطبيق المعارف التي يقدمها وكيفية الاستفادة منها والسيطرة عليها في حياة

التلاميذ، ولديه القدرة على تدريب التلاميذ على مهارة الحصول على المعرفة من مصادرها بشكل مستقل.

و"المعلم الباحث"، وهو المعلم الذي يؤمن بأن المعرفة متغيرة ونسبية، وهو الملم بطرق التحليل والتفكير المنطقي وفق منطق النظم وعلى التفكير التحليلي والتركيبي والإبداعي والتفكير الحر الملتزم بالمجتمع، وأن يكون قادرا على ممارسة هذا التفكير بأنواعه خلال تدريسه الصفي، وعلى تكوين المهارات المعرفية والبحثية للتلاميذ اللازمة للقرن الحادي والعشرين، مثل : سرعة الاطلاع وتحليل المشكلة والتجريد والتحليل النقدي البناء واستخدام المعلومات المتوفرة لتكوين اتجاه علمي نحو ظاهرة أو مشكلة ما، وإعادة تفسيرها ووضع نسق علمي يوضح تفاعلها مع الأنساق الأخرى.

ب- الآثار المعلوماتية: تتضح آثار المعلوماتية على مؤسسات التعليم العالي، في الآتي:

١- زيادة عدد وقوة الروابط فيما بين مؤسسات التعليم والأكاديميين، مما ساعد على ظهور مجتمع أكاديمي عالمي مترابط العلاقات العلمية والبحثية، وبما يعزز المعرفة والبحوث المشتركة.

٢- إعادة التنظيم المكاني والزماني للأنشطة التعليمية، فالتعلم وقتما يشاء الطالب وبالسرعة المرغوبة، والتواجد جسديا في قاعة الدراسة ليس شرطا، ولا توجد حاجة لمبان وتجهيزات تعليمية.

٣- توفر الدعم والفعالية والاختصاص لإدارة العملية التعليمية: تبادل المعرفة والتجريب والدعم المشترك، والتنسيق والتعاون والإرشاد الشخصي لمقررات التعلم، والتقويم ... إلخ .

تمثل نقلة في التعليم من صناعة كثيفة العمل إلى صناعة كثيفة رأس المال، ونقلة في التغيير العام لنظم التعليم نحو العقلانية وتقسيم العمل وتنويع الموارد، وليصبح التعليم أقل كلفة .

أنها تشجع المؤسسات التعليمية على دخول أسواق خارجية، وإنشاء فروع لها، وتوزيع مقرراتها... إلخ، ليصبح التعلم والتدريب سوقاً عالمية ينتشر بالتغلب على عامل اللغة والترجمة، وتجعل التنافس على تقديم خدمة التعليم والتدريب للفرد في أي مكان بالعالم.

أنها أضعفت أهمية ومصادر التعليم التقليدية، وظهور أنماط تعليمية تتوافق مع العصر كالتعليم عن بعد والافتراضي والمستمر، مما يزيد من مدى انتشار التعليم واتساع النطاق الذي يغطيه.

كما أدى الاستخدام المتزايد للتكنولوجيا المعلوماتية وربطها بشبكات الاتصال المتفاعلة إلى تغير جذري في الممارسات التعليمية التعلّمية نفسها، ليس فقط في السرعة والمرونة والمدى الذي توفره، وإنما في الدرجة المتزايدة للسيطرة على عملية التعليم التي تقدمها للمعلمين والطلاب، فمن السيطرة المتناظرة إلى الرقمية، ومن المذاعة إلى المتفاعلة، ومن السيطرة الخارجية على العملية إلى السيطرة الذاتية التلقائية، وصولاً إلى درجة أكبر من الكثافة باستخدام الوسائط المتشعبة والمترابطة، حيث الاستخدام الشمولي للكمبيوتر في التعليم، والجمع بين أشكال مختلفة للبث والاستقبال الإلكتروني، ومنتديات الخط المباشر، والمستخدمين المتعددين، وشبكة الإنترنت، وإنشاء مواقف افتراضية وعمليات لواقع افتراضي، وتطبيقاتها المتمثلة في صفحة "الويب"، والنص المتشعب، والكتاب أو المنهج الرقمي، والمكتبة الإلكترونية، والتعليم الإلكتروني، والجامعة الافتراضية، وغيرها، والتي تتضمن تنظيم المادة المقدمة وأسلوب بنائها المعماري، وتوسيع المحتوى

التعليمي، والعمل والتجريب والدراسة عن بعد، كما لا يقتصر استخدام المعلوماتية على المساعدة المباشرة في عملية التعليم فقط، بل تشمل التأثير على الأدوار التي يقوم بها المعلم، حيث ستكون العلاقة بين المعلم والطالب أفقية، والتعليم عملية تفاعل جماعي المعلم عضو فيها ومسهل، والطالب نشط ومتفاعل، والجماعة مكان للاستشارة، ولم يعد دور المعلم الأساسي "توصيل المعرفة" بل موجّه للتعلمّ والتفكير، من خلال تدريب الطالب على تعلم كيفية الحصول على المعلومات وتقويمها وتحويلها إلى معرفة مع الجماعة، وتركيز المعلم على تقويم العمليات التعلّمية والقدرة على البحث والتكيف والتعاون، كما يتميز استخدام المعلوماتية في العملية التعليمية بتوظيف المعرفة فعلياً لا مجرد نشرها،حيث الاستخدام الراقي والأمثل والتعاوني للمهارات والخيال والذكاء والاستدلال، أيّاً كان تنوعها الكيفي والمكاني بما يعرف بعمليات "الذكاء الجمعي"، إضافة إلى زيادة وتطوير هذه القدرات والمهارات وتجسيدها جزئياً وجعلها في متناول الجميع، وذلك فيما يتمثل في النظم الخبيرة ونظم المعرفة وفنيات المحاكاة، والتي تجعل من الممكن أن نرى ونشارك في فضاءات معقدة حية وعوالم من المعاني، إضافة إلى المشاركة والتشجيع المتبادل للخصائص والفروق الفردية، والمشاركة في الموارد والمهارات، كما أنها تجعل الرسائل مرتبطة بالسياق ونابعة من التفاعل العام والاتصال والإحساس المتبادل، مثلما كان الاتصال شفوياً، ومن ثم يقل التفسير والتأويل والاختلاف.

وبشكل عام، فإن استخدام المعلوماتية لا يقدم حلولاً سحرية لكل مشكلات التعليم، كما لا تضمن جودة التعلّم وحسن نوعيته، فقد تكون عاملاً مساعداً على النجاح وقد تكون العكس، كما أن هناك عدداً من التحفظات على تزايد استخدام المعلوماتية في التعليم، وهي الآتي:

١- الخوف من أن تحل التكنولوجيا محل المعلمين، بينما هي جزء أساسي من عملهم.

٢- الخوف من أن تفرض العزلة على أطراف العملية التعليمية بدلا من ربطهم بالمدرسة وبما يجري فيها.

٣- القلق من أن المؤسسة التعليمية والكلمة المنطوقة لم تعد الأداة الوحيدة لتلقي وتوصيل المعرفة.

٤- الخوف على الحرية الأكاديمية، حيث خطر الاتهام بالقذف أو الاعتداء على الحقوق الفكرية.

٥- الخوف من أن مشاعية المعرفة عبر الإنترنت ورؤية النماذج الجاهزة والاشتراك في حلقات النقاش، قد تؤدي إلى وقوع أضرار بالغة بترتيب المفاهيم ونظم القيم لدى الأفراد غير الناضجين .

٦- الخوف من أنها غير فعالة في التربية الروحية والأخلاقية، ولا توفر ما توفره الطرق القديمة التي تدمج بين التربية والمعرفة وبين المنهج المكتوب والمستتر، وتؤمن نوعا من التواصل بين الأجيال.

والتحدي في إعادة دور المعلم والمتعلم يتمثل في مراعاة التحولات المعلوماتية عندما نضع برامج تعليمية أو تدريبية أو مداخل تدريسية، ولذا تتساءل العديد من الدراسات، عن كيفية تعامل النظام التعليمي مع هذا السيل المتدفق من المعلومات؟، وهل ستحقق الشبكات الحاجات التعليمية؟، وما نتائج حرية وصول الطلاب والمعلمين إلى شبكات المعلومات؟، وكيف ستتغير مهمة المعلمين باستخدام تكنولوجيا أكثر كفاءة وفاعلية؟، وما تجارب التعليم الجديدة عندما تغدو تفاعلية بحق؟، وهل ستكون مجرد وسيلة لمساندة التعليم أم ستؤدي إلى ظهور أساليب وممارسات جديدة في بيئات التعليم؟، وعن كيفية تعلم الاختيار والتمييز بين المعلومات وكيفية "تعليم التعلم" ؟.

وفي ضوء المتغيرات المعلوماتية، فإن تكوين المعلم يجب أن يركز على:

إعداد "المعلم الرقمي"، وهو المعلم المتمكن من مهارات استخدام الحاسب الآلي والإنترنت ومهارات الاتصال والتواصل عبرها شفهيا وكتابيا بلغة راقية ومفردات ثرية، والذي يستطيع التدريس باستخدام تكنولوجيا التعليم، ولديه القدرة على تحويل المحتوى التعليمي إلى نشاطات تعليمية، وعلى التدريس بطريقة المشروع ويعتمد على ورش العمل والمختبرات والدوائر المغلقة والحقائب التعليمية والأفلام والأشرطة المرئية كوسائل تعليمية، والقادر على تدريب وتهيئة التلاميذ على التعامل مع عالم المعلومات والبيانات والاتصالات السريعة عن طريق الحاسب الآلي والإنترنت وسائر وسائل وتقنيات تحليل المعلومات ومعالجتها، وربط المعلومات السابقة بالجديدة وتوظيفها جميعا في الحياة العملية.

ج- الآثار الاقتصادية: وتتمثل في دفع الدول لانتهاج سياسات تخضع الأهداف التعليمية للإنتاجية في العمل والتنافسية، وتأثر التعليم من تطبيق سياسات التصحيح والتكييف الهيكلي، مما يعني إعادة هيكلة المؤسسات التعليمية وعملياتها وبرامجها الأساسية، لتدور حول مهارات سوق العمل ومتطلبات منظمة التجارة العالمية، مع جعل التعليم عملية تعلم مستمرة على مدى الحياة، واضطرار المؤسسات التعليمية للبحث عن مصادر تمويل إضافية نتيجة نقص الموارد وتضاؤل التمويل الحكومي، واللجوء إلى الخصخصة وإجراءات استرداد التكلفة، مما يتسبب في التفاوت الكمي والنوعي بين المدارس والطلاب، وسيتم مناقشة الآثار الاقتصادية على المؤسسات التعليمية وفقا للآتي:

أ- إعادة الهيكلة، من أبرز آثار تطبيق هذه السياسة على المؤسسات التعليمية، ما يلي:

١- إعادة هيكلة العمليات التعليمية من حيث: القبول والتنظيم والمناهج والتدريس والتقويم.

٢- ظهور كيانات تعليمية صغيرة للقيام بمهام تعليمية متفوقة في مجال الكفاءة والفعالية.

٣- أن يصبح التعليم أقل تمركزا، ويسمح بقدر أكبر من التخصص وتقسيم العمل.

٤- التأكيد على القياس والتقويم في كل جوانب التعليم، مما يسمح بقدر أكبر من تلاقي سياساته، ويفرض التنافس من حيث الأداء التعليمي والنواتج بل ومقارنة النتائج الدولية فيه.

ب- الاندماج، يحقق اندماج المؤسسات والشركات عددا من المزايا، والتي تتمثل في تحقيق فائض في عدة نواح، ويمكن أن تستفيد منها المؤسسات التعليمية، وذلك في الجوانب الآتية:

١- وفورات داخلية وقياسية، بالتوفير المالي والتكنولوجي والبشري والإداري في المؤسسة التعليمية.

٢- وفورات خارجية، بالدخول لأسواق جديدة، والحصول على المكانة والتأثير والسمعة المتوافرة لدى الشركاء مجتمعين، وإنتاج وتقديم خدمات لا يمكن تقديمها عن طريق أي منهما منفردا.

٣- الالتزام بمواصفات الجودة الارتقائية في كافة الخدمات، واستقطاب أفضل الكفاءات المنتجة.

٤- توحيد المناهج والبرامج التدريبية ومتطلبات التخصص المهني، ومن ثم تصديرها عبر الحدود.

ج- المواءمة مع احتياجات المجتمع وسوق العمل:

تؤثر الشركات العالمية على النظام التعليمي من حيث: الاستثمار في تنمية الموارد البشرية والخدمات والمواصفات التعليمية اللازمة لها، إضافة إلى نشرها المهارات من خلال البرامج التعليمية والتدريبية الخاصة بها، إضافة إلى تدويل التعليم من خلال تطبيق معايير السوق العالمي والمنافسة على مخرجات التعليم، لأن المستوى التعليمي للعاملين ومهاراتهم أصبح أحد شروط الحصول على شهادات الجودة، إضافة إلى أن هناك عددا من الآثار التي تفرضها المواءمة على المؤسسات التعليمية، ويأتي من أبرزها الآتي:

- أصبح التمييز بين عالم التربية وعالم الإنتاج أقل وضوحا وأصعب تحقيقا.

- الحاجة لتأسيس إجراءات الاعتراف بالمهارات والخبرة المهنية التي يتم اكتسابها في الحياة.

- تسريع استجابة التعليم لمطالب سوق العمل، وتوفير المرونة للعمالة للانتقال بين القطاعات.

- زيادة الدقة في التزامن بين العرض والطلب والإتاحة الفورية لهما، مما يوفر حظوظا أفضل لخريجيه.

- ومن أبرز آثار سوق العمل التي يفرضها على مؤسسات التعليم، الآتي:

١- صعوبة تقديم التعليم في جو من الشك والمعالجة قصيرة الأمد لمتغيرات سوق العمل وتوجهاته.

٢- تزايد الفجوة الأساسية بين متطلبات سوق العمل والنتائج التي تؤدي إليها أنظمة التعليم العالي.

٣- قلة صلاحية البرامج وزيادة تكاليف الدبلومات التي تتعرض محتوياتها للتطوير والتغير المستمر.

٤- صعوبة التحكم في الكم والنوعية، ليس فقط على مستوى المهارة المهنية المطلوبة، وإنما على مستوى الخصائص الشخصية والنفسية القادرة على التكيف النشط مع السوق.

د- الخصخصة، أي مشاركة القطاع الخاص في إنشاء المؤسسات التعليمية بدافع الربح، وتعني النظر إلى التعليم نظرة اقتصادية بحتة من حيث تكلفته ونفقاته، وتحميل الأفراد جزءا من هذه التكلفة، الأمر الذي يؤدي إلى عدد من الآثار في التعليم العالي خصوصا، وهي على النحو الآتي:

١- إدخال إجراءات أكثر دقة في اختيار طلابه، وترشيد المجانية على أسس سليمة.

٢- أصبح التعليم للتميز، ولتصبح ثقافة الإنجاز ومعايير الجودة والأداء التوجه والمعيار فيه.

٣- إدخال عنصر الإبداع والإبتكار والمبادرة والمبادأة والمنافسة إلى العمل المؤسسي التعليمي.

٤- تسجيل واحتكار واستغلال كل ما يقوله أو يفعله أو ينتجه الأساتذة داخل الجامعة.

٥- توسيع قاعدة الملكية لمؤسسات التعليم، وزيادة نطاق المسؤولية في الرقابة والمتابعة التعليمية .

٦- تعزيز عوامل التنوع والاستقلالية في مؤسسات التعليم، وزيادة كفاءته الداخلية والخارجية.

ومن جهة أخرى، هناك من يرى أن التعليم الخاص لا يكترث لاعتبارات عدالة التوزيع ويعمق التفاوت الاجتماعي والاقتصادي، وذلك لارتفاع تكاليفه مقارنة بالتعليم الحكومي، ولأنه يمنح الطلاب منافع فردية أكثر وعائدا اجتماعيا أقل، ويعزل المتعلمين عن ثقافتهم، ويضحي بالقدرة الإبداعية

لحساب التخصص الدقيق الذي يعد بمكاسب مالية، كما أن الخصخصة تفسح المجال لأجهزة الإعلام المختلفة لتنمي النماذج والمناهج التربوية الملائمة للمؤسسات الاقتصادية، وتشجيع استثمار جامعات أجنبية ذات إمكانيات وسمعة أكاديمية واسعة، وما يترتب عليه من إضرار بالتعليم المحلي، كما تزيد من هجرة الكفاءات التدريسية من التعليم الحكومي للقطاع الخاص، بينما تدفع الجامعات رسوما مخفضة لإحلال الأساتذة المساعدين، ويدفع الطلاب ليتلقوا الدروس الخصوصية.

د- سياسات التصحيح والتكييف الهيكلي: يميل أسلوب تطبيق هذه المعايير إلى تحجيم الرؤى والأهداف التربوية والإنسانية والاجتماعية للتعليم، ولتعتمد الأولوية في ميزانية الدول على الجدوى الاقتصادية والعائد المباشر، كما تطرح تساؤلات عن لماذا يتعين على الدولة تقديم مساعدات للتعليم العالي؟، مما يؤثر عكسيا على فرص التعليم العالي للفئات الفقيرة، ولسكان الأرياف والإناث، إضافة لحدوث نوع من الانقسام الاجتماعي، كما أن لهذه السياسات تأثيرات ضارة على التعليم، حيث: تدني الاستثمار وخفض الإنفاق، وتدني نسب القيد وتكافؤ الفرص، وتدني مستوى الخدمات تدريجيا والإضرار بمواد التعليم وظروفه، وتدني كفاءته في الأداء والنواتج والربحية، لأنه عندما تحل المصاعب المالية، يتم التخلص من بعض جوانب التعليم المرغوب فيها مقابل الجوانب الاختيارية مثل: مبادلة الجودة والنوعية بالتوسع الكمي، وتكافؤ الفرص التعليمية بتعليم النخبة، والتعليم العالي بالتعليم الابتدائي والإعدادي، وزيادة الموارد المالية بطلب العون الخارجي، وخفض المرتبات والأجور بضغط نصيب المستلزمات والوسائل التعليمية، والبحث وخدمة المجتمع بالتعليم والتدريس النظري فقط.

وفي ضوء المتغيرات الاقتصادية، فإن تكوين المعلم يجب أن يركز على:

- إعداد "المعلم الخصوصي"، وهو المعلم الذي يملك ذخيرة واسعة من المهارات المعرفية والمهنية اللازمة للتعرف على مختلف الصعوبات التي يواجهها التلاميذ في التعلم، والذي يقوم بدور الوسيط بين حاجات المتعلمين وحاجات المجتمع وحاجات النظام التعليمي، ويعمل في ظل المؤسسات التعليمية الخاصة والمستقلة، ووفق عقد عمل للقيام بعمل محدد ومتخصص وضمن فريق عمل يساعده ويتكامل معه حيث يكون العمل لبعض الوقت، كما يكون لدى المعلم المهارات اللازمة لخلق علاقات قوية مع أولياء الأمور وأصحاب العلاقة بالمدرسة، والذي يشرف على أدائه ويضع مناهجه ويقيم أساليبه أفراد المجتمع بمختلف شرائحه سواء من الأفراد أنفسهم "أباء وأمهات"، أو من المسئولين في قطاعات العمل والإنتاج والخدمات وكل من له مصلحة في نمو التعليم وفي العائد من هذا التعليم.

- إضافة إلى "المعلم التنافسي" وهو المعلم المتجدد في معارفه ومهاراته وخبراته باستمرار، ومتطور في وسائله التعليمية وفق أحدث التقنيات المعلوماتية، والذي يكون لديه المرونة والانفتاح على كل جديد، وعلى تعلم مهارات جديدة غير المهارات السابقة، وعلى التعلم مدى الحياة، وهو المعلم الحاصل على رخصة لمزاولة مهنة التدريس يتم تجديدها سنويا بناء على إجتيازه اختبارات تحصيلية ومهارية واختبار للقدرات، وهو المتحلي بأخلاقيات المهنة وبتقدير المسئولية الاجتماعية المترتبة على عمله، ويمتلك مهارات قيادة العمل وتحمل المسئولية والعمل تحت قيادة مهنية، ومهارات العمل ضمن فريق والعمل المشترك بصفة عامة، ويمتلك مهارات التعامل مع كافة أفراد المجتمع وقادر على بناء علاقات إنسانية معهم سليمة وإيجابية، ومتقن لمهارات العرض والإقناع، وبارع في تخطيط الجهد والوقت والمال.

وبشكل عام، فإن المعلم الخصوصي والتنافسي يجب أن يكونا قادرين على تحقيق الأهداف والنتائج بدقة ووفق معايير عصرية جديدة تركز على تنمية عقل وشخصية التلميذ ومهاراته وقيمه واتجاهاته ضمن عملية ذاتية ومستمرة مدى الحياة، ويكون دور المعلم فيها الإرشاد المعرفي وتسهيل وصول التلميذ إلى مصادر المعرفة، والتشجيع على تنميتها وتطبيقها في الواقع العملي والميداني.

وتفرض هذه المتغيرات الاقتصادية إقرار معايير وإجراءات محددة ودقيقة تنظم عملية القبول في كليات إعداد المعلمين، بحيث تكون عملية القبول انتقائية تنافسية، وتختار الطلاب المتميزين والمتفوقين في ذكائهم وسماتهم الشخصية، مع تنويع وسائل الكشف عن السمات الشخصية للمتقدمين وقدراتهم ومهاراتهم، والتأكد من أنها شاملة وموضوعية، مع تحميل الطالب جزءا من تكاليف الدراسة لكي تضمن قبول الطلاب الراغبين فعليا في مهنة التدريس، وقيام الكليات بحملات إعلامية تشمل كتيبات وملصقات وإعلانات تلفزيونية وتنظيم زيارات ميدانية للمدارس الثانوية، بهدف تأكيد بعض الثوابت المتعلقة باختيار معلم المستقبل، والتعريف بمهنة المعلم والدور السامي والنبيل الذي يؤديه، والعوائد المادية والمعنوية المجزية لهذه المهنة، ويمكن أن تصنف معايير القبول تحت الفئات الرئيسة التالية:

* معايير خاصة بالثانوية العامة: حيث يلزم أن لا يقل معدل الطالب في الثانوية عن ٩٠ %، ويمكن وضع معايير أخرى متعلقة بنوعية المواد التي درسها الطالب في الثانوية وعددها ومعدله فيها، والاستناد على المعلومات الصحيحة والموثقة التي يحتويها السجل الشامل عن إنجازات الطالب وقدراته ومهاراته الخاصة وسلوكياته ومشاركاته الصفية واللاصفية ومواظبته.

* معايير خاصة بالسمات الشخصية والنفسية: حيث يلزم أن تنفذ المقابلات الشخصية في ضوء إجراءات ومعايير محددة وواضحة وتجمع بين الحس والخبرة التربوية والقياس الرقمي لتوفر السمات التالية في المتقدم: القدرات التواصلية والقيادية والكاريزمية والمظهر العام وسلامة الحواس والجسم، إضافة إلى قياس القدرات العقلية والنفسية والميول والاتجاهات نحو مهنة التعليم والثقة بالنفس والجراءة، والمرونة في التعامل مع المستجدات والتأقلم معها والتسامح والتعاون.

* معايير تتعلق بالاختبارات التحصيلية : بحيث تقيس المهارات المعرفية والبحثية والفكرية والتطبيقية والإبداعية الأساسية التي يلزم توافرها في الطلاب وتقيس المهارات اللازمة في التخصصات الدقيقة والتي تحقق المتطلبات الخاصة بالقسم.

* تبني إجراءات تسمح بالقبول المشروط والمؤقت والنهائي، بحيث يمكن إجراء اختبارات تحصيلية أخرى بعد مرور سنتين للطالب في الكلية لمعرفة مدى توافقه مع التخصص الدقيق والمحتوى المعرفي، ومن قدراته العقلية والنفسية العامة، والتي على ضوئها يتخذ القرار عن إمكانية بقاء الطالب في التخصص الذي اختاره وقبوله النهائي أو تحويله إلى تخصص آخر.

* توفير تخصصات آخرى بديلة لمن يثبت عدم ملاءمتهم لمهنة التدريس والذين لم يحصلوا على القبول النهائي، بحيث يمكن إعدادهم لمهن تعليمية مساعدة كمحضر مختبر ومجهز معمل ومراقب وإداري مساعد ... الخ، أو إعطاؤهم كشفا بدرجات المقررات التي درسوها.

٤- الآثار السياسية:

تتضح الآثار السياسية في التطبيق والممارسة لمفاهيم الديموقراطية والحرية والوطنية، لأنها قد لا تتوافق مع الواقع والإرث الاجتماعي والثقافي لدول العالم

الثالث، والتي تعاني من هيمنة قيم التعصب والقبلية والطائفية، ومن إنحدار الـوعي الديموقراطي وقيمه، ومن هنا تبرز الوظيفة السياسية لمؤسسات التعليم، وذلك من خـلال تعريف الأفراد بحقوقهم وواجباتهم، وتحقيق الحوار الوطني والمشاركة المفتوحة مع أفراد وجماعات ومؤسسات المجتمع المحيطة، وإيجاد جذور لها في سلوكيات الأفراد وفي حياتهم العملية، وأيضا التوازن مع السلطة والممارسة الديمقراطية في المجتمع.

والديموقرطية في التعليم تعني إيجـاد فرص متـساوية للجميع بـدخول مؤسساته، وتوفير بنى غير تقليدية ومرنة لقبول الوافدين الجدد وتعـديل محتـوى التعليم بـشكل متوافـق مـع اهتماماتهم وأهدافهم الشخـصية، ومواكبـة المـضامين المعرفيـة والمهـارات والاتجاهات العالمية المطلوبة، والبعد عن الاتجاهات الهادفة لاستغلال ذكاء الأفراد لصالح قطاعات تتطلب أشخاصا مدربين بطرق محددة ومزودين بأفكار صارمة ورتيبة، ومصممة لجعلهم قوة عمل سهلة القيادة، ومن جهة أخرى، فإن الحرية الأكاديمية تـوفر لمؤسـسات التعليم عددا من المزايا، والتي من أبرزها الآتي:

١- أنها تزيل المعوقات التي تحد من النشاط العلمي والبحثي والمهني الحر للأستاذ والطالب .

٢- أنها تعطي الجامعات مزيدا من العمل والكفاية والاستقلال الداخلي والإنجاز .

٣- أنها تعيد للجامعة توازنها في القيام بوظائفها الأساسية في المعرفة وممارسة دورهـا الديمقراطي .

٤- أنها تقلل مصادر الاستلاب والاغتراب الأكاديمي للطلاب، وتوفر لهم نقابات تـدافع عنهم .

أما المواطنة، فإنها تمر بمرحلة مراجعة لكسر حاجزها القومي، بدعوتها لأن تضيق نحو مواطنات أصغر ذات جامع لغوي أو عرقي، أو أن تتوسع نحو مواطنة عابرة للقوميات، إضافة إلى تداخل حدود الانتماءات الفكرية والثقافية مع أبعاد المواطنة، وما يترتب عليه من انشقاق في مجال الفكر والمفاهيم، ومن الخلل في الرؤية والاختيار والاختطاف أمام بريق الشعارات، وبروز الممارسات التي تشكل خرقا لمسلمات الوطن ومصالحه العليا، والتي تؤدي في النهاية إلى الصراع والانقسام في المجتمع، وإشعال نار الفتن وتغذية التطرف والإرهاب ليقضي على كل قيمة شريفة، وخاصة لدى فئة الشباب وما يتسمون به من حب كل جديد ورغبة في التغيير وتأكيد الذات، إضافة إلى أن الانتماء المزدوج لجامعات العالم الثالث بين المحلي والعالمي هو المصدر الرئيس للصعوبات التي تواجهها، حيث نجد الآتي :

١- أن الجامعات قد تقدم النقد المعزز ببراهين علمية صادرة عنها، وهذا يجلب لها نقمة المسؤولين.

٢- أن الجامعات تشكل الخريجين المتجهين للخارج علميا ومرجعيا، مما ينافي تنمية الشعور الوطني.

٣- هجرة الكفاءات الجامعية عبر الحدود، التي تجد نفسها وجامعاتها بحالة ارتباك وإحباط تجاههم.

٤- عدم فعالية المؤسسات التعليمية على تأكيد التلاحم الوطني أمام تعاظم وسائل الاختراق .

٥- تجاوز البيئة المباشرة للمؤسسة التعليمية الحدود القومية وازدياد الحراك والتأثر لأعضائها .

٦- تزايد الصراع وتكشفه بشكل كبير وفج في الجامعات، وتشطرها حتى داخل الجامعة، لأنها غير قادرة على حماية نفسها أمام سيطرة الأقليات المتعصبة عليها، ولزيادة نفوذ المهنيين فيها .

وفي ضوء المتغيرات السياسية، فإن تكوين المعلم يجب أن يركز على:

إعداد "المعلم الديموقراطي"، وهو المعلم الذي يتمثل الحرية الأكاديمية كسلوك وممارسة واعية وناضجة في الحياة وفي العملية التعليمية وفق الضوابط والالتزام بالصالح العام، ولديه طموحات في رسم مستقبل متجه نحو الديمقراطية، ويحيا منظومة قيمية وأخلاقية تحكم أداءاته كافة بعيدا عن التسيب والتهاون، بحيث يبدع في التدريس والبحث وعدم الانغلاق إلى نمطية محددة، ويمارس دوره بفعالية وكفاءة في التدريس والتقييم والنمو المهني وخدمة المجتمع، ويسير مع تلاميذه وبهم لأقصى ما تسمح به مقدرتهم وإمكاناتهم واستعداداتهم، ويقوم تلاميذه بعداله ونزاهة وشفافية، ويكون قادرا على تنمية القدرة النقدية التي تستلزم تفكيرا حرا وفعلا مستقلا، ويشكل حافزا لتلاميذه على البحث والنقد والمشاركة والمناظرة للآخرين واحترام آرائهم، ويعمل على إشراك جميع التلاميذ في عملية التعليم، وعلى إعادة الحيوية للصف وتصليح الخطأ الناجم عن التركيبة الهرمية له، والتخلص من النماذج السلبية في النظر للسلطة .

إضافة إلى "معلم المواطنة"، وهو المعلم الذي يجعل من الوطنية موضوع التقاء لكل التوجهات والأفكار والآراء التي تعكس نوعا من التعددية الثقافية والفكرية في المجتمع، وتنمية السلوك الاجتماعي والأخلاقي المسؤول وإيجاد جذور لها في سلوكيات التلاميذ، وهو الذي يتعامل مع تلاميذه بموضوعية بغض النظر عن أية أبعاد عشائرية أو اجتماعية أو طائفية، ويشبع حاجاتهم الوجدانية والنفسية والروحية بما يتفق وتكوين شخصية ملتزمة

ومتوازنة في ذاتها، بعيدة عـن اللامبـالاة ومنتميـة للمـستويات الاجتماعيـة "الأسرة والأمـة وجماعة العمل... الخ" المختلفة في المجتمع وتعزيز علاقتهم بها، وترسيخ مفاهيم التعاون مع الآخرين والقيام بالعمل الخيري التطوعي والخدمي، وليكون تلاميـذه أكـثر فعاليـة في الحياة العامة، وأن يكونوا مـواطنين معتمدين علـى نفـسهم وعـلى مقـدراتهم، ومعتزين بوطنهم وبولاة أمره وبنظامه ومؤسساته الاجتماعية، ولديهم القدرة على التضحية بالنفس والمال في سبيل الدفاع عنه .

٥- الآثار الثقافية: تعد العولمة مصدرا جديدا للتجانس الثقافي، وذلك بفضل حيازتها على المعرفة المنظمة، والوسائل الفاعلة لنشرها وتطبيقها في كافة مجالات الحياة، إلا أن عملية التجانس هذه ومسارها ليسا أمرين حتميين، إذ تـسهم فيها عوامـل عديـدة منها القيم والمعتقدات السائدة، ولذا نجد استمرار الاختلافات الضمنية في القيم ومن ثم تعدد الممارسات والأساليب أي التعدد الثقافي، ولذا تدور ثقافة العولمة حول السعي المشترك بين التماثل والتمايز ومحاولة كل منهما النيل من الآخر، والمستقبل يحمل مشهدين هما:

تعزيز نسق أحادي، أو الحفاظ عـلى التنـوع الثقـافي، ومـن ثـم تعتمـد آثـار العولمـة الثقافية على تحري ما إذا كانت ستؤدي إلى التجانس أم إلى التعدد الثقافي.

وبالرغم من أن الدور الثقافي لجامعاتنا ضعيف إلى حد يمكن تجاهله، إضافة إلى توزعها بين قطبي جدليـة العالميـة والحداثـة في مجـال الثقافـة، ممـا يجعل حركة التطور في التعليم الجامعي بشكل عام تتسم بضبابية تلف فلسفة التعليم الجامعي ومحتواه، وتجعل مـسيرتها أقرب إلى العشوائية، إضافة إلى توجه الأجيـال القادمـة إلى الفضائيـات والمعلوماتيـة بمزيد مـن النـشوة مـع التقاليـد الجديـدة، والتـي خلقـت الانطبـاع أنـه لا يوجد شيء محـدد، وأن كـل

شيء يتوقف على وجهة نظر المشاهد، ويدعم هذا مبالغة المؤسسات التعليمية في الاهتمام باللغات الأجنبية والتدريس بها في بعض العلوم والأقسام، وانتشار الجامعات الأجنبية، واتساع هذا النمط مع ما تفرضه اتفاقيات منظمة التجارة العالمية من إلغاء لأية قيود على فتح المؤسسات التعليمية الأجنبية لفروع لها في الدول الأخرى، والإيحاء بأفضلية الأجنبي على ما هو وطني أو قومي، ولذا فإن للتعليم في هذه المجالات دورا مهما، لأن الانفتاح الزائد لانسيابات الثقافة العالمية يهدد مجتمع الدولة بالاحتجاج والثورات بينما الانغلاق سيخرج الدولة عن المسرح العالمي، ولأن مهمات التعليم والثقافة تتداخل لتكون دافعة أو معوقة لحركة التقدم، وهناك عدد من آثار العولمة الثقافية على مؤسسات التعليم، والتي من أبرزها الآتي:

١- زيادة التدفق الحر للمعارف والمعلومات مما يعزز وظيفة تنمية العلم والتفكير العلمي.

٢- تطوير وامتلاك المهارات التقنية والإدارية والتسييرية والتفوق فيها، من خلال التعليم العالي.

٣- تفعيل بعض المبادئ التربوية العالمية مثل "التعلم الذاتي" و"التعليم للجميع" و"التعليم المستمر".

٤- تزايد المقارنة بين الجامعات وتطويقها بعدد من المرجعيات الأكاديمية العالمية والمتنوعة.

٥- إحداث تغييرات في شكل الدراسات ومحتوى البرامج، لتشبع احتياجات الفئات المحرومة.

٦- تبني عدد من القيم العالمية المشتركة، والتي تساعد على نشر ثقافة السلام، وكشف العيوب الموجودة في البنية السلوكية والقيمية المحلية بعيدا عن قيم الهيمنة أو الوصاية المعرفية والثقافية.

٧- خلق عدد من التناقضات بين: أنماط المعيشة العالمية والمحلية، وبين الحداثة والتقاليد، وبين التعليم الغربي وإحياء المؤسسات التعليمية التراثية، والتوتر بين المادي والروحي.

ولذا يبرز التساؤل عن كيفية المضي قدما في مواجهة ثقافة أكثر تنوعا واعتمادا على الصور الرمزية وأقل ألفاظا وأكثر تركيزا، ثقافة الأجيال الناشئة "جيل الشبكات"؟، وعن كيفية حماية الهوية الثقافية في وجه ما تتعرض له من تدفقات العولمة وتداخل المحلي بالاقليمي بالعالمي وسرعة تحولات أنماط الحياة والأنشطة، والتي تكون غالبا غير متفقة مع الواقع وإمكانياته، بل والتي تتجاهلها تماما.

- وفي ضوء المتغيرات الثقافية، فإن تكوين المعلم يجب أن يركز على:

إعداد "المعلم العصري"، وهو المعلم الذي لديه سعة ثقافية في الفنون العقلية والعلوم واللغات، ويقود التجديد وصناعة المجتمع وفقا لمقتضيات العصر، وقادر على التعامل مع تجديد الثقافة المحلية والتفاعل مع الثقافة العالمية، بدلا من التلقين أو الانبهار، كما يستطيع التدريس بأساليب منطلقة من منهجية المستقبل، ويمتلك أكثر من لغة ويدعم مفهوم نسبية المعارف ويعمل على التوفيق بين الآراء وبناء وجهة نظر متطورة ومتغيرة، وهو المعلم الذي يشجع الحكمة القائلة "فكر عالميا ونفذ محليا"، ويهتم بالتفاعل مع الخصوصيات الأخرى، ويراعي التعددية الثقافية في تدريسه وتقويمه، وأن يكون لدى المعلم الوعي الكامل بالعوامل السياسية والثقافية والاجتماعية التي تؤثر على عمله، والذي يكون له دور في نشر ثقافة السلام، والالتزام بمبادئ العدل والتسامح والحوار والاحترام بين أفراد المجتمع والجماعات والشعوب المختلفة بتنوعها العرقي والديني والثقافي.

ثالثا: المقترحات اللازمة لاستجابة كليات المعلمين للمتغيرات العالمية المعاصرة:

يعد التعليم المرتكز الأساس للإعداد للمستقبل ومواجهة متغيراته والتعامل معها، ويأخذ التكيف مع المتغيرات العالمية بمنهج رد الفعل والاستجابة، من خلال مراقبة التغيرات العالمية، ومن ثم إعادة صياغة الواقع وإجراء التعديلات على الجوانب ذات العلاقة بالكم والحجم والنوع والشكل القادرة على تحقيق المصالح ويجنبها المخاطر، أي الأخذ بمنظور النظام المتفاوت في انفتاحه أو انغلاقه، والذي يمر بعملية دائمة من إعادة التشكل، يستعيد بها توازنا مفقودا، وقد يكون هذا التشكل في اتجاه النماء فيتعزز النظام، أو في اتجاه التصلب وفقدان الحيوية، أو حتى في اتجاه التراجع.

وهذا يعني، أن تدرج المتغيرات العالمية وآثارها المتعددة على جدول أعمال برامج تكوين المعلم المستقبلية، واتخاذ موقف يفسح المجال أمام تحرك نشط وفاعل لأخذ الدور والمكانة والنصيب من الفرص والاحتياط من الأخطار، وتحديد مختلف درجات التأثير والتكيف والتعديل، وإكساب المعلمين المعارف والمهارات والمواقف الملائمة للعمل، وبحيث يلعب المعلم دورا حاسما في تشجيع الهوية الثقافية، لأنه الأساس في بناء الأجيال القادرة على المواجهة، وفي بناء المجتمع اجتماعيا وفكريا، كما يعني أن نظم التعليم العالي مطالبة بالعمل في ثلاث اتجاهات هي: التكيف مع التغيرات، ولعب دور إيجابي فيها، والعمل على تطوير طبيعة عملها نفسه بسبب هذا التغيرات.

ولذا، يجب الالتزام بعدد من الأهداف لبرامج إعداد المعلمين، وهي الآتي:

١- تطوير برامج الإعداد لتتناسب مع المستجدات المعرفية والاجتماعية والاقتصادية والثقافية وفق ثوابت سياسة التعليم في البلد.

٢- تحسين نوعية البرامج وملاءمتها لاحتياجات المجتمع المحلي .

٣- توظيف التقنية الحديثة في زيادة فاعلية برامج الإعداد وإثراء مفرداتها.

٤- تعريض الطالب/المعلم لخبرات مطولة منظمة ومنهجية في الميدان التربوي.

٥- تنمية قدرات أعضاء هيئة التدريس والارتقاء بمستويات أدائهم.

٦- ضمان مستوى ملائم من الجودة في برامج الإعداد يزود الطالب/المعلم بالسمات والخصائص الشخصية والكفايات المهنية الأساسية .

٧- إضافة إلى تفعيل وظائف كليات إعداد المعلمين، لتنطلق من الآتي:

٨- نشر المعرفة، بالتركيز على التعليم المتخصص والشامل والتدريب المستمر للمعلم.

٩- تنمية المعرفة، بالاهتمام بالبحث والتطوير التربوي مفهوما وتطبيقا وتوجيها ودعما.

١٠- تطبيق المعرفة، بإحداث تغييرات سلوكية وتنموية في البيئة المدرسية.

١١- عولمة المعرفة، بتدويل برامج البحث العلمي والتكنولوجيا والأفكار والمواقف والأنشطة التي تقوم بها مؤسسات التعليم العالي،والتعاون الدولي مع المؤسسات المماثلة عربيا وعالميا.

والأخذ بعدد من الاتجاهات والتوصيات في مجال التعليم العالي، أهمها الآتي:

١- عولمة التعليم بالانفتاح على الجامعات والمعاهد العالمية وتوقيع الاتفاقيات والمعاهدات الثقافية معها، وتبادل الأساتذة والزيارات والبرامج العلمية والتشاور وعقد الاجتماعات الفنية.

٢- متابعة التوجهات العالمية الحديثة في مجال التعليم العالي، والتنويع في أنماط مؤسساته، مثل: الجامعات المفتوحة، والتعليم العالي الأهلي والخاص،

وكليات المجتمع، والتعليم التعاوني.

٣- إيجاد هيئة للاعتماد وضمان النوعية بالجامعات، والجودة والتميز في البرامج والمناهج.

٤- الاهتمام بالتعليم عن بعد وتكنولوجيا المعلومات والاستفادة من الجامعة الافتراضية.

٥- مواءمة التعليم العالي مع احتياجات سوق العمل وتطوراته المتسارعة.

٦- التعديل الجذري في المناهج التعليمية وأساليب التقويم لمواكبة الخريجين التغيرات في سوق العمل.

٧- التركيز على إنتاج المعرفة والأبحاث التطبيقية وتوفير الإمكانيات المادية والبشرية اللازمة لها.

٨- الاتجاه نحو تأكيد دور التعليم العالي في دعم ثقافة السلام (Culture of Peace).

٩- الاتجاه نحو الجامعة المنتجة، التي يتكامل فيها التعليم والبحث العلمي وخدمة المجتمع.

إضافة إلى تفعيل عدد من التحولات الداخلية للنظام التعليمي، من أبرزها الآتي:

١- التحول من الجمود إلى المرونة: أي التطور المستمر وفق منظور استراتيجي للتغيرات العالمية.

٢- التحول من التجانس إلى التنوع: أي مواءمة المخرجات مع متطلبات السوق المتنوعة.

٣- التحول من ثقافة الحد الأدنى إلى ثقافة الإتقان: أي التأكيد على الجودة الشاملة.

٤- التحول من ثقافة الاجترار إلى ثقافة الابتكار والإبداع: أي تفعيل العقل والحس.

٥- التحـول مـن ثقافـة التـسليم إلى كفـاءة التقـويم: أي تفعيل التفكـير التحلـيلي والنقدي.

٦- التحول من السلوك الاستجابي إلى السلوك الإيجابي: أي تنمية المبادرة والاستقلالية.

٧- التحول من الانبهار بالنواتج لمعاناة العمليات: أي الاعتماد على البحث والتقصي.

٨- التحول من الاعتماد على الآخر إلى الاعتماد على الذات: أي تعليم كيفية التعلم.

٩- التحول مـن التعلـيم المحـدود إلى التعلـيم مـدى الحيـاة: أي التـدريب والتعلـيم المستمر.

١٠- التحـول مـن ثقافـة الانـصياع إلى المـشاركة والاختيـار: أي تنويـع بنـى التعليم وأساليبه.

إضافة إلى تطبيق وتفعيل وظائف كليات إعداد المعلمين، من خلال الآتي:

١- إعادة صياغة أهداف كليات المعلمين وربطها بالبيئة المحيطة وبخطط التنمية.

٢- الأخذ بأساليب ومعايير جديدة في قبول وتسجيل الطلاب الملتحقين بكليات المعلمين.

٣- تنويع أساليب التعليم المطبقة حاليا واستخدام طرق التدريس الفعال والإجرائي.

٤- تبني نظام دراسي جديد يواكب المتغيرات الحالية والمستقبلية كنظام الساعات مثلا.

٥- تصميم برامج دراسية مرنة وإدخال تخصصات جديدة لمواجهة التحديات المستقبلية.

٦- تنويع أساليب التعلم والتقويم وفقا للمستجدات التربوية والمهنية في إعداد المعلم.

٧- تهيئة المناخ المناسب لإعداد المعلم للحياة والعمل في القرن الواحد والعشرين.

٨- الاستفادة من البحث العلمي لحل مشكلات المجتمع ومواجهة تحديات المستقبل .

٩- الاهتمام بالتدريب في إطار مفهوم التربية المستمرة والتعلم مدى الحياة .

١٠- تطوير أداء أعضاء هيئة التدريس في كليات المعلمين، والبدء في تنفيذ برنامج للدراسات العليا.

١١- تحقيق التوازن بين الإعداد المهني والعلمي وحاجة المجتمع المستقبلية .

ومراعاة تغير أدوار المعلم في عصر العولمة، والتي تشير إليها التوصيات الآتية :

١- إعداد المعلمين وتدريبهم المستمر لمواجهة التحديات بمختلف أشكالها وغرس القيم العربية والإسلامية في نفوس الطلاب وتجسيدها سلوكا حقيقيا في حياتهم اليومية.

٢- إعادة النظر في مكونات المنظومة التربوية وبخاصة المعلم لزيادة وعيه الثقافي وإعادة إعداده ليتناسب ذلك مع متغيرات عصر العولمة.

٣- إعادة النظر في الدور الحضاري للمعلم حيث بات من الواجبات الكبرى للقيادات التعليمية والتربوية والاجتماعية والسياسية بصورة عامة .

٤- عقد ورش عمل لتدريب المعلمين حول توظيف عصر العولمة وتكنولوجيا الاتصالات والمعلومات في مجالات التعليم وتنمية فهم أعمق للمجتمع والمتغيرات العالمية المعاصرة التي أحدثتها العولمة.

٥- تشجيع المعلمين على الابتكار والتجديد في عمليات التعلم والتعليم، وتوفير البرامج التدريبية التي تساعدهم على التحول من كونهم ناقلين للمعرفة إلى مشاركين ومطورين لها قادرين على التفاعل المستمر مع تحولاتها، وأن تتاح للمعلم الفرصة للمشاركة في تطوير البرامج والخطط الدراسية وتطويع الساعات الدراسية فيما يساعد الطلاب على تطوير قدراتهم المعرفية.

إضافة إلى أن مكونات برنامج إعداد المعلمين الناجح لابد أن يراعي ما يلي:

١- تقديم معرفة تخصصية عالية، ومعرفة طرق نقل المعلومات وتسهيل فهمها وتطبيقها.

٢- تعديل البرنامج ليتناسب مع احتياجات الميدان، وإيجاد برامج وطرق بديلة لإعداد سريع.

٣- إعداد المعلم لتدريس نوعيات خاصة من الطلاب، وتعريضه لخبرات مطولة في الميدان.

٤- تعاون وشراكة مؤسسات الميدان من مدارس وإدارات تعليمية مع كليات إعداد المعلمين.

٥- استخدام التقنيات الحديثة في التعلم وجعلها من مكونات التعلم في برامج إعداد المعلمين.

٦- تضمين برامج إعداد المعلم طرقا متعددة للتدريس في بيئات متعددة ومع التعددية الثقافية.

٧- تعلم خبرات ميدانية مع معلمين ذوي خبرة في استخدام التكنولوجيا وإدارة الصف.

ولابد أن يحقق نظام اختيار الطالب/المعلم بكليات إعداد المعلمين الأهداف التالية:

١- انتقاء أفضل المتقدمين خلقا وذكاء وعلما، وأكثرهم استعدادا لممارسة مهنة التدريس.

٢- تنويع وسائل الكشف عن السمات الشخصية للمتقدمين وقدراتهم ومهاراتهم لمهنة التدريس.

٣- توفير قدر ملائم من الشمول والموضوعية لوسائل الاختيار وآليات القبول في كليات المعلمين.

٤- تنفيذ المقابلات في ضوء إجراءات ومعايير محددة وواضحة للسمات الشخصية المرغوبة.

٥- تطبيق اختبارات الميول ومقاييس الاتجاهات نحو مهنة التدريس.

٦- إشراك المدرسة الثانوية في عملية اختيار معلم المستقبل، وتوفير المعلومات الصحيحة عنه.

وأخيرا، لابد من أن يتحلى المعلم بعدد من الكفايات المهنية الملائمة للمتغيرات العالمية، وأن تتلخص هذه الكفايات في ثلاثة محاور يرتكز عليها إعداد المعلم في كليات المعلمين:

أ- كفايات معرفية، وتشمل معلم المعرفة والمعلم الباحث والتعلم الذاتي.

ب- كفايات مهنية، وتشمل المعلم الرقمي والمعلم الخصوصي والمعلم التنافسي.

ج- كفايات ثقافية، وتشمل المعلم الديمقراطي ومعلم المواطنة والمعلم العصري.

ويوصي الباحث بمقترحات ذات علاقة بتكوين المعلم في ضوء المتغيرات العالمية، وهي:

١- أن تعنى رسالة كليات المعلمين بإثارة الوعي التربوي وبث الحكمة وفهم الوجود والتفاعل معه.

٢- أن تقدم برامج كليات المعلمين المزيد من مقررات العلوم البحتة، وزيادة أنصبة مقررات التدريب الميداني والبحث التربوي واستخدام المعلوماتية، وذلك على حساب بعض مقررات المناهج وطرق التدريس والإعداد التربوي، والتي لا تعطي فهما واقعيا للعملية التعليمية.

٣- أن يتم إعادة هيكلة ودمج قسمي التربية وعلم النفس والمناهج وطرق التدريس في قسم واحد، بهدف توحيد الأهداف المعرفية والمهارية لمهنة التعليم وتحديد اتجاه مشترك لبرامجها وتعميق محتواها، وتلافي التكرار في مواضيعها، وتوفير الإثارة والتشويق والدقة لمتطلباتها.

٤- إن دور المعلم في الحاضر والمستقبل بالغ الأهمية، وإن كنا نعيش ونشاهد ما طرأ عليه وسيطرأ عليه من تغييرات كثيرة كمية وكيفية، ولذا فإن البرنامج المرغوب فيه لتكوين معلم المستقبل لابد أن يساعد المعلم على أن يقيم علاقات فيما بين مجالات المعرفة والمهارات المختلفة.

٥- إن دور المعلم أصبح يركز على إتاحة الفرص للطالب للمشاركة في العملية التعليمية، وعلى الاعتماد على الذات في التعلم، وعلى إكسابه مهارات البحث الذاتي والتواصل والاتصال واتخاذ القرارات التربوية المتعلقة بتعلمه من

خلال الوسائل التقنية والمعلوماتية، ولذا فإن البرنامج المرغوب فيه لتكوين معلـم المـستقبل لابد أن يعد المعلم المؤهل والمدرب على استخدام الحاسوب وشبكة الإنترنت العالمية والبريد الإلكتروني والتعليم الإلكتروني والافتراضي.

٦- إن تنمية قدرة المعلم على السؤال والنقد وامتلاك مهارة التفكير العلمي، يـستلزم من معلمي المعلمين استخدام استراتيجيات تدريـسية فاعلـة، كـالتعلم التعـاوني، والـتعلم الإتقاني، والتعلم بالتحقق، والتعلم عن بعد، والتعلم الإلكتروني، ... الخ.

٧- أن يتم التركيز على تطوير قدرات المعلم على تقويم كافة الأهداف التربويـة مثل القدرة على تقويم الأهداف المهارية والوجدانية والسلوكية وليس فقط تقويم الأهداف المعرفية، وتزويده بالطرق والمعايير الحديثة في تقويم هذه الأهداف.

وأخيرا، أن يتم تبني التنافسية والكفاءة والفعالية والجودة في تنفيذ وتقويم وظـائف وبرامج مؤسسات إعداد المعلمين، وأن يصبح من أهم أهدافها هـو إعداد المعلـم المتميـز والمتفوق.

القاعة الإلكترونية النموذجية	القاعة التقليدية النموذجية
تركيز على المتعلم.	تركيز على المدرس.
المدرس يكتفي بتوجيه المتعلم	المدرس ينقل المعلومات إلى المتعلم.
المدرس يكيّف تقنيات التعليم الجيدة	تعليم أكثر "سلبية".
تعليم أكثر "فعالية".	يمكن استخدام التكنولوجيا في تعليم المتعلم، ولكنها ليست أمراً محورياً له.
يشارك عدد متزايد من المتعلمين بفاعلية في المناقشات.	
تساعد التكنولوجيا المتعلم في اكتشاف المصادر وبناء معانيه الخاصة.	يمكن توظيف وسائط متعددة، ولكن الكلمة تبقى الوسيلة الأساسية، كما يمكن توظيف بعض المواد المكتوبة
تساعد التكنولوجيا المدرس في استخدام أشكال متعددة من الوسائط والوصول إلى أنماط تعليم شديدة التنوع.	

215

المبحث الخامس عشر

التعليم الإلكتروني في الكلية الإلكترونية للجودة الشاملة

توفر الكلية الإلكترونية للجودة الشاملة الأولى من نوعها في المنطقة تجربة تعلم إلكترونية تلائم المتعلمين. تعرف على فوائد التعليم الإلكتروني وتحدياته وكيفيته.

التعليم الإلكتروني والتعليم التقليدي

من المهم لك كمتعلم تعليما إلكترونيا أن تميز بينه وبين التعليم التقليدي، وقبل عقد هذه المقارنة يجب ملاحظة أن أوضاع التعليم قد تختلف، فكما في التعليم التقليدي نجد أن هناك تعليما إلكترونيا عالي الجودة وآخر متدني الجودة.ويبين الشكل التالي بعض الفروق الممكنة بين التعليم الإلكتروني والقاعة التقليدية.

كيفية التعليم الإلكتروني بالكلية الإلكترونية للجودة الشاملة:

التعليم الالكتروني لا يعني أنك تتعلم بمفردك:

عندما تصبح متعلما إلكترونيا لدينا ستتمكن من المشاركة في مجموعات النقاش على الإنترنت والعمل مع المتعلمين الآخرين، كما ستتمكن من العمل في مجموعة تعليمية صغيرة بمساعدة مدرسين من الكلية، يقومون بتعليمك، ويجيبون عن أي سؤال لديك حول المادة.

تجري العملية التعليمية بأسلوبين هما:

١- التعليم المتزامن.

٢- التعليم غير المتزامن.

فالتعليم المتزامن - وهو يعني حرفيا "في الوقت نفسه" - يشمل التفاعل مع المدرس أو مع المتعلمين الآخرين عن طريق الإنترنت بصورة مباشرة، والتعليم غير المتزامن يعني "ليس في الوقت نفسه"، فيمكنك من التعلم في الوقت الذي يناسبك دون تفاعل مباشر مع المدرسين والمتعلمين الآخرين.

قد تتضمن التقنيات المستخدمة في التعليم غير المتزامن: المواد الموجودة على الإنترنت أو على أقراص مدمجة أو أشرطة فيديو مسموعة ومرئية أو على شكل كتب إلكترونية وغيرها من مصادر التعليم، والبريد الإلكتروني ومنتديات النقاش وغيرها.

وكل مواد المنهاج - سواء أكانت المنقولة عبر الإنترنت أم على أقراص مدمجة - موضوعة ومدروسة بعناية من قبل مختصين في مجال إدارة الجودة الشاملة وإستراتيجيات التخطيط التعليمي. ويقدم مضمون المادة بأسلوب تفاعلي يؤدي إلى استيعاب قدر أكبر من المادة المدروسة، ويؤلف بين مختلف طرق التعليم من خلال الوسائل المسموعة والمرئية والفيديو. وقد طورت الاختبارات والامتحانات، لكي تزيد من استيعاب المادة وتبقيها حاضرة في الذهن. كما تتوفر على موقع الكلية ملفات PDF يمكن تحميلها على الكمبيوتر لتأمين المزيد من التدريب. ولتسهيل العملية على المتعلم جعلنا المنهاج كله متوفرا على موقع الجامعة على الإنترنت أو على أقراص مدمجة وأشرطة DVD.

المهارات اللازمة للنجاح في التعليم الإلكتروني:

على متعلم التعليم الإلكتروني الناجح أن:

- يمتلك مهارات تواصل كتابية جيدة: يعتمد التعليم الإلكتروني إلى حد بعيد على التواصل المكتوب، ولذلك من المهم أن يتمكن المتعلمون من التعبير عن أنفسهم بطلاقة. هناك متعلمون لديهم قدرات كتابية محدودة، وهو ما يستدعي ضرورة حل هذه المسألة أولا أو في سياق الدراسة المباشرة. وهناك متعلمون يحتاجون إلى مناهج مكثفة باللغة الإنجليزية لتقوية مهاراتهم التواصلية قبل أن يسمح لهم بالتسجيل في المواد المتعلقة ببرنامجهم الدراسي.

- يتمتع بحافز داخلي وانضباط ذاتي: يجب أن تترافق حرية التعليم الإلكتروني ومرونته بالانضباط.، لأن التعليم الإلكتروني يحتاج إلى التزام وانضباط حقيقيين لماشاة تدفق العملية التعليمية.

- يشارك: سواء أكنت تعمل وحدك أم تعمل في إطار مجموعة اطرح أفكارك ورؤيتك وتعليقاتك عن الموضوع الذي تدرسه، واقرأ ما يكتبه زملاؤك. ليس المدرس هو المصدر الوحيد للمعلومات في دراستك فحسب، وإنما يمكنك أيضا أن تكسب معلومات مهمة، والعكس صحيح.

- يكون ميالا للتعبير عن نفسه حين تبرز أية مشكلة: إن كثيرا من آليات التغذية الراجعة المتوفرة في قاعات الدراسة التقليدية والتي يستخدمها المدرسون عادة لمعرفة المشاكل التي يواجهها المتعلمون كعدم الفهم والإحباط والملل والغياب تغيب عن القاعات الإلكترونية، فإذا كنت تواجه مشكلة من أي نوع عليك أن تنقلها فورا إلى المدرس، وإلا لن يعلم المدرس أبدا بمشكلتك.

- يكون مستعدا لتكريس ما بين ٦ و١٢ ساعة أسبوعيا لكل مادة: إن التعليم الإلكتروني ليس بالضرورة أسهل من التعليم التقليدي، والحقيقة أن كثيرا من المتعلمين يقولون: إن التعليم الإلكتروني يستدعي وقتا والتزاما أكبر، إذ عليك أن تنجز وظائف أكاديمية منتظمة، وعليك أن تكرس على

الأقل ساعتي دراسة أسبوعيا لكل مادة، فإذا لم يكن لديك الوقت الكافي للدراسة فستحبط تماما.

- يضع أهدافا مرحلية وأهدافا نهائية، والالتزام بها: ليكن لديك روزنامة، تظهر عدد أسابيع الفصل الدراسي، وتبين عليها مقدار العمل الذي تحتاجه كل أسبوع، أشر إلى الأيام التي تتوقع أن تقدم فيها امتحانات أو مشروعا أو أوراقا، أو تتصل بالمدرسين. لا تؤجل عملك، ذكر نفسك دائما أن العمل مع نهاية المادة أكثر منه مع بدايتها.

- ينظم أهدافه في برنامج دراسي: حدد أوقات الدراسة التي تكون فيها صافي الذهن، والتزم بهذه الأوقات كل أسبوع، اعتبر أن أوقات الدراسة هي "أوقات محجوزة"، وإذا عجزت عن الالتزام بكثير من هذه الأوقات أعد النظر في برنامجك.

- يتجنب الانقطاعات: تجنب الانقطاعات والتشتت أثناء حضورك في القاعة الإلكترونية أو مشاهدة برنامج فيديو أو DVD، أو الإصغاء إلى كاسيت أو القراءة أو العمل على الكمبيوتر، أي: أثناء الدراسة.

- يدخل إلى مادته أربع مرات أو خمسا على الأقل في الأسبوع: عندما تدخل الإنترنت ستكون متشوقا إلى رؤية من علق على كتابتك وقراءة ردود زملائك ومدرسك، وسيكون لديك الفضول لرؤية الكتابات الجديدة التي يمكن أن تعلق عليها أو رؤية ما أوكل لك المدرس من مهمات. إن مرت أيام كثيرة دون أن تدخل إلى موقع مادتك ستجد أنك تأخرت كثيرا، ومن الصعب عليك جدا اللحاق بالركب، وأضف إلى ذلك أن انقطاعك الطويل قد يفوت عليك قراءة بعض الإعلانات المهمة.

- يمتلك الحد الأدنى من المهارات التقنية لمتابعة البرنامج: يحتاج متعلم التعليم الإلكتروني إلى امتلاك حد أدنى من المهارات كاستخدام الإنترنت

وتقليب صفحاته وتحميل الملفات وإرسال المرفقات بالبريد الإلكتروني واستخدام برنامج MS أوفيس.

- يتعامل بعقل منفتح لدى مشاركة تجارب الحياة والعمل والتعليم كجزء من عملية التعلم: يتطلب التعليم الإلكتروني من المتعلم أن يشارك في مختلف الأنشطة، ويعتمد على تجاربه الماضية. وغالبا ما يمكن للتعليم الإلكتروني أن يزيل العوائق التي تعيق بعض الأفراد عن التعبير عن أنفسهم، وأن يعطيك بعض الوقت، كي تفكر بالمعلومات قبل أن تجيب.

- يأخذ وقته قبل أن يرد على مدرسه في القاعة الافتراضية: إن المساهمة الغنية وعالية الجودة في القاعة الافتراضية جزء أساسي من العملية التعليمية. ويتم إعطاء الوقت في العملية من أجل الدراسة المتأنية للردود، كما يتم تشجيع اختبار الأفكار وصراعها، فأنت لن تكون دائما على حق، وبالتالي ينبغي أن تكون مستعدا لقبول التحدي.

- أن يشعر أن التعليم العالي الجودة ممكن دون قاعات الدراسة التقليدية:

إذا كان لديك شعور بأنه لا بد من قاعة تقليدية للتعليم، فقد تكون أكثر راحة في غرفة الصف التقليدية. والتعليم الإلكتروني لا يناسب كل الناس، فالمتعلم الذي يصبو إلى قاعة تقليدية في حرم جامعة تقليدية لن يكون سعيدا في الدراسة على الإنترنت. وفي حين أن مستوى التفاعل الاجتماعي يمكن أن يكون عاليا جدا في القاعات الافتراضية نظرا إلى انهيار عدد من الحواجز في الصيغة الإلكترونية إلا أنه لن يكون على مستوى الحضور في المدرج الجامعي الحقيقي.

222

الآفاق المستقبلية للتعليم الإلكتروني

شهد التعليم الإلكتروني في الأعوام العشر الماضية الكثير من التطورات عالميا ومحليا[1]، وتحول من مجرد فكرة خيالية إلى واقع عملي يساهم في التنمية البشرية وتطور عملية التعليم في الكثير من دول العالم. وبدأت مشروعات التعليم والتدريب الإلكتروني في الظهور أيضا في العالم العربي في الأعوام الخمس الماضية بسرعة متزايدة تحاول اللحاق بركب التقدم العلمي والتقني في هذا المجال.

ولعله من المناسب قبل الحديث عن التطورات العالمية والعربية المتوقعة في مجالات وأنظمة التعليم والتدريب الإلكتروني أن نتحدث أولا عن الواقع الحالي لهذه الأنظمة عربيا وعالميا حتى تتضح صورة الواقع الحالي وآفاق المستقبل.

التطورات العالمية:قام الباحثون والمهتمون بمجال التعليم والتدريب الإلكتروني في العقد الماضي بالعديد من الخطوات البحثية والتقنية والعلمية الهامة في هذا المجال لتحويله من مجرد فكرة إلى واقع تعليمي يمارس من قبل مئات الجامعات والمعاهد ومؤسسات التعليم في العالم أجمع. وقد بدأ العمل في هذا المجال بتحويل المقررات الدراسية أو المواد التدريبية إلى "وحدات تعليمية" أو ما يسمى بـ Learning Objects . ثم قام المتخصصون في هذه المجالات

---

[1] د. باسم خفاجي،مركز التقنيات التربوية بالادارة العامة للتربية والتعليم بمنطقة الباحة، ٢٠٠٧/١١/٢٠م

بتحويل هذه الوحدات التعليمية إلى وحدات تعليم إلكتروني يمكن أن تبث عبر شبكات الإنترنت، وتجمع مع بعضها البعض لتكون مواد دراسية ثم مقررات كاملة تهدف إلى تقديم مادة علمية متكاملة للمتعلم. قامت بعد ذلك جهات مراقبة الجودة والاعتماد بوضع العديد من النظم العلمية والقواعد المنظمة لعملية تحويل الوحدات التعليمية التقليدية إلى وحدات تعليم إلكتروني تخضع لمعايير الجودة المعتمدة كنظام سكورم SCORM مثلا، وهو نظام يضمن معايير جودة محددة للمادة التعليمية الإلكترونية. تلا ذلك تطوير برامج إلكترونية تنظم المحتوى وتسهل بثه عبر شبكات الإنترنت، وتعين المدربين والمعلمين على تطوير وتجديد المحتوى بسهولة. وهذه البرامج أصبحت جزءا أساسيا من عملية التعليم والتدريب الإلكتروني، واصطلح على تسميتها "أنظمة إدارة التعلم" أو Learning Management System [LMS]. وأصبح واقع التعليم والتدريب الإلكتروني في الفترة الأخيرة يركز على مقررات تعليمية ومواد تدريبية كاملة تقسم إلى وحدات تعليمية محددة متوافقة مع أنظمة الاعتماد والجودة الخاصة بالتعليم الإلكتروني، وتبث عبر الإنترنت من خلال الاستعانة ببرامج "أنظمة إدارة التعلم". ويعيب هذا الواقع حاليا أن هذه المقررات قد طورت من نظم تعليم تقليدي، وبالتالي فقد بنيت على افتراض أن التعلم يتم من خلال مواد محددة ومقررة سلفا تدرس من قبل أستاذ أو مدرب تبعا لمنهج محدد لابد من إتمامه في إطار زمني مقنن. وقد تبنت العديد من الجامعات العالمية المعروفة نظام التعليم الإلكتروني ضمن طرق التدريس المعترف بها، كما بدأ العديد من مراكز التدريب الكبرى عالميا في توفير البرامج التدريبية عن طريق الشبكات الإلكترونية. وبدأ التعليم والتدريب الإلكتروني في الانتشار والحصول على القبول العام عالميا خلال السنوات الماضية، وخاصة مع توفر وانتشار شبكات الإنترنت فائقة السرعة ADSL. ظهر كذلك العديد من المؤتمرات المتخصصة في هذا المجال، وكذلك

الجمعيات الدولية المهتمة بتمثيل والدفاع عن مصالح العاملين في مجال إعداد وتطوير وتقديم برامج وأنظمة التعليم والتدريب الإلكتروني.

التقدم في العالم العربي:

أما عربيا فقد تأخر الاهتمام بالتعليم الإلكتروني بسبب العديد من الأسباب التقنية والاجتماعية والسياسية إلى بداية القرن الحادي والعشرين، ولكن معدل التسارع في قبول هذا النظام الجديد من أنظمة التعلم وتبادل المعارف قد تسارعت وتيرته بشكل كبير في السنوات الثلاث الأخيرة في العديد من الدول العربية. تركز الاهتمام في البداية على إيجاد المحتوى العربي، وتحويله إلى محتوى إلكتروني متوافق مع أنظمة الجودة العالمية، كما بذل الكثير من الجهد في توعية الجهات الأكاديمية والحكومية بأهمية تقبل هذا النظام الجديد وإدراجه ضمن منظومات التعليم المقبولة عربيا. ظهر كذلك في السنتين الأخيرتين العديد من المحاولات العربية التقنية لتقديم برامج و"أنظمة إدارة التعلم" LMS العربية، كما اهتمت بعض الشركات العالمية مثل شركة WebCt بتقديم واجهة عربية لبرامجها الخاصة بإدارة نظام التعلم. وكان للعديد من البرامج الحكومية التي ساهمت في توفير الإنترنت بسعر زهيد للمواطنين في الدول العربية أثر ملحوظ في زيادة الاهتمام والوعي العام بأهمية استخدام الإنترنت في التعلم والتدريب المستمر.

وتشهد الفترة الأخيرة اهتماما ملحوظا من الدوائر الحكومية العربية بالحديث عن أهمية التعليم عموما في حل مشكلات المنطقة، والدور الرائد الذي يمكن أن يلعبه التعليم والتدريب الإلكتروني في هذا المجال. ولكن لم ترصد حتى الآن الميزانيات الكافية لتحويل هذا الاهتمام إلى واقع.

المطلب الأول

مستقبل التعليم الإلكتروني عربيا

توقعات التطور المستقبلي عربيا بأن يواكب التطورات العالمية في مجالات الإنترنت وأنظمة التعلم والتدريب الإلكترونية، فهناك العديد من التطورات العربية في نفس المجال سواء في نشأة الشركات المتخصصة في التعليم والتدريب الإلكتروني، أو في الاهتمام الحكومي والأكاديمي باعتماد ومراقبة جودة هذه الأنظمة التعليمية، أو برصد الميزانيات الكبيرة لتطوير التعليم الجامعي، وتنمية مهارات المدرسين والمدربين وأعضاء هيئات التدريس. ومن المتوقع عربيا أن تشهد الأعوام القادمة العديد من التطورات التي يمكن إجمالها فيما يلي:

١- المزيد من القبول العام:

يتوقع أن يشهد العام الجديد والأعوام التالية له المزيد من القبول العام للتعليم الإلكتروني كأحد أنظمة التعليم المتممة للعملية التعليمية التقليدية والمساندة لها من ناحية، وكذلك قبوله كنظام مستقل قائم بذاته في مجالات التعليم المستمر وتطوير المهارات الشخصية والعملية لمراحل ما بعد التعليم العام والجامعي. كما أنه من المتوقع أن تقوم الحكومات العربية بوضع أسس اعتماد هذا النظام من أنظمة التعليم مما سيعطيه القبول اللازم بين الطلاب وبين الأسر العربية التي تنفق الكثير من المال والجهد لتعليم أبنائها، وترغب أن يكون هذا التعليم متميزا ومعترفا به.كما أن حملات التوعية بأهمية التعليم وضرورة الأخذ بأحدث الطرق العلمية والتقنية في التعلم والتدريب المستمر ستساهم في إعطاء دفعة قوية للتعليم والتدريب الإلكتروني في المنطقة العربية.

٢- الاهتمام بالاعتماد والجودة:

يعاني العالم العربي حاليا من عدم وجود آلية عربية لتقييم واعتماد والتحكم في جودة البرامج التعليمية الإلكترونية. ومن المتوقع أن تشهد الأعوام القادمة تغير ذلك من خلال جهود اتحاد الجامعات العربية في ذلك، وكذلك تزايد الرغبة في تقديم التدريب الإلكتروني المعتمد لدى الشركات، ورغبتها في ربط هذا النظام من أنظمة التدريب بنظم مراقبة واعتماد الجودة العالمية.

٣- نشأة الجمعيات والمؤتمرات المتخصصة:

من المتوقع أن تشهد الأعوام القادمة تكون مجتمع خاص للعاملين في مجال التعليم والتدريب الإلكتروني من خلال نشأة الجمعيات الأكاديمية والمنظمات العربية التي ستهتم بالتعليم والتدريب الإلكتروني، وكذلك المزيد من المنتديات والمؤتمرات التي ستهتم بهذا المجال. ورغم أن العالم العربي به العديد من المؤتمرات التي تتناول موضوعات التعليم والتدريب الإلكتروني، إلا أنها في أغلبها إما محلية الطابع أو محدودة الاهتمامات، أو تعاني من قلة الحضور بين المتخصصين. كما أن معظم هذه المؤتمرات تقدم برامجها باللغة الإنجليزية وهو ما يحرم معظم المهتمين من المشاركة الفعالة في هذه الفعاليات.

ولذلك من المتوقع في الأعوام القادمة ظهور مؤتمرات عربية كبيرة في هذا المجال، ونشأة جمعيات أكاديمية ومنظمات عربية تعنى بشؤون التعليم والتدريب الإلكتروني.

٤- تطور برامج التدريب الإلكتروني:

ستشهد الأعوام القادمة تطورات كبيرة في تقبل الشركات العربية للتدريب الإلكتروني بديلا عن التدريب التقليدي أو متمما له لتقليل التكاليف وهدر الوقت والمصروفات لجمع المتدربين في مكان واحد للحصول على التدريب. ويلاحظ تزايد اهتمام الشركات العربية مؤخرا بتدريب العاملين

وتطوير مهاراتهم، وكذلك اهتمام الأفراد بتنمية قدراتهم للمنافسة في سوق العمل العربي الذي أصبح عالميا بسبب العولمة واتفاقيات التجارة الحرة، وغير ذلك من التغيرات الاقتصادية التي فرضت نفسها على الموظف العربي.

مما سبق إن التقدم التقني سيساهم في تيسير تبادل وتطوير العلوم والمعارف مما سيدفع التعليم والتدريب الإلكتروني قليلا إلى الأمام في الأعوام القادمة. أما النقلة الحقيقة في هذا النظام الجديد فستحدث نتيجة التغيرات الاجتماعية والثقافية المرتبطة بمستخدمي شبكة الإنترنت وسرعة تطورهم واستيعابهم للعلوم والمعلومات. وهذا العامل الاجتماعي سيتسبب في نقلة سريعة ومفاجئة ليس فقط في قبول واستخدام أنظمة التعليم والتدريب الإلكترونيين ولكن الأهم هو في طريقة عمل هذه الأنظمة وأسلوب تبادل المعارف من خلالها. ونأمل أن تكون المشاركة العربية في خلال الأعوام القادمة ملحوظة أكثر ومؤثرة بشكل أكثر فعالية لضمان تمثيل مصالح العالم العربي في عالم ماتت فيه المسافات، وتحول إلى جيران ملاصقين لنا يؤثرون علينا ويمكن أيضا أن يتأثروا بنا.

المطلب الثاني

مستقبل التعليم الإلكتروني عالميا:

ترتبط التغيرات المتوقعة في مجال التعليم والتدريب الإلكتروني بعدد من المتغيرات الأساسية من بينها طبيعة الشخص المستخدم للإنترنت والتطورات التقنية وتسارع وتيرة تبادل المعارف والعلوم، وعدد آخر من المتغيرات.

١. تغير طبيعة المتعلم:

لقد لاحظ الباحث الكندي المعروف ستيفن داونز أن هناك تغيرا ملحوظا يحدث بين المستخدمين للإنترنت مع مضي الوقت، ومع كثرة استخدام الإنترنت

والتآلف معها. وفي محاولة لرصد هذه التغيرات وعلاقتها بعملية التعليم الإلكتروني يلخص الباحث أهم سمات هذا التغير قائلا: "إن المستخدمين الجدد للإنترنت يتعاملون مع التعلم ومع العمل بطرق جديدة ومختلفة. فهم يستوعبون المعارف بسرعة أكبر عن طريق الصورة والصوت والمادة المكتوبة أيضا، وهم يتلقون المعارف من مصادر متعددة في الوقت نفسه، ويعملون بسرعة وكفاءة عالية، ويتوقعون التواصل الدائم والمستمر والفوري مع الأصدقاء والزملاء والعملاء سواء ممن يقطنون قريبا منهم أو حول العالم، وهم أخيرا يهتمون بإضافة أفكارهم ومشاركاتهم إلى المحتوى المتاح للجميع من خلال الشبكة، وقد يفضلون الحصول على ما يحتاجون من معرفة من الشبكة ولا يهتمون باقتناء كتاب أو قرص مغناطيسي". وهذه التغيرات في طبيعة المستخدم لابد أن تواكبها تغيرات مماثلة في أنظمة التعليم التي تهدف لمخاطبة هذا المستخدم. ومن المتوقع أن تتطور برامج التعليم والتدريب الإلكتروني في الأعوام القادمة لتقدم المعارف من خلال وسائل تعليم تفاعلية متجددة، وأن تسمح للمتعلم أو المتدرب من المشاركة في تطوير المادة التعليمية، ومن التواصل كذلك مع المتدربين والمتعلمين ومع من يقدمون المادة العلمية كذلك.

٢. اختلاف محاور ارتكاز التعليم والتدريب:

وجد المتعلمون من خلال نظام التعليم الإلكتروني أنهم يتعلمون من بعضهم البعض عن طريق الشبكة الكثير من المعلومات والمعارف، وقد تكون أكثر مما يتعلمونه بطرق التعليم والتدريب التقليدية. بدأ تبعا لذلك تحول محور ارتكاز العملية التعليمية والتدريبية من المدرس والمدرب إلى المتعلم والمتدرب. وهذا التغيير سيلقي بظلاله وتبعاته على عملية التعليم والتدريب الإلكتروني في الأعوام القادمة. وسيعني هذا أن المتعلم والمتدرب سيتولى في المستقبل التحكم في العملية التعليمية بشكل أكبر من المتاح له حاليا أو المتعارف عليه عالميا.

ومـن المتوقع أن يحـدث تحـول جـذري في الـصورة التقليدية للمـدرب أو المعلـم، وسيتلاشى تدريجيا الفارق الضخم في القدرة على التحكم في العملية التعليمية بين الأستاذ وبين المتعلم، وهو ما سيغير مـن الأجـواء الثقافية المرتبطـة بعملية التعليم والتـدريب، ويحولها من الإطـار الأكـاديمي التقليدي إلى إطـار أقرب إلى التعامـل بـين مقدم خدمـة وعميل .. أي أن إرضاء العملاء (المتعلم – المتدرب) قد يصبح أحـد أهـم واجبـات النظام التعليمي الإلكتروني في المستقبل.

٣. تطور معنى التعلم:

ارتبط التعلم في العقود الماضية بفكرة جمع المعلومات بـشكل تـدريجي والاستفادة منها تراكميا في تحسين فرص العمل أو الحياة. ومع تعقد الحياة وتزايد المعـارف، وتـوفر مئات الملايين من الصفحات والبحوث على شبكة الإنترنت بالكثير مـن اللغات، ومجانا في الكثير من الأحيان، بدأ يحدث نوع من التغير في طبيعة تلقي المعارف، وازداد هـذا التغير بشكل واضح مع تزايد الاعتراف والاعتماد على التعليم الإلكتروني. لقد أصبح الحصول على المعلومة ليس هاما بذاته – ولا يمثل في الحقيقة تعلما - فالمعلومة متاحة للجميع وفي كل وقت، والحصول عليها سهل ويسير. إن التعلم بـدأ ينحـا إلى التعـرف على العلاقات بـين المعارف، وربط الـصلات بـين الحقـائـق المختلفـة المتاحـة للجميـع مـن أجـل إدراك معـان جديدة أو تطوير قدرة الإنسان على الاستفادة من المعارف في العمـل والحيـاة. لقـد كـان التعلم في الماضي يركز على إدراك المعاني للأشياء والأحداث، أما اليوم فإن القدرة التنافسية ترتبط أكثر بإدراك العلاقات بين المعارف. إن الـتعلم يتحول تـدريجيا وعالميا مـن جمـع المعلومات وفهم المعاني إلى إدراك وترتيب العلاقات بـين المعـارف والأحـداث للوصـول إلى معان جديدة تسمح بالتنافس والتقدم في الحياة والعمل.

٤. مجانية المعارف:

أتاح توفر المعلومات بكثرة وكثافة عبر شبكات الإنترنت إلى ظهور موجة جديدة تهدف للفصل بين الحصول على المعرفة وبين الحصول على الشهادة. يرى القائمون على هذا الفكر الجديد أن الحصول على العلم يجب أن يكون متاحا للجميع، وأن يكون مجانيا أيضا، وأن التعليم الإلكتروني سيساهم في ذلك لأنه يرتبط بالإنترنت التي توفر المعلومة والمعرفة مجانا لمن يملك استخدام هذه الوسيلة. أما الحصول على الشهادة الأكاديمية أو المهنية فهو الذي ينبغي أن يدفع فيه المال. ويمثل هذا التيار الذي يسعى إلى "التعليم المفتوح والمصادر المفتوحة" أو Open Course & Source Open قوة لا يستهان بها في مجالات التعليم الأكاديمي عالميا في الأعوام الأخيرة. وقد بدأ انتشار الحديث عن أهمية هذا الأمر حتى على المستوى العربي في العامين الأخيرين.

ولابد من القول هنا إن العلوم كانت دائما متاحة بالمجان بين البشر، وأن ما حدث من تحول العلم إلى سلعة يتم تقاضي المال مقابلها هو حدث عارض في تاريخ البشرية، ولذلك فلا غرابة في العودة إلى إتاحة المعارف للبشر دون مقابل، وسيكون التعليم الإلكتروني هو أهم وسائل توفير هذه المعارف والعلوم المختلفة لكل الناس في أي وقت وفي أي مكان وبأي لغة.

تغير الإنترنت من وسيط ناقل إلى أرضية عمل:

لاحظ الباحث الأمريكي "تيم برنرز لي" أن الإنترنت تتحول تدريجيا من وسيط يستخدم لتبادل المعارف إلى وسيلة يمكن من خلالها إنشاء وتطوير المعرفة. لقد كان اهتمام معظم مستخدمي الإنترنت في السنوات الماضية هو في "القراءة والمشاهدة والسماع" لما في الإنترنت من معلومات أو وسائل ترفيه أو معارف. كان التركيز ينصب نحو التلقي بصورة أو أخرى، ولذلك كانت الإنترنت تعمل كوسيط ناقل.

أما في الفترة الأخيرة فقد تزايدت الرغبة في التحول من مجرد القراءة والسماع والمشاهدة إلى الكتابة والمشاركة. بدأ مستخدمو الإنترنت يشاركون في صنع محتوى الإنترنت. ومع تطور وتبسيط البرامج التقنية المشغلة للإنترنت، أصبح في إمكان الجميع المشاركة في الكتابة في المواقع والمنتديات، أو وضع الصور وملفات الوسائط المتعددة، أو حتى إنشاء المواقع الخاصة. وتتزايد هذه الظاهرة بوضوح مؤخرا مما يعني أن السنوات القادمة ستشهد تحول الإنترنت من مجرد وسيط ناقل للمعارف إلى أرضية يمكن من خلالها إنشاء وتبادل وتغيير وتطوير المعارف وليس فقط نقلها. وهذا التغير سيلقي بظلاله أيضا على عملية التعليم والتدريب الإلكتروني التي ستتحول إلى عملية ديناميكية يشارك فيها أكثر من طرف بأكثر من طريق في معظم الوقت. فمن المتوقع أن تكون مواد التدريب والتعليم متغيرة بشكل دائم، ويساهم في ذلك العديد من الأساتذة والمدربين من أكثر من مكان في نفس الوقت، وقد يساهم المتعلمون والمتدربون في صناعة وتطوير المحتوى كذلك. كما أن هذا التفاعل سيزيل الكثير من الحواجز التقليدية بين المتعلم وبين المعلم، إلا أنه قد يسبب نقلة كبيرة في طرق وأساليب التعليم تحمل في طياتها نتائج إيجابية وسلبية يجب التعامل معها وإدراكها أيضا.

إن ما يحدث عالميا ليس فقط تحولا تقنيا في الشبكات والبرامج المشغلة لها، ولكنه أيضا تغير اجتماعي وثقافي يجب إدراكه والتعامل معه لأنه سيصبح واقعا لا مهرب منه. وهذا التحول يبشر بإتاحة العلوم والمعارف للجميع بوسائل متعددة ومتطورة، وبتكلفة مقبولة، ولكنه يحتاج منا إلى مواكبة التطور في تعلم كيفية استخدام وإتقان وسائل هذا النظام الجديد من أنظمة التعلم، وهو ما سيشكل تحديا حقيقيا للعالم بشكل عام، وللعالم العربي بشكل أكثر خصوصية.

المطلب الثالث

المشاكل والمعوقات في التعليم الإلكتروني [1]

١- ارتفاع تكاليف الإنشاء والتشغيل: البعض يحسب فقط تكاليف أجهزة الحاسب ويغفل تكاليف تطويرالبرامج التعليمية التجهيزات الملحقة والبنية التحتية الأخرى مثل خطوط الاتصال وتكلفة الاتصال والتشغيل والصيانة والتدريب ورسوم الاتصال بالإنترنت.

٢- خطر سيطرة التقنيين على محتوى المادة التعليمية أو الدراسية لقلة معرفة التربويين بالتقنيات الحديثة.

٣- عدم توفر الاتصال بالإنترنت.

٤- عرض ومدى نقل البيانات.

٥- عدم الوعي والمعرفة بالحاسب الآلي.

٦- صعوبة التقييم خاصة في البلدان المتخلفة.

٧- اقتصاره على الدراسات النظرية واستبعاده عن الدراسات العملية مثل الطب والصيدلة.

٨- عدم اعتراف بعض الجهات الرسمية في بعض الدول بالشهادات الممنوحة عن طريق التعليم الإلكتروني.

٩- نسبة التحصيل تقل إذا لم يكن هناك نظام جيد لمتابعة وتقييم الدارسين والمتدربين.

١٠- اختلاف الثقافات على مستوى المجتمعات والمؤسسات والأفراد.

---

[1] د.صالح محمد التركي، التعليم الإلكتروني، جامعة الملك الفيصل، ص١٣-١٤.

وفي الختام، يمكن القول بأنه لـضمان نجـاح صـناعة التعلـيم الإلكتروني يجـب عمـل مايلي:

١- التعبئة الإجتماعية لدى أفراد المجتمع للتفاعل مع هذا النوع من التعليم.

٢- ضرورة مساهمة التربويين في صناعة هذا التعليم.

٣- توفير البنية التحتيه لهذا النوع مـن التعلـيم وتتمثـل في إعـداد الكـوادر البـشرية المدربة وكذلك توفير خطوط الاتصالات المطلوبة التي تساعد على نقل هـذا التعلـيم مـن مكان لآخر.

٤- وضع برامج لتدريب الطلاب والمعلمين والإداريين للاستفادة القصوى من التقنية.

المراجع باللغة العربية والأجنبية

المراجع باللغة العربية:

١. د. الزركاني /خليل حسن - الاقتصاد المعرفي والتعليم الإلكتروني الركيزتان في كفاءة العنصر البشري- جامعة بغداد.

٢. د. عباس /بشار ، الاقتصاد الإلكتروني، المصدر:

http://www.arabcin.net/arabiaall/studies/dawr.htm

٣. المانع /عبد الله ، إدارة المناهج المدرسية، عمان، الأردن.

٤. مجلة عالم المعرفة، الكويت، العدد ٣١٨، أغسطس ٢٠٠٥.

٥. أ.د. الخطيب /محمد شحات ، وأ. عبد الحليم /حسين إبراهيم ، المدرسة وتوطين ثقافة المعلوماتي نموذج التعليم الإلكتروني بحث مقدم إلى ندوة " العولمة وأولويات التربية" كلية التربية - جامعة الملك سعود خلال الفترة من ١ - ١٤٢٥/٣/٢هـ الموافق ٢٠ - ٢٠٠٤/٤/٢١م

٦. د. توفيق /عبد الرحمن ، الإدارة الإلكترونية، سلسلة يميك،القاهرة، ٢٠٠٣.

٧. المركز القومي للتعليم الإلكتروني- المجلس الأعلى للجامعات، وزارة التعليم العالي، جمهورية مصر العربية.

٨. دليل تقنيي التعليم **LTSN** لجينيريك سنتر، سلسلة التعليم الإلكتروني، ٢٠٠٣.

٩. د. الموسى /عبد الله بن عبد العزيز- حلول التعليم الإلكتروني- جامعة الإمام محمد بن سعود الإسلام، ٢٠٠٤. **admin@elearning-solutions.net.**

١٠. د. خفاجي /باسم ، مركز التقنيات التربوية بالإدارة العامة للتربية والتعليم بمنطقة الباحة، ٢٠٠٧/١١/٢٠م.

١١. د. العصيمي /خالد بن محمد الجمعية السعودية للعلوم التربوية والنفسية (جستن) كلية التربية - جامعة الملك سعود - الرياض اللقاء السنوي الثالث عشر.

١٢. المركز القومي للتعليم الإلكتروني- المجلس الأعلى للجامعات، وزارة التعليم العالي، جمهورية مصر العربية.

١٣. د. شدود /ماجد محمد ، العولمة،دمشق.

١٤. د. بن عبد العزيز /عبدالله - التعليم الإلكتروني- ورقة عمل مقدمة إلى ندوة مدرسة المستقبل في الفترة ١٦-١٤٢٣/٨/١٧هـ جامعة الملك سعود.

١٥. المطوع /حسين محمد ، اقتصاديات التعليم، الإمارات العربية المتحدة، دبي، دار القلم، ١٩٨٧م .

١٦. دليل تقنيي التعليم **LTSN** لجينيريك سنتر، سلسلة التعليم الالكتروني، ٢٠٠٣.
١٧. د. الموسى /عبد الله، التعليم الإليكتروني- ورقة عمل مقدمة إلى ندوة مدرسة المستقبل في الفترة ١٦-١٤٢٣/٨/١٧هـ جامعة الملك سعود.
١٨. النوري /عبد الغني ، اتجاهات جديدة في اقتصاديات التعليم في البلاد العربية، الدوحة، دار الثقافة، ١٩٨٨م.
١٩. ب. رستون /ولتر. - أفول السيادة- ترجمة سمير عزيز نصار وجورج خوري- مراجعة د. إبراهيم أبو عرقوب- الأردن ١٩٩٢.
٢٠. د . علي /نبيل ، عنف المعلوماتي، كتاب العربي، الكويت، ٢٠٠٤.
أ. غدير /باسم ، الاقتصاد المعرفي نحو نمط اقتصادي جديد، دار المرساة، اللاذقية،٢٠٠٠-٢٠٠١م.
٢١. الفجوة التقنية وقيادة العالم في ظل الثورة العلمية التكنولوجية المعاصرة، دار المرساة، اللاذقية، ٢٠٠٥م.
٢٢. د. الكيلاني/ تيسي زيد ، دراسة اقتصاديات التعليم الإلكتروني، الأردن، مجلة العربية للتعليم المفتوح والتعلم عن بعد. العدد/٣/ ٢٠٠٧، الآفاق.
٢٣. د. أبا زيد /ثناء، التجارة الإلكترونية وتحدياتها، مجلة جامعة تشرين, العدد (٤) ٢٠٠٥م.
٢٤. ديفيد وفوراي/ بول أ ودومينيك، مقدمة في اقتصاد مجتمع المعرفة، المجلة الدولية للعلوم الاجتماعية، العدد ١٧١، مارس ٢٠٠٢م.
٢٥. السلمي/ علي، الإدارة بالمعرفة، المجلة الدولية للعلوم الإدارية، المجلد ٢، العدد ٢، يونيو ١٩٩٧م.
٢٦. ميتلشتراس/ يورجين، تحديات جديدة أمام التعليم والبحث في ظل الاقتصاد الكوكبي، مستقبليات، العدد ١١٩، سبتمبر ٢٠٠١م
٢٧. غليون وأمين/ برهان وسمير، ثقافة العولمة وعولمة الثقافة،ط٢، دار الفكر، دمشق، ٢٠٠٠م .
٢٨. بيتي وسويت/ باسكال ولوك، العولمة تبحث عن مستقبل، المجلة الدولية للعلوم الاجتماعية، العدد ١٦٠، ١٩٩٩م.
٢٩. برونر/ خوسية جواكين، العولمة والتعليم والثورة التكنولوجية، مجلة مستقبليات، العدد ١١٨، يونية ٢٠٠١م.
٣٠. ولعلو/ فتح الله، تحديات عولمة الاقتصاد والتكنولوجيا، منتدى الفكر العربي، عمان، ١٩٩٦م، والخالدي: ذكاء مخلص، العولمة "المفاهيم والمتطلبات"، المجلة الاقتصادية السعودية، العدد ٣، خريف ١٤٢٠هـ/١٩٩٩م .
٣١. العيسوي/ إبراهيم، التنمية في عالم متغير، دار الشروق، القاهرة، ٢٠٠٠م، وعلي: أحمد محمد، العولمة واقتصاد العالم الإسلامي، المؤتمر الإسلامي الرابع "الأمة الإسلامية والعولمة"، مكة

المكرمة، محرم ١٤٢٣هـ/أبريل ٢٠٠٢م.

٣٢. هيجوت/ ريتشارد، العولمة والأقلمة "اتجاهان جديدان في السياسات العالمية"، مركز الإمارات للدراسات والبحوث، أبوظبي، ١٩٩٨م، والخضيري: محسن أحمد، العولمة الاجتياحية، مجموعة النيل العربية، القاهرة، ٢٠٠١م.

٣٣. الطويل/ هاني عبد الرحمن، الإدارة التعليمية "مفاهيم وآفاق"، دار وائل للنشر، عمان، ١٩٩٩م، وعبيد : نايف علي، العولمة مشاهد وتساؤلات، مركز الإمارات للدراسات والبحوث، أبوظبي، ٢٠٠١م .

٣٤. النقيب/ خلدون حسن، الآفاق المستقبلية للفكر الاجتماعي العربي، مجلة عالم الفكر، العدد ٣، المجلد ٣٠، ٢٠٠٢م.

٣٥. ليفى: بيير، التكنولوجيات الجديدة والذكاء الجمعي، مجلة مستقبليات، العدد ١٠٢، المجلد ٢٧، يونيه ١٩٩٧م.

٣٦. عزيز/ نادي كمال، الإنترنت وعولمة التعليم وتطويره، مجلة التربية، العددين ١٣٣-١٣٤، الدوحة، قطر، يونيو – سبتمبر ٢٠٠٠م.

٣٧. جالوبين وآخرون: جيلبرتو وسيلفو فونتوويكز ومارتن أوكونور وجيرى رافيتس، العلم من أجل القرن الحادي والعشرين من العقد الاجتماعي إلى الطفرة العلمية، المجلة الدولية للعلوم الاجتماعية، العدد ١٦٨، يونيه ٢٠٠١م.

٣٨. الحوات/ علي الهادي، التربية العربية رؤية لمجتمع القرن الحادي والعشرين، منشورات اللجنة الوطنية الليبية، دار الكتب الوطنية، بنغازي، ليبيا، ٢٠٠٤م .

٣٩. ماكجين/ نويل ف، أثر العولمة على نظم التعليم الوطنية، مجلة مستقبليات، العدد ٢٧، ١٩٩٧م .

٤٠. حداد/ وادى، عولمة الاقتصاد وتكوين المهارات وأثرها على التعليم، مجلة مستقبليات، العدد ٢٧، ١٩٩٧م.

٤١. وناس وعبد الكريم: محمد ونهى، الجامعة والعولمة، دراسة مقدمة لمؤتمر جامعة القاهرة لتطوير التعليم الجامعي "رؤية لجامعة المستقبل"، ٢٢-٢٤ مايو ١٩٩٩م.

٤٢. ندوى/ مامادو، العولمة وعلاقتها بالتنمية الذاتية والتعليم في إفريقيا، مجلة مستقبليات، العدد ٢٧، ١٩٩٧م.

٤٣. زيتون/ محيا، مستقبل التعليم العربي في ظل استراتيجية إعادة الهيكلة الرأسمالية، المجلة العربية للتربية، المجلد ١٧، العدد ١، يونيه ١٩٩٧م.

٤٤. أبو زيد /أحمد: المعرفة.. صناعة المستقبل: العربي ١-١١-٢٠٠٣.

٤٥. عبد الخالق /أسامة علي ، تنمية وتطوير الموارد البشرية العربية واستراتيجية البقاء في ظل المتغيرات الاقتصادية الجديدة، مجلة العمل العربية، العدد ٦٠، القاهرة منظمة العمل العربية، ١٩٩٥.

٤٦. صالح /أشرف – الطريق السريعة للمعلومات ووسائل الاتصال والإعلام في الوطن العربي، المنظمة العربية للتربية والثقافة والعلوم (اليسكو)، تونس، ١٩٩٩.

٤٧. اليوسف /إقبال ، الحكومة الإليكترونية، مجلة الإمارات اليوم، – العدد ٣٤٢ - ١٥ إبريل ٢٠٠٠.

٤٨. إيدروج /الأخضر ، ذكاء الإعلام في عصر المعلوماتية. الرياض: مكتبة الملك فهد الوطنية؛ تونس: مؤسسة التميمي للبحث العلمي والمعلومات، ١٩٩٩.

٤٩. تقرير الأمم المتحدة حول التنمية البشرية في العالم العربي ٢٠٠٣.

٥٠. جرجيس /جاسم محمد ، قطاع المعلومات في الوطن العربي: تحديات المستقبل: وقائع الندوة العربية الثانية للمعلومات، تونس ١٨-٢١ يناير ١٩٨٩، منشورات الاتحاد العربي للمكتبات والمعلومات (العدد ١) تونس، ١٩٩١.

٥١. جرجيس /جاسم محمد ، مجدي زيادة ، مدينة دبي للإنترنت، بوابة الإمارات إلى عصر الاقتصاد المعلوماتي، مركز جمعة الماجد للثقافة والتراث.

٥٢. قاسم /جميل ، صحيفة "السفير" بيروت، تاريخ ١٩٩٩/١٢/٣٠.

٥٣. الزركاني /خليل حسن ، دور المعلم في التعليم الإلكتروني، بحث منشور في ندوة التعليم الإلكتروني، جامعة البحرين، نيسان، ٢٠٠٦.

٥٤. الخطيب /خير الدين ، " تقنيات المعلومات والإدارة: الأثر والتطبيق "، مركز التوثيق والمعلومات، الأمانة العامة لجامعة الدول العربية، مقتبسة بدون تحديد بقية توثيق المرجع، عن دراسة لصحيفة (البعث) (قسم التحقيقات) تاريخ ٢٦ /٤/ ١٩٩٩.

٥٥. د.روزة/ أفنان نظير، أساسيات في علم النفس: استراتيجيات الإدراك ومنشطاتها كأساس لتصميم التعليم، ط١، نابلس،١٩٩٥ .

٥٦. د.روزة/ أفنان نظير .النظرية في التدريس وترجمتها عمليا .ط٣، عمان، الأردن، دار الشروق للنشر والتوزيع فرع جامعة النجاح، ٢٠٠٠

٥٧. د.روزة/ أفنان نظير، دور المعلم في عصر الإنترنت والتعليم عن بعد، ورقة عرضت في مؤتمر التعليم عن بعد ودور تكنولوجيا المعلومات والاتصالات، جامعة القدس المفتوحة، عمان، الأردن، ١٩٩٩.

٥٨. قلوز /رضا ، الطريق السريعة للمعلومات ...

٥٩. قاروط /شادية العارف ، صحيفة السفير،لبنان، بيروت، ١٩٩٨/٤/١٤.

٦٠. صحيفة Die Zeit الألمانية، تاريخ ١٥ /٤ /١٩٩٩

٦١. زين الدين /صلاح الأبعاد التنموية لتكنولوجيا المعلومات والحكومة الإلكترونية " - مجلة السياسة الدولية - العدد ١٥٥ - المجلد ٣٩ - سنة ٢٠٠٤

٦٢. مجلة Magazine PC. السنة السادسة – العدد الثالث - أبريل ٢٠٠٠ .

٦٣. هـلال /إميـل ، الاقتـصاد الجديـد:واقـع أو خيـال، مجلـة الكمبيـوتر، المجلـد ١٨، العـدد ٣/أيار/٢٠٠١.
٦٤. مصطفى /محمد مهدي ، أيزو٩٠٠- المفهوم والتطبيق، القاهرة، مكتبة عين شمس، ١٩٩٦.
٦٥. دياب /محمد ، المعلوماتية، مجلة العربي العدد ٥٤٦ في ٢٠٠٤/٥/١
٦٦. مرعي /محمد. في صحيفة (البعث) ملف الاثنين، ٢٦ /٤ /١٩٩٩
٦٧. التركي /محمد صالح ، التعليم الإلكتروني، أهميته وفوائده، بحـث منـشور في نـدوة التعلـيم الإلكتروني، البحرين، نيسان،٢٠٠٦.
٦٨. منتدى الفكر العربي، التكنولوجيا المتقدمة، فرصة العرب للدخول في مضمارها، ندوة عـمان ١١-١٢ كانون الثاني، ١٩٩٦.
٦٩. مقابلة مع السيد /عادل لوتاه/ المدير التجاري لمدينة دبي للإنترنت بتاريخ ٢٠٠٠/١٠/٤.
٧٠. منظمة العمل العربيـة انعكاسـات اتفاقيـة الجـات عـلى القطاعـات الاقتـصادية في الـدول العربية، القاهرة، مكتب العمل العربي ١٩٩٥.
٧١. الفيـــومي /نبيـــل ، الـتعلم الإلكـتروني في الأردن: خيـار اسـتراتيجي لتحقيـق الرؤيـة الوطنية، وزارة الاتصالات وتكنولوجيا المعلومات - الأردن
٧٢. الخوري /هاني شحاذة ، عرض كتاب " فن إدارة المـوارد البـشرية " تـأليف الفرنـسي مـانفرد ماك، ترجمة وحدة مركز الدراسات، فرص ضائعة في فضاء الويب: نصائح للشركات العربيـة لتطوير البرمجيات. مجلة موقع إنترنت العالم العربي :١٩٩٩
٧٣. بير/ هيدلي. بناء مدرسة المستقبل. ترجمة أ. د. محمد بـن شـحات الخطيـب وفـادي وليـد دهان، مدارس الملك فيصل، الرياض، الطبعة الأولى، ١٤٢٣هـ (٢٠٠٢م)
٧٤. غليون/ برهان وسمر أمين : ثقافة العولمة وعولمة الثقافة. سلسلة حوارات لقرن جديد، دار الفكر المعاصر، دمشق، الطبعة الثانية ١٤٢١هـ (٢٠٠٠م).
٧٥. مركز البحوث العربية والجمعية العربية لعلم الاجتماع : العولمة والتحـولات المجتمعيـة في الوطن العربي، تحرير عبد الباسط عبـد المعطـي، مكتبـة مـدبولي، القـاهرة، الطبعـة الأولى ١٩٩٩م.
٧٦. أبوكريـشة/ عبـد الـرحيم تمام : الـتراث والعولمـة، المحروسـة للنـشر والخـدمات الـصحفية والمعلومات، المعادي، مصر، ١٩٩٩م.
٧٧. فؤاد/ عبد الخالق وإبراهيم، خالد قدري. " تفعيل سياسات التعليم الثانوي بدول العالم المعاصر في ضوء العولمة ". مجلة العلوم التربوية، معهـد الدراسـات التربويـة بجامعـة القـاهرة، ١٩٩٨م العدد (١٢).
٧٨. مذكور/ علي أحمد. " العولمة والتحديات التربوية "، مجلة العلوم التربوية، معهد الدراسات التربوية بجامعة القاهرة، ١٩٩٩م العدد (٩).
٧٩. أبو طالب/ صوفي حسن. أثر العولمة على الهوية الثقافية في العـالم الإسـلامي. القـاهرة، ١٤٢٠هـ

(١٩٩٩م)، بحث مقدم للمؤتمر العام الحادي عشر للمجلس الأعلى للشؤون الإسلامية (نحو مشروع حضاري لنهضة العالم الإسلامي) المنعقد بالقاهرة في الفترة من ٨ – ١١ ربيع الأو ل ١٤٢٠هـ (٢٢ – ٢٥ يونيو١٩٩٩م).

٨٠. الجهني/ مانع حماد. "العولمة وأثرها على العالم الإسلامي" مجلة الحرس الوطني، الرياض، ١٤٢٠هـ (١٩٩٩م)، العدد (٢٠٢).

٨١. الحجي/ محمد عمر. العولمة أم عالمية الشريعة الإسلامية. دمشق، دار المكتبي، ١٤٢٠هـ

٨٢. الخطيب/ محمد شحات. مستقبل التعليم في دول الخليج العربية في ظل العولمة. البحرين، ١٩٩٩م، بحث مقدم إلى ندوة مستقبل التربية العربية في ظل العولمة : لتحديات والفرص، المنعقدة في جامعة البحرين، كلية التربية في الفترة من ٢ – ٣ مارس، ١٩٩٩م.

٨٣. السادة/ حسين عبد الله. العولمة والتعليم في دولة البحرين، ثوابت وتحديات. البحرين، ١٩٩٩م. بحث مقدم إلى ندوة مستقبل التربية العربية في ظل العولمة: لتحديات والفرص، المنعقدة في جامعة البحرين، كلية التربية في الفترة من ٢ – ٣ مارس، ١٩٩٩م.

٨٤. السحمراني/ أسعد. الإسلام والعولمة، التحديات على الهوية الثقافية. القاهرة، ١٤٢٠هـ (١٩٩٩م) بحث مقدم للمؤتمر العام الحادي عشر للمجلس الأعلى للشؤون الإسلامية (نحومشروع حضاري لنهضة العالم الإسلامي) المنعقد بالقاهرة في الفترة من ٨ – ١١ ربيع الأول ١٤٢٠هـ (٢٢ – ٢٥ يونيو١٩٩٩م).

٨٥. بوقحوص/ خالد أحمد. بعض الاتجاهات العالمية للتعليم العالي في ظل العولمة. بحث مقدم إلى ندوة مستقبل التربية العربية في ظل العولمة : لتحديات والفرص، المنعقدة في جامعة البحرين، كلية التربية في الفترة من ٢ – ٣ مارس، ١٩٩٩م.

٨٦. حجازي/ أحمد مجدي. " العولمة وتهميش الثقافة ". مجلة عالم الفكر، الكويت، المجلس الوطني للثقافة والفنون والآداب، ١٩٩٩م، المجلد (٢٨) العدد (٢).

٨٧. طعيمة/ رشدي أحمد. العولمة ومناهج التعليم. القاهرة، ١٩٩٩، بحث مقدم للمؤتمر القومي السنوي الحادي عشر للمناهج وطرق التدريس (العولمة ومناهج التعليم) المنعقد بالقاهرة في الفترة من ٢٠ – ٢٢ يوليو١٩٩٩م، ص ٢٢ – ٦١.

٨٨. عبد الغني/ عبد المقصود. عالمية الإسلام والعولمة. القاهرة، ١٩٩٩م، بحث مقدم للمؤتمر الدولي الرابع للفلسفة الإسلامية (الإسلام في عصر العولمة) المنعقد بجامعة القاهرة في الفترة من ٣-٤ مايو، ١٩٩٩م.

٨٩. كسبة/ مصطفى دسوقي. التكامل الاقتصادي بين أقطار العالم الإسلامي في ظل العولمة. القاهرة، ١٤١٩هـ (١٩٩٩م). بحث مقدم للمؤتمر العالمي العاشر للمجلس الأعلى للشؤون الإسلامية (الإسلام والقرن الحادي والعشرون) المنعقد بالقاهرة في الفترة من ٨ – ١١ ربيع الأو ل ١٤١٩هـ (٢ – ٥ يولية ١٩٩٨م).

٩٠. نصرة/ سلوى محمد. العولمة والقيم الأخلاقية. القاهرة، ١٩٩٩م، بحث مقدم للمؤتمر الدولي الرابع للفلسفة الإسلامية (الإسلام في عصر العولمة) المنعقد بجامعة القاهرة في الفترة من ٣ - ٤ مايو ١٩٩٩م.

٩١. الحارثي/ صلاح ردود. دور التربية الإسلامية في مواجهة التحديات الثقافية للعولمة، مكة المكرمة، ١٤٢٢هـ رسالة ماجستير مقدمة لجامعة أم القرى.

٩٢. الغامدي/ أحمد عبد الله. التربية الإسلامية وتحديات العولمة. مكة المكرمة، ١٤٢٣هـ رسالة دكتوراه مقدمة لجامعة أم القرى.

٩٣. جامعة المنصورة. المؤتمر السنوي الخامس عشر لقسم أصول التربية، العولمة ونظام التعليم في الوطن العربي "رؤية مستقبلية" كلية التربية، خلال الفترة من ١٢ - ١٣ ديسمبر ١٩٩٨م، المنصورة، جمهورية مصر العربية.

٩٤. الإمارات العربية المتحدة. ديوان ولي العهد (أبو ظبي): العولمة: الفرص والتحديات، إدارة البحوث والدراسات بالديوان، ٢٠ - ٢١ أكتوبر ١٩٩٦م (تحرير: صبري أحمد حسنين).

٩٥. الحارثي/ فهد العرابي. موقعنا في الكونية الإعلامية الجديدة: العولمة والفضايات العربية، محاضرة القيت في مكتبة الملك عبد العزيز بالرياض، الأحد ١٤١٩/٨/١٧هـ (١٩٩٨/١٢/٦م).

٩٦. جامعة الزقازيق. مؤتمر مستقبل الثقافة العربية في ظل العولمة، البحوث والمداولات، كلية الآداب، فرع بنها، جمهورية مصر العربية، خلال الفترة من ٥ - ٨ سبتمبر ١٩٩٨م.

٩٧. جامعة عين شمس. مؤتمر العربية والنظام العالمي الجديد، كلية التربية، جمهورية مصر العربية خلال الفترة من ٢٠ - ٢٢ يناير ١٩٩٢م.

٩٨. جامعة البحرين. مستقبل التربية في ظل العولمة: التحديات والفرص. ندوة علمية بتنظيم كلية التربية، جامعة البحرين ١٩٩٩م.

٩٩. إدريس/ الرشيد. خواطر حول الكونية والعولمة والثقافة، دراسات دولية، العدد (٦٣)، تونس، يوليو ١٩٩٧م.

١٠٠. أده/ ميشال. مستقبلنا العربي وتحديات العولمة. محاضرة القيت على هامش معرض الأسد للكتاب، ضمن فعاليات ندوة المجتمع العربي والثقافة. دمشق ٩/٢٦ - ١٩٩٧/١٠/٥م.

١٠١. أكاديمية المملكة المغربية. العولمة والهوية، موضوع الدورة الأولى لسنة ١٩٩٧م (الرباط: ٢٧ - ٢٩ ذو الحجة ١٤١٧هـ ٥ - ٧ مايو ١٩٩٧م).

١٠٢. مركز دراسات الوحدة العربية. العرب والعولمة، بحوث ومناقشات الندوة الفكرية، بيروت، الطبعة الأولى، يونيو ١٩٩٨م.

١٠٣. مدارس الملك فيصل. ندوة التعليم الإلكتروني، المنعقدة في مدارس الملك فيصل في الفترة من ١٩ - ٢١ صفر ١٤٢٤هـ الموافق ٢١-٢٣ أبريل ٢٠٠٣م.

١٠٤. الخطيب/ محمد شحات. مدارس المستقبل : مكوناتها، أجهزتها، تنظيمها. دراسة مقدمة إلى المؤتمر العربي الدولي الأول للتعليم في الوطن العربي (الاستثمار في جيل المستقبل : التعليم والتعلم وسط عالم متغير) ١٤ – ١٦ أكتوبر ٢٠٠٣م، الشارقة، الإمارات العربية المتحدة.

١٠٥. السعدون/ حمود وعبيد، وليم. التحديات العلمية والتكنولوجيا ودور التعليم العالي في مواجهتها. الكويت، ١٩٩٤م، بحث مقدم للمؤتمر العلمي الثاني لقسم أصول التربية، جامعة الكويت (التعليم العالي العربي وتحديات مطلع القرن الحادي والعشرين) المنعقد بجامعة الكويت في الفترة من ١٧ – ٢١ أبريل ١٩٩٤م.

١٠٦. بوبطانة/ عبدالله. "الجامعات وتحديات المستقبل"، مجلة عالم الفكر، الكويت، المجلس الوطني للثقافة والفنون والآداب، ٢٠٠٠م.

١٠٧. حجاج/ عبد الفتاح. أستاذ الجامعة وتحديات القرن الحادي والعشرين. الكويت، ١٩٩٤م، بحث مقدم للمؤتمر العلمي الثاني لقسم أصول التربية، جامعة الكويت (التعليم العالي العربي وتحديات مطلع القرن الحادي والعشرين) المنعقد بجامعة الكويت في الفترة من ١٧ – ٢١ أبريل ١٩٩٤م.

١٠٨. حجازي/ أحمد مجدي. العولمة وتهميش الثقافة الوطنية، مجلة عالم الفكر، الكويت، المجلس الوطني للثقافة والفنون والآداب، ١٩٩٩م، المجلد (١٨) العدد (٢).

١٠٩. حسان/ حسان محمد. نظرة جديدة لازدواجية التعليم العالي العربي لمواجهة مطلع القرن القادم. الكويت، ١٩٩٤م، بحث مقدم للمؤتمر العلمي الثاني لقسم أصول التربية، جامعة الكويت (التعليم العالي العربي وتحديات مطلع القرن الحادي والعشرين) المنعقد بجامعة الكويت في الفترة من ١٧ – ٢١ أبريل ١٩٩٤م.

١١٠. زاهر/ ضياء الدين. الدراسات العليا العربية، الواقع وسيناريوهات المستقبل، مستقبل التربية العربية، المجلد الأول، العدد الأول، مركز ابن خلدون للدراسات الإنمائية بالقاهرة، يناير ١٩٩٥م.

١١١. الدهشان/ جمال علي. ملامح إطار جديد للتعليم في الدول العربية في ضوء المتغيرات العالمية والإقليمية. المنصورة، ١٩٩٨م، بحث مقدم لمؤتمر العولمة ونظام التعليم في الوطن العربي المنعقد في جامعة المنصورة في الفترة من ١٢ – ١٣ ديسمبر ١٩٩٨م.

١١٢. مكتب التربية العربي لدول الخليج. وثيقة استشراف مستقبل العمل التربوي في الدول الأعضاء بمكتب التربية العربي لدول الخليج، الرياض، ١٤٢٠هـ (٢٠٠٠م).

١١٣. البلوي/ جميلة بنت حمود : الأدوار التربوية للتعليم العالي في المملكة العربية السعودية لمواجهة تحديات العولمة : دراسة تقويمية من منظور التربية الإسلامية. رسالة دكتوراه غير منشورة، كلية التربية للبنات، الأقسام الأدبية، جدة، ١٤٢٤هـ.

١١٤. بدران/ إبراهيم وحبيش، علي. التحديات العلمية التي تواجه الأمة الإسلامية وسبل مواجهتها. عمان، ١٩٩٩م، بحث مقدم للمؤتمر العام السادس لرابطة الجامعات الإسلامية (التحديات خلال

القرن الحادي والعشرين) المنعقد بجامعة آل البيت بالمملكة الأردنية الهاشمية في الفترة من ١٤ - ١٨ نوفمبر ١٩٩٩م.

١١٥. الصوفي/ محمد عبد الله وقاسم عبد الغني. أهم التحديات المستقبلية التي ستواجه أمتنا ودور التربية في حلها، بيروت، مؤسسة الرسالة، ١٩٩٦م.

١١٦. مجلة المعرفة، العدد (٩١) شوال ١٤٢٣هـ ص ١٤.

١١٧. مجلة المعرفة، العدد (١٠٠) رجب ١٤٢٣هـ ص ٤٠.

١١٨. موسوعة الإنكارتا لسنة ٢٠٠٤م.

١١٩. منصور/ أحمد حامد. تكنولوجيا التعليم وتنمية القدرة على التفكير الابتكاري، الكويت، ١٩٨٦م.

١٢٠. وقائع ندوة الحاسوب في جامعات الدول العربية، المنامة، دولة البحرين، خلال الفترة من ٧ - ١٠ نوفمبر ١٩٩٢م.

١٢١. سام/ أحمد وسريان عادل. منظومة تكنولوجيا التعليم، الرياض، ١٤٢٣هـ

١٢٢. المؤتمر الأردني الثاني للموهبة والإبداع، أوراق عمل، عمان ٢ - ٤ نيسان، ٢٠٠٢م.

١٢٣. الحارثي/ إبراهيم أحمد مسلم. تعليم التفكير، الرياض، ٢٠٠١، ص ٢٣١.

١٢٤. راجع مقال إبراهيم الماجد بعنوان "أين مواقع الإنترنت العربية"، عبد المجيد الرفاعي. العرب أمام مفترقات الزمن والإيديولوجية والتنمية، دار الفكر، دمشق، ٢٠٠٢.

١٢٥. فرجاني /نادر. العرب في مواجهة إسرائيل: فارق العلم والتقانة، إبريل ٢٠٠١.

١٢٦. المحيسن /إبراهيم بن عبد الله -التعليم الإلكتروني... ترف أم ضرورة - ورقة عمل مقدمة لندوة: مدرسة المستقبل جامعة الملك سعود- ١٦-١٧ رجب ١٤٢٣ هـ

١٢٧. الموسى /عبد الله بن عبد العزيز - التعليم الإلكتروني -مفهومة.. خصائصه.. فوائدة.. عوائقه-ورقة عمل مقدمة إلى ندوة مدرسة المستقبل في الفترة ١٦-١٤٢٣/٨/١٧هـ جامعة الملك سعود .

١٢٨. جمال الدين /نجوي- التعليم عن بعد - مجلة التربية والتعليم - المجلد الخامس- العدد الخامس عشر١٩٩٩.

١٢٩. الاستراتيجية العربية للمعلوماتية الاجتماع العربي بشأن الاستراتيجية العربية للمعلوماتية، القاهرة ٢-٢٠٠٢/١١/٥)، الكسو بالتعاون مع مركز المعلومات ودعم اتخاذ القرار بمجلس الوزراء في جمهورية مصر العربية.

١٣٠. بن أحمد /محمد: من أجل استراتيجية عربية لتقانات المعلومات والاتصال تشييدا للمجتمع العربي للموقف في الاجتماع العربي بشأن الاستراتيجية العربية للمعلوماتية، الكسو بالتعاون مع مركز المعلومات ودعم اتخاذ القرار بمجلس الوزراء في جمهورية مصر العربية، القاهرة٢-٢٠٠٢/١١/٥ .

١٣١. القلق /أمين، مجتمع المعلومات في البلدان العربية (حالات دراسية) الكسو ٢٠٠٣ .

١٣٢. رضوان /رأفت: تطبيقات تقانة المعلومات والاتصالات في الدول العربية، الكسو المجلة العربية للعلوم والمعلومات، العدد ١ يونيو /٢٠٠٣ .
١٣٣. رؤية المنظمة العربية للتربية والثقافة والعلوم حول مجتمع المعلومات، ورقة عمل مقدمة إلى المؤتمر العربي رفيع المستوى للتحضير للقمة العالمية حول مجتمع المعلومات (القاهرة ١٦-٢٠٠٣/٧/١٨).
١٣٤. المحيسن/ إبراهيم وهاشم، خديجة بنت حسين (١٤٢٣هـ). المدرسة الإلكترونية: مدرسة المستقبل " دراسة في المفاهيم والنماذج " . ورقة عمل مقدمة لندوة مدرسة المستقبل. جامعة الملك سعود. كلية التربية . ١٦-١٤٢٣/٨/١٧هـ
١٣٥. مندورة/ محمد محمود (١٤٢٥هـ) التعلم الإلكتروني من التخطيط إلى التطبيق. ورقة عمل مقدمة للقاء الدوري الثاني لأعضاء المجلس التنفيذي المنعقد بدبي في دولة الإمارات العربية المتحدة بتاريخ ٢٧ ربيع الأول الموافق ٢٦ مايو٢٠٠٤م. مكتب التربية العربي.
١٣٦. النظام الأمثل للتعلم الإلكتروني والتعليم عن بعد للتعليم الجامعي بالمملكة العربية السعودية- الجزء الثاني- نسخة نهائية محكمة - تقرير وزارة التعليم العالي..
١٣٧. د. التركي /صالح محمد ، التعليم الإلكتروني، جامعة الملك الفيصل.
١٣٨. قائمة المراجع والمواقع الإحصائية: (١) راجع موقع **Global Internet Statistics** : **http://global-reach.biz/globa.stats/index.php3**(٢) راجع مقال عبد العزيز الأحمدي نائب رئيس شركة ((شباك الخير)):
http://wwwmafhoum.com/press3/88t42-files/14,3,2002,013.htm
http://www.al-jazirah.com.sa/digimag/0712203/co5.htm

ثانيا-المراجع الأجنبية

1. Abdullah Kadir Bacha. Digital Libraries within Multimedia Super(1) Corridor. A paper submitted to Special Libraries Association- Arabian Gulf Chapter Annual Conference, Dubai, 1997
   Arab Info Guide Information Technology, Effective Culture Building
   http://ait.ahram.org.eg/Archive/Index.asp?DID=8251&CurFN=MAKA0.HTM
2. Sunday, September 26, 2004
3. Brown,B,&Henscheid, J.(1997).The toe dip or the big plunge :Providing teachers effective starategies for using technology Techt rends,42(4),17-21 .
4. Chen-Ling ,ling,(1997),Distance delivery system of pedagogical consederations A reevaluation,Educational Technology .pp(34-37).
5. C.M.Reigeluth (ED.). Instructional design theories and models: An overview of their current status. NJ: Lawrence Erlbaum A hgjv;d
6. Darwaseh ,A.N.(1999,A).The teacher's role in distance education –The Internet Age .

7. Dick,W.& ,L.(1990).The systematic design of instruction (3rd.ed). III: Scott, Foresman .

8. Darrow, Helen Fisher, Alien.R.van (1972).Independent for Creative Learning CN:Y:Teacher collage press.P1 .

9. Mashelkar, R., Economics of Knowledge, the (8) Dr. D.C. Deshmukh Memorial Lecture, 1999, New Delhi, India

10. Global Internet Statistics (by language)/) (Narrow Cast Media: 1999

11. Tatiana White ." Knowledge Management in an academic library: based on the case study "KM within OULS".- World Library and Information Congress: 70th IFLA General Conference and Council , Meeting: 99. Knowledge Management , Buenos Aires, Argentina , 22-27 August 2004. - Accessed 19/2/2005:Available at: http://www.ifla.org/IV/ifla69/prog03.htm

12. unido,Technology Trends Series No.7,changing Technological Scene,The Case oeco Countyies, IPDT.43,oct 1996,P116. of

13. Wadi, Haddad D. Glopalization, of Economy : The Implications for Education and Skill formation, prospects, 1997, P. 35 – 40, Vol. XXVII, No. 1, March, 1997.

14. Comeliau, Christian, The Challenges of Globalization, Prospects, Vol. XXVII, No. 1, March, 1997.

15. Mc, Noel. F., The Impact of Globalization Systems, on National Education Systems Prospects, Vol. XXVII, No. 1, March, 1997.

16. Nody, Mamadou, Globalzation, Endogenous Development and Educatio in Africa, Prospects, Voll. XXVII, No. 1, March, 1997.

17. Nonthern Policy Research Review Advisory Group, Education and Traning (NORRAG): The Forty-fourth Session of the International Conference on Education, Geneva, – 8 Oct., 1994.

18. Delors, J., et al. Learning: The Treasure within. Paris, UNISCO, 1996, Report ot Unisco by the International Commission of Education for the Twenty-First Century- The Delors Report.

19. Ottone, E. Globalization and Educational Change: Modernism and Citizinship. Prospects (Paris, UNISCO: IBE), Vol. XXVI, No, 2, 1998.

الفهرس